极限城市

[美] 保罗 · E. 彼得森 ——————著
冯剑军 ——————译

东方出版中心

图书在版编目（CIP）数据

城市极限 /（美）保罗 · E. 彼得森著；冯剑军译
. —上海：东方出版中心, 2020.10
（城市与文明丛书 / 张玥主编）
ISBN 978-7-5473-1681-8

Ⅰ. ①城… Ⅱ. ①保… ②冯… Ⅲ. ①城市学－政治
学－研究－美国 Ⅳ. ①D771.2

中国版本图书馆CIP数据核字（2021）第140331号

城市极限

著　　者　[美] 保罗 · E. 彼得森
责任编辑　冯　媛
封面设计　青研工作室

出版发行　东方出版中心
地　　址　上海市仙霞路345号
邮政编码　200336
电　　话　021-62417400
印 刷 者　上海颛辉印刷厂有限公司

开　　本　890mm × 1240mm　1/32
印　　张　9.25
字　　数　187千字
版　　次　2022年1月第1版
印　　次　2022年1月第1次印刷
定　　价　78.00元

总　序

城市在人类文明史中占有重要地位。英语中的文明（civilization）一词，源于拉丁文的 civis，指城市或公民。东汉学者许慎在《说文解字》里对“城”字的解释是，“城，以盛民也”。可见，在东西方语境中，城市的含义是一致的，即滋养文明、使人民繁荣兴盛的场所。

谈及人类文明往往要追溯到古希腊时期，辉煌的古希腊文明起源于它的城邦（city-state）。城邦既是一种国家形式，也是一种社会组织结构，各个城邦在政治、经济及军事上的多元化发展构成了异彩纷呈的古希腊文明，而诞生于雅典城邦的公民参与机制更为西方近代民主制度奠定了基础。14—17 世纪的文艺复兴是一场生长于城市的伟大复兴。意大利的佛罗伦萨、威尼斯、米兰等地，是文艺复兴的发源地与重镇。这些城市不仅是当时欧洲制造业、商业和贸易的中心，也是绘画、雕塑、建筑等艺术形式蓬勃发展的文化中心。人本主义思想亦在这一时期出现，深刻影响了未来社会生活的方方面面。随后到来的英国工业革命发源于英格兰西北部，而作为英国纺织业中心的曼彻斯特则被称为工业革命的故乡。1830 年开通的连接利物浦和曼彻斯特两座城市的铁路，是世界上第一条完全使用蒸汽作为动力的铁路。工业革命不仅促进了近代资本主义的发展，也推动了城市化进程，使得城市化与工业化紧密相连。20世纪早期，英国、法国、德国和美国等主要西方国家的绝大多数人口都已经生活在城市中了。

如果说20世纪之前世界城市化的重心是欧洲和北美，那么21世纪这一重心则是亚洲、非洲和拉丁美洲等广大发展中国家所处的地区。目前，全世界超过一半的人口居住在城市，预计世界城市化率在2050年将达到70%，而其中86%的未来城市人口增长将出现在发展中国家。在世界上人口超过一千万的30座超大型城市中，三分之二的城市在发展中国家。就经济发展指标而言，世界上最大的300座城市的经济产出占世界经济总量的一半。从20世纪80年代至今，中国经历了高速经济发展和与之相伴随的、人类历史上速度最快和规模最大的城市化。

正是在这样的背景下，我们出版了这套城市与文明丛书。这套丛书的出版目的，主要是向国内读者系统介绍海外城市研究的经典及高水平最新作品。希望读者能够通过这套丛书，了解城市在人类文明史中的特殊地位与作用，同时以城市为视角重新考察人类文明进程。城市，既是一场流动的盛宴，也是复杂的政治、经济与社会空间；既是历史与文明的结晶，也是展望未来的舞台。衷心希望这套丛书能够帮助大家更好地理解中国与世界，以及中国城市化的未来。

张 玥

2021年11月

致我的妻子,卡罗尔

前　言

第二次世界大战以前关于地方政府的诸多研究中，只有哈罗德·戈斯内尔（Harold Gosnell）的研究仍然值得业内学者关注，也许查尔斯·梅里亚姆（Charles Merriam）也算一个。但是战后不久，新生代学者对地方政府的研究不再局限于行政效率和结构改革等方面，他们把目光投向工业国家最关心的问题，并对其进行了深入的思考。罗伯特·达尔（Robert Dahl）、爱德华·班菲尔德（Edward Banfield）、莫顿·格罗津斯（Morton Grodzins）和诺顿·朗（Norton Long）等大家对这一新兴领域的关注，让这一领域备受关注，在很大程度上，正是通过对地方政治生活的研究，各自奠定了这些学者在学术圈的地位。第二代学者，包括詹姆斯·威尔逊（James Wilson）、尼尔森·波尔斯比（Nelson Polsby）、亚伦·维尔德夫斯基（Aaron Wildavsky）和西奥多·洛维（Theodore Lowi）等人，在前辈的努力上添砖加瓦。城市政治一时成为美国政治学会及其地区分会学术座谈会的核心论题。许多大学相关院系增加了城市政治和地方政府方面的课程，它们的毕业生有机会在这个学科发展最快的领域施展拳脚。

城市政治研究的核心问题也是整个政治学的核心。谁拥有权力？ 城市民主的真正含义是什么？ 如何保障公共利益？ 社会阶层之间的政治关系是什么？ 种族政治的意义是什么？ 我们现在处理种族冲突的方式比20世纪更平和了吗？ 政治学者没有回答这些问题，但他们至少在切实地解决这些问题，从而为地方政治研究注入活力。

但现在很明显，城市政治研究的盛时已经过去了。 城市政治分析再次成为政治学的边缘课题。 解决这个领域的问题，必须努力在相关学术座谈会上发声，毕竟其在大学的课程设置没有多大发展空间，对研究生来说，已不复往日荣光。 我们不必煞有介事地去寻找各种借口，只需看看当今城市政治研究一潭死水的局面，就不难得知个中原因。 学术圈有学术圈的规矩，同行一般不会直言，城市政治研究领域那些所谓的学术巨擘也不过尔尔，身上只是披着皇帝的新装，但他们默默地努力和那个小男孩的话一样，把意图表达得明明白白。 当然，我的比喻也不妥帖，因为这里没有王者，也没有人在觊觎王位。 这个领域只有一些“封建领主”，被困在偏远而无足轻重的“省份”，慢慢对更宏大的世界兴致全无。 不再有学生研读城市政治学。 研究交通、卫生、教育、福利、住房以及地方政府所有其他部门问题的各种专家层出不穷。 除此之外，有许多专注于少数族裔政治学的学者，如黑人政治、奇卡诺政治、波多黎各政治和美洲原住民政治。 还有很多研究地方公民投票、地方法院、地方税收、地方支出、地方官僚机构和市政工会等方面的专家。 还有学者研究区域政治，比如研究美国郊区、中心城市、西部城市、南方尤其是纽约市的学生。 此类专业细分没有害处；相反，只有对细节的深入研究，才能阐明一般性的规律。 但大家仍然怀着一种念想，或许20世纪80年代的城市规划专家可以抱着20年前的那股热情和信念来研究政治生活中的此类核心问题。

到目前为止，我已经谈到了这门学科的中心问题，即诸多实践性学术研究并没有专门去思考该学科的哲学基础或意识形态主旨。这一研究主流对于其研究课题、分析技术或其研究成果的政策意义的证明并不是很严谨，因为长达一个世纪以来，社会科学专业实践对这种现状抱着认可的态度。有些人可能称之为实证主义者，但区别事实和价值的卓越之处体现在对传统的超越，而不是墨守成规。称这些社会科学家为实用主义者可能更正确，因为他们的规范性主张通常依赖于自身就需要证明的价值和判断。不要忘记，整个社会科学，尤其是政治学，孕育于这个进步时代自觉的实用主义之中。如果说当代学者在他们不喜欢的改革派里受益良多，那么他们对早期改革派的吹毛求疵只会暴露出他们最终还是在依赖这些实用主义价值观和信仰。

这种实用主义学术非常适合美国的政治理论和实践，并将长期成为美国学术界研究工作的主导力量。至少我希望如此。但实用主义传统失去学术活力的时候，它变得特别容易受到来自更具意识形态性和哲学自觉性的左翼和右翼的攻击。因此，在20世纪70年代末和80年代初，推动城市政治研究的主要力量——实用主义者，一方面伪装成福利经济学家，另一方面伪装成结构马克思主义者，就见怪不怪了。这两种角度都言及城市政治核心的关键问题，而且两者都言之凿凿，反而使研究焦点游移不定。

福利经济学家的研究方法基于新古典经济学的众多强有力的假设。这个系统的组成部分是个人；每个人都是理性的、追求价值最大化的选民或消费者；政治市场多少存在竞争；除了规定的限制外，竞争结果是变幻莫测的政治游戏中战略互动的产物。这些学者怀着只有门外汉才会钦佩的笃信，去妄言本应是政府的职责范围的问题。值得注意的是，他们比较研究的立足点来自根本不存在的完全竞争市场。还有一些学者炮制出解决种族和民族冲突的各种药方，其中最受欢迎的建议是在去中心语境中实现种族同质性，在相互隔离的环境中，各得其所。这些信奉**帕累托最优**的个人主义者借以寻找核心问题解决方案的力量和勇气值得尊重——当这个学科中心理论无法提出更好方案时，这种力量和勇气就越来越难能可贵。

如今，只有一个左翼派别提供了强有力的替代方案，他们所阐释的马克思主义思想在美国具备相当的说服力——这就是结构马克思主义。越来越多的西方学者对这一学派产生特殊的兴趣，因为它解决了困扰这一传统下的早期学者的两个难题。首先，以往马克思主义者无法确切说明，在何种意义上政权是资产阶级的统治工具。几十年来，这一主张引发了对决策者社会背景的大量研究，以及关于决策和政策具体制定环节的巨大争议。如果政权是资产阶级的统治工具，那么中产阶级必然参与了统治的运作。尤其是在城市环境中，公开政治具有典型的无产阶级属性。为了应对这一难题，结构主义者现在否认资本主义体系中政策制定者的社会特征，甚至政治取向的重要性。而更重要的是，对资本主义政权的结构性接纳，迫使结构主义者的关注点从政权转向资本积累和制度合法性问题。最善意的社会主义政党（甚至是共产党）领导人都受到资本主义政权这些客观要求的约束。其次，早期马克思主义者未能解释西方国家的持久繁荣及其劳动阶级的日益富裕。但随着理论的结构性修改，马克思主义者越来越关注资本主义的系统特性。虽然资本主义社会矛盾层出不穷，但政权却能有效运作。有时，资本主义政权甚至能罔顾个别资本家的明确意愿，审时度势并根据整个资本家阶级的长远利益行事。矛盾被掩盖，工人被安抚，潜在的分裂处于休眠状态，直到以另一种形式暴露出来。这些马克思主义者没有意识到他们自己的分析在很大程度上归功于塔尔科特·帕森斯（Talcott Parsons）和大卫·伊斯顿（David Easton）的研究。

读者很快就会发现，我受惠于帕累托最优个人主义者和结构马克思主义者的努力成果。除了文中提供的受益之处外，我也从前者那里了解到，城市居民和城市领导人其实都不傻。相反，他们在现有信息范围内，针对自己面临的问题，审视自己的情况，采取理性的立场。从后者那里，我了解到政治有其局限。尤其是在城市政治中，城市所处的社会和经济环境限制了选择。

话虽如此，我最大的目标是在实用主义传统内，对城市政治进行分析，并且我的分析必须足够令人信服，以从一个既非纯然个人主义，亦非以对特定乌托邦愿景的历史必然性的信念为条件的角度支持后续深入研究。相信自主个体能绝对自由地行事，以最大限度地满足自己需求，即使在19世纪末人们对这一点也疑虑重重。随着福利经济学家对外部性、邻里效应和集体商品的关注充分显现，现在各种因素的相互依赖性也愈加明显。甚至在结构马克思主义者将系统修复论引入他们的历史视野之后，他们认为阶级利益至高无上，并且将以可预测的形式呈现自身的观点，仍然不能得到很多社会科学家的认同。社会生活包括在变动不居的社会环境中个人与个人的交流，这些交流的结构使得个人选择受到限制，但是这些结构形式并不固定，所以我们现在没法知道它们未来的模样。这就是城市政治和其他政治关系的背景，仍然需要赋予城市政治生活结构以内容。

致　谢

我想对那些帮助我完成这份书稿的个人和机构表示诚挚谢意。我最应该感谢芝加哥大学社会科学系，一直以来它为我的学术研究和教学工作提供了一个优越的环境。特别感谢社会科学系在我最初研究这些问题时提供了一笔研究经费，并在1977—1978年批准了我的公休假。我的部分研究经费来自约翰·西蒙·古根海姆基金会和德国马歇尔基金。休假期间，我有幸作为访问学者，来到伦敦政治经济学院政府系学习，他们非常慷慨热情，为我提供很好的学习空间和其他种种资源。在那里，我能出入环境幽雅、藏书丰富的图书馆，与其他学者进行灵感碰撞的交流。

如果没有我在芝加哥大学举办的城市公共政策研讨会上那些学生的批评性建议，这份书稿将会留下许多遗憾。巴里·拉贝（Barry Rabe）、马克·麦库（Mark McCue）和伦敦政治经济学院的黛博拉·伍兹（Deborah Woods）为我提供了更具体的学术研究上的帮助。我要特别感谢玛格丽特·韦尔（Margaret Weir），她是本书纽约市一章的合著，也要感谢苏珊·卡普勒斯（Susan Karpluss），她除了提供许多其他帮助之外，还完成了第三章和第四章中报告的数据分析。谢谢这份材料的打字员和加工人员，尤其是卡罗尔·福斯特（Carol Forster），她在我最困难的时期让我免受众多琐碎事务的困扰。

与朋友和同事的多次沟通也让我受益良多。特里·克拉克（Terry Clark）、杰伊·钱伯斯（Jay Chambers）、斯蒂芬·大卫（Stephen David）、本杰明·佩奇（Benjamin Page）、大卫·格林斯通（David Greenstone）、大卫·奥尔森（David Olson）、夏普（Sharpe）、彼得·赛尔夫（Peter Self）、保罗·坎特（Paul Kantor）、尼尔森·波尔斯比、乔治·琼斯（George Jones）、亨利·莱文（Henry Levin）和弗雷德里克·沃特（Frederick Wirt）等人都提出了有益的书面建议。书稿的某些部分已经在其他地方发表过。第三章和第四章部分的早期版本发表在《英国政治学杂志》（1979年7月，第281—314页，剑桥大学出版社1979年版权所有），并在戴尔·罗杰斯·马歇尔（Dale Rogers Marshall）主编的《城市政策制定》（加利福尼亚州贝弗利山：塞奇出版社，1979年，第147—182页）中再版，在该书中的标题为《美国地方税收和支出政策的统一模型》。第九章是再分配政策和美国公民参与地方政治的模式的修订版，原稿最初收录在夏普主编的《西方民主国家的分权趋势》（加州贝弗利山：塞奇出版社，1979年，塞奇出版社）。书稿的多个部分也收入在提交给国家科学院、行为和社会科学大会、国家研究委员会及贫困研究评估委员会的报告中，该报告收录在文森特·科韦洛（Vincent T. Covello）主编的《贫困研究和公共政策》（马萨诸塞州剑桥市：申克曼出版社，1980）一书中，在书中的标题为《联邦主义与伟大社会：贫困研究的政治观点》。

最后，我感谢我的妻子卡罗尔和孩子们，是他们日复一日的鞭策才有了这本书的出版。我写作这本书时所居住的城市，经济发达，城市居民生活保障体系健全，所以，虽然家人经济上有些掣肘，但也不至于过于困窘，这让我心里稍有宽慰。本书给读者带来的任何困扰都由我（和第10章，玛格丽特·韦尔）承担责任。

目录

Contents

城市提供了一个比国家更大的政治研究领域。每个政治学者都必定生活在一个城市，一个城镇，或者至少在一个村庄，他可以通过研究周围的政治现象，借助有限的研究资源，收集必需的、丰富的背景信息，用于高质量的诠释性分析，然后将所得分析结果推及整个国家层面。

鉴于促进经济福祉的政策与城市利益相关，因此地方公共政策根据对其社区经济活力的影响而受到区别对待。发展政策可以改善城市的经济状况。再分配政策使低收入居民受益，但同时对当地经济产生负面影响。配置政策的经济效果基本是中性的。

本章讨论的城市政治，主要指地方政治、发展政治、配置政治和再分配政治。这些政治中包含许多互相抵牾的政策，这些政策对城市经济利益的影响错综复杂。

通过推行超出其经济承受能力的政策，纽约市的经济能力日益捉襟见肘，政府对其辖区的居民和企业征收越来越高的税，以维持其数量庞大的公共服务项目。这样，这些公共政策开始导致纽约市场经济衰退；高税收、高支出政策加剧了企业和居民外逃。纽约市财政赤字在1975年达到人均1 645美元的峰值。没有什么比联邦政府将纽约从实际破产中拯救出来的案例更能突出联邦政府和地方政府之间的区别的了。

City

Limits

第一篇

城市政治的替代性理论

第一章
城市极限与城市政治研究

人们经常认为一个城市和一个国家相似。所以有人认为，关于国家政治的知识可以适用于国家内部的城市政治。同样，关于城市政治的知识也适用于国家政治。城市是一个小型政治系统、微型共和国，让我们可以很容易地对其条分缕析。就数量而言，民族国家的缺点是样本少，也难以展开研究。而城市数量众多，人们可以通过统计控制，从收集到的大量案例的数据中辨识出变化的系统模式。[1] 所以，注重定性分析的经验主义政治学者（如果有的话），更倾心于城市的研究。每个政治学者都必定生活在一个城市，一个城镇，或者至少在一个村庄，他可以通过研究他周围的政治现象，借助有限的研究资源，收集必需的丰富的背景信息，用于高质量诠释性分析，然后将所得分析结果推及整个国家层面。[2]

[1] 参见弗里德（Fried）1975 年，第 308 页，他警告说不要“自动借用各级政府之间的经验关系和概念”，但仍然断言“城市提供了一个比国家更大的政治研究领域，尽管它们具有相似的复杂性”。

[2] 罗伯特·达尔 1976 年在其书第 47 页写道：“在美国政治体系中（就纽黑文这个恰当的案例而言）……寡头政治的发展受到政治资源分配模式和资源实际使用方式的抑制。”

在大多数学者看来，影响城市公共政策的因素在于城市内部。团体间的竞争、形成联盟的模式、竞争性政党的存在与缺失、地方精英的力量或政治运动的变幻莫测等，都是影响政策结果的因素。此外，政党、团体、新闻媒体、官僚机构和其他政治机构在地方和国家两个层面的职能也相似。因此，从地方一级政治实体的行为研究中概括出来的结论也适用于国家一级的政治实体，反之亦然。

但我持相反观点，即地方政治不同于国家政治。与国家政治相比，地方政治非常受局限。地方政府根本无法执行一些至关重要的公共政策。比如，他们不能发起战争或缔结和平协议；不能签发护照或禁止外人进入他们的辖区；不能发行货币；也不能控制进口商品数量或建立关税壁垒。当然，城市还有其他力所不能及的事情，但这些方面对其权力的限制尤其关键。

城市被缚住手脚，只能在束缚之下行使自己仅有的权力。此外，甚至城市的政治进程也与国家政治进程的形式大相径庭。城市政治是受限的政治。

因为城市有其局限性，所以人们通过在更大的社会经济和政治背景下去审视城市的地位，从而解释城市公共政策。城市在国家政治经济中所处的位置从根本上影响着城市的政策选择。在作出此类决策时，城市选择那些符合城市整体利益的政策。限制城市政策和地方政府运作条件的是城市利益，而不是城市内部的权力斗争。

这种研究方法不同于形成城市政治和政府间关系研究范式的四类研究：关于社区权力的辩论；政治机器与改革运动的冲突分析；城市政策比较研究和联邦制研究。每一类研究都以自己的方式把城市视作一个具有民族国家所有特征的，某种程度上能自主决策的单位。在大多数情况下，研究者视城市内部的各股政治力量为解释城市运作的基本要素，从而陷入无谓的争论，误释他们的发现成果，未能理解他们手中材料的全部意义。尽管如此，这些研究中仍有许多相当有价值的东西，因此在分析有关问题时，我会欣然地援引他们的成果。后续章节中的内容应该理解为对众多美国城市内部政治研究的补充。研究城市政治及政策制定时，完全忽视内部因素或仅从内部因素出发，同样会得出错误结论。下面各项研究对城市政治的某一个方面进行了深入剖析，值得我们进行批判性综述。

一、社区权力之辩

第二次世界大战后对城市政治的关注，在很大程度上归功于关于地方社区权力分配的旷日持久并且仍然饶有兴味的争论。这场争论之所以成为焦点，因为它聚焦于一个具有持久意义的问题，但这个问题却不可能达成令人满意的结论。这场争论也意义重大，因为它的解决对一个国家对民主政府形式的求索具有重要影响。然而这个问题难以解决，因为要理解权力的分配就需要理解决定政府政策的因果力量。拥有完整的政治因果理论就是拥有实证政治理论，这是一个了不起的成就，可以借此在将来逃脱社会科学家的局囿。

这场辩论的三方众所周知，各方背景就无须赘述。[1] 那些看到当地权力结构的人说，社区由一小撮大商人和金融家控制，他们与市长和依赖他们的工会领导人一起决定社区的未来。[2] 那些着

[1] 霍利和沃特1968年提供诸多有用资料和大量参考书目。波尔斯比1980年在其文献综述中提到了其他书目。

[2] 采自亨特1953年的经典表述。

重多元决策过程的人将城市政策视为不同群体竞争的结果。第三种观点认为地方政治进程有其复杂性，认为社区的公开政治事件只是政治权力分配的一种表现，但不是最重要的表现。要理解权力，就需要理解那些把问题排除在地方议题之外的力量；如果能做到这一点，隐身其后的精英力量就呼之欲出了。

在我看来，三方的立场都有合理之处。更确切地说，这三种立场都抓住了地方政治某个方面的真相，这三种解释的综合（在第七、八和九章），才是对地方政治景观有说服力的描述。但是，在实现这种综合之前，我们必须认识到三种研究方法存在一个共同的关键性错误：即三方都认为，社区政治可以使用与民族国家政治研究大致相同的角度来解释。他们都认为城市几乎没有受到限制。持“权力精英”论的学者先找出地方上一小撮掌握权力的人，然后他们认为这个群体所做的决定是决定地方政策的主要因素。事实上，这些领导者在很大程度上只能对社区外部因素做出反应，这些因素完全超出了“权力精英”的控制能力。多元论者看到地方政治参与力量的多样性和广泛性，他们认为本书讨论的选择是当地居民认为最重要的问题，认为任何分裂社区居民的问题很快就会成为一个有争议的问题。但我们应该看到，许多牵涉大多数人福祉的重要问题很少成为地方上公开讨论的议题。此类问题一旦提出，由于支持者过于分散和无能，而不会产生长期性的影响。

难道这不正意味着最重要的问题被试图达成地方共识的统治精英群体排除在地方议题之外吗？至少，难道没有规则和程序“偏袒”那些能成为当地政治内容的问题吗？答案只能是，“是的，但是……”是的，即意味着在某种意义上，各种社会结构总是限制政治系统的选择。然而，限定词“但是”非常重要。被排除在地方政治之外的问题没有被地方选举手段、官僚操纵伎俩或片面的媒体所消除。从地方议题中移除的问题也不一定能完全从国家政治中消除。没有列入地方政治议题的要求超出了地方政治的有限范围。只有将地方政治等同于国家政治时，人们才会声称，仅仅因为发现了没有出现在地方议题上的问题，就发现了美国社会权力的某种真相。[1]

最明显的例子就是国防问题。没有一个美国城市认真考虑过需要对来自敌国的攻击采取强有力的防御措施。由此，有人可能会得出结论，共产主义精英将某些问题排除在地方议题之外。但也有人可能会得出结论，国防是中央政府的责任，而不是地方政府的责任。我们将在第四章中看到，不仅国防和外交政策问题，而且许多国内问题更适合在国家层面解决，而不适宜从地方层面解决。然而，“权力的另一面”派学者将这些问题在地方议题中的缺席视为证明有关权力的有力事实。这样，他们对美国社会的权力关系做出没有根据的结论。

二、政治机器[2]和城市改革派

几十年来，城市政治中的典型冲突使得党派政治组织与呼吁市政厅改革和善政的无党派团体对立起来。政治机器通过与选民的利益交换、关注相互竞争的族裔群体的需求以及通过党派渠道提供政府服务来巩固其政治权力。改革派揭露挪用公共资金的行为，根据

[1] 参见沃尔芬格 1971 年和波尔斯比 1980 年对这种方法的批评。

[2] 译者注：指政治利益相同的人为确保政治决策给自己或自己的团体带来好处而采用的体制。

才能优劣招聘公务员，并推动城市所有地区服务分配的标准化。

对政治机器与改革派冲突的标准解释是以地方政治的阶级模式为依据的。最有说服力的解释认为，这是政治机器作为工人阶级移民代表的“精神特质”和改革作为上层阶级、衣着光鲜的盎格鲁-撒克逊商人和专业人士代表的“精神特质”之间的冲突。区别政治机器和改革派的关键在于两种政治文化的差异，这两种文化在北方城市争夺主导地位。一方面，天主教移民的文化强调家庭、邻里和睦和友情，他们将政治视为另一个可以追求特殊自我利益的市场。另一方面，中产阶级新教徒生长在重视个性、独立精神及上帝面前人人平等的环境中，他们将政治理解为对公正的追求，在这个基础上，创立一个“山巅之城”[1]，举世瞩目之下，言为人师、行为世范。

由政治机器及其改革派对手创建的对立的制度网络反映出这些价值差异。政治机器倾向于选区选举、长票选举[2]、分权管理，以及政府、政党、社区和族裔协会之间的密切联系。改革派更喜欢全市范围的选举，短票选举[3]、集权管理，以及根据普适性标准提供政府服务，在社区、党派和种族特性等方面的反应上更偏好政府效率。

[1] 译者注：“山巅之城”一词出自《马太福音》第五章第14节：“你们是世上的光，城造在山上是不能隐藏的。”清教徒相信上帝与他们有个契约，并挑选他们领导地球上的其余国家。约翰·温斯罗普充满希望地将马萨诸塞湾的宗教领地描绘成“山巅之城”。

[2] 译者注：在地方选举中选票列出所有职位、所有候选人的选举方式。

[3] 译者注：在地方选举中选票只就重要职位，列举少数候选人的选举方式。

这个分析需要详细讨论。组约、芝加哥、费城、圣路易斯、旧金山及其他大城市发生的许多冲突就是沿着这些路线急剧分裂的。政治机器和改革派领导人的种族构成明显不同。随着时间的推移，公共机构权力更加集中，部分原因就是为了应对改革的压力。但是这些文化冲突和结构创新不足以说明地方政治中的高层次阶级冲突的原因。首先，政治机器的领导层与当地工商业的关系和改革派与当地工商业的关系相比并不差。改革派一般来自中产阶级和上层阶级，这一点没有争议，但同样有证据表明，政治机器的重要政治家也曾经是——或者至少已经成为——富有的商人、律师和房地产开发商。其次，一旦考虑到地区差异，美国城市结构改革的可能性与城市的阶级构成无关。无论改革派的阶级偏见如何，他们与政治机器政治家的差异还不足以驱使来自工人阶级的支持者在人数允许的情况下，去争相捍卫政治机器机构。再次，政治机器城市的公共政策与改革派城市的公共政策在政治阶级模式的符合性方面没有很大差异。很少有研究能证明两者之间存在任何明显的差异；即使证明存在差异的研究也不能证明，在政治机器城市中，整个工人阶级或失业者、穷人受到优待。[1] 最后，从根本上说，在快速工业化社会，政治机器是一个竭力满足商人需求的机构。美国工人和欧洲工人一样，都经历过劳动时间长、工资低、工作条件恶劣，以及就业状态非常不稳定的状况。罢工、组织工会、社会主义思想的影响、

[1] 多次引用莱恩伯里和福勒 1967 年的成果，以证明政治机器和改革机构与阶级相关的政策后果。但是李伯特 1974 年已经表明他们的大多数发现都是虚假的。大卫·格林斯通和我发现，政治机器和改革机构对美国五个最大城市扶贫计划实施的影响比阶级模型的预测结果要复杂得多。见格林斯通和彼得森 1976 年。

工人和警察之间的暴力对抗，以及企业侦探和联邦法官对工会领导人的系统性镇压，都是19世纪末政治的常见特征。但这些工厂纠纷很少对当地政治产生决定性影响。尽管当地政党有时会与工会领导人合作，但他们对那些工会领导人从未心存谢意。政治机器很少会支持工人阶级采用非常激烈的表达方式；总的来说，他们站在维护当地社区“法律和秩序”的立场。[1]

斯科特（Scott）对新兴工业化社会中政治腐败的功能进行了比较分析，这种比较分析对于那些将阶级模型应用于政治机器和改革政治的人来说，能起到很大修正作用。[2] 他得出一个规律，只要形式的政治平等与私人财富和社会地位的巨大差距同时存在，腐败就会发生。在群众政治活跃的地方，特权阶层支持那些能在不改变社会经济现状的情况下同时控制选民的不满情绪的政治领袖。互惠互利和腐败对平等世界与特权世界之间的摩擦起着润滑作用。这一过程在19世纪的美国工业化进程中进行得最为顺利。美国的政治机器立刻与移民族裔和企业家站在一起，移民族裔和企业家总是有意愿达成交易。从资本家的角度来看，他们不需要用衣着光鲜的改革派取代政治机器。芝加哥只是许多城市中最著名的例子，那里的商人经常拒绝向改革派求助。

如果在阶级框架内解释政治机器和改革之间的冲突实在很难被人理解，社会科学家和历史学家诉诸这种解释的持之以恒的态度需要作一些解释。其中一个原因似乎是他们容易把国家政治和地方政

[1] 比较艾拉·卡茨尼尔森在《城市战壕》中关于19世纪城市政治中工会冲突和党派冲突分离的讨论。

[2] 斯科特1972年；另见莫顿1957年关于政治机器的讨论，第71—82、192—194页。

治等同视之。例如，与新政[1]改革派相比，地方改革派往往是不合时宜的。用霍夫施塔德的话来说，后者是一个反动团体，还在怀念已逝的乡村，而前者是寻求缓和资本主义制度严重弊端的自由主义者。在其他比较研究中，地方改革派是只提供新型政治安排的结构性或程序性改革派，而新政改革派则专注于社会和经济秩序的实质性变化。[2] 这些比较研究认为，在地方一级引入实质性社会创新和在国家一级一样容易。有人认为城市没有限制。正如我们将看到的，此类假设其实没有什么根据。一旦我们意识到城市的局限性，政治机器和改革之间的冲突就会以另一种方式呈现。文化冲突仍然存在，但它具有不同的社会和政治意义。

三、城市公共政策的比较分析

近年来，对社区权力和政治机器—改革冲突的传统研究已经式微，城市公共政策研究开始取而代之。后者以其庞大的数据库、先进的技术以及对政策结果和政治进程的关注而闻名。[3] 其中早期研究最有影响力，因为它们也主要从地方政治系统内部不同群体、机构和派系之间的冲突和谈判的角度来审视地方公共政策。例如，研究税收和支出政策的学者主要从地方政治关系的角度来解释他们的研究成果。在一项被广为引用的研究中，作者认为，与非改革派

[1] 译者注：新政指美国总统罗斯福的国内政策和政府。

[2] 霍利 1969 年作出了区分，但随后试图显示出对底特律社会改革的坚定承诺（成绩有限）。

[3] 弗里德 1975 年对这份文献进行了权威、详细的综述。

城市相比，改革派城市的人口变量与改革支出之间的相关性较低，这是由于改革制度的“响应能力”较低所致。当克拉克（Clark）发现权力分散的政治制度支出水平较高，所以得出结论，权力分散使得各种公共福利申请人更容易接触到政府官员。甚至经济学家现在对州和地方支出模式的变化进行回归分析时，也引入许多“口味”变量（非白人百分比，移民百分比）。这些经济学家毫无羞愧地做出了一个粗略的假设，即每个居民（无论年龄大小）在塑造当地社区的集体“口味”功能方面都有同等的影响力。

然而，尽管人们试图引用多个政治变量来解释公共政策，但关于美国各州和各地区支出模式的大量研究结果在很大程度上仍是一片混乱。这一传统开创至今已 20 年，仍然没有一套内部统一的命题。部分原因是内部政治模式本身非常灵活，可以折叠，可以延伸，从而几乎可以解释任何发现。高相关性表明政府的响应能力高；低相关性表明政府的响应能力低。如果一个政府特征没有解释能力，那么研究者只需要去量化另一个特征。最终，该模型不再是一个能指导数据选择和分析的理论架构，而是一个大致类似于社会民主神话的床单（仿佛那红白蓝的国旗），几乎可以忽略任何经验结果。

我是说，因为当“环境”变量（收入、财产价值、城市化等等）是这种变化的主要原因时，应该说，第二个问题很难将众多实例纳入谈判模式。事实上，托马斯·戴伊（Thomas Dye）在国家税收政策方面的研究成果一直让大家感到尴尬，他认为，大多数决策谈判模型的内生变量对政策几乎没有影响。

最后，整个研究传统在寻找同等分析单位上陷入了一个似乎无法解决的困境。因为尽管美国的政府单位通常有相同的名称（如州、县、市），但即使这些实体有相同的名称，在理论上也有很大差异，以致很难将它们作为同等系统来对待。尤其是如果一个人把公共政策视为相互竞争的群体和利益集团之间谈判的结果，这些差异就总是产生几乎无法解决的问题。每一种选择都面临着严重的问题。

仔细考虑那些将地方支出作为待解释的因变量的研究。比较这些政府单位的基本理由是，在每种情况下，这些政府单位对社区的治理负有主要责任，所有决策者都受到某种群体压力和竞争性利益集团的影响。几乎在所有情况下，官方权力都掌握在民选官员手中。然而，国家赋予市政府的职权在全国不同地区差别很大。在一些城市，这些政府单位不仅负责警察和消防等日常内务管理职能，而且还管理卫生、福利和教育系统等部门。在另外一些城市，国家只将基本内务管理职能交给市政府，并将医院、学校、公园和福利的责任留给自己管理或分配到县或特区。我们还可以找到各种各样的组合。换句话说，同一个词“市政当局”却指的是职权大相径庭的政治实体；因为不同的职能责任本身是支出变化的主要决定因素，所以任何试图从地方政治压力的角度解释总体支出模式的努力就会变得相当棘手。

其他学者采用另一种解决方案，即将为特定地理区域服务的各级地方政府的所有支出作为一个整体看待。整个地方政府系统的所有支出总额被视为需解释的政策。在这里，这些学者假设在每个地理区域内（比如一个城市、一个大都市或一个县），同等的政府职能由整个地方政府系统来履行。通过观察与该系统的支出变化相关联的因素，人们可以发现影响该系统执行其职能的水平（就财务成本方面而言）的因素。

从某些方面来说，这是一个相当大的进步，因为它只把单一类型地方政府的支出作为因变量。这可以大大降低我们需比较的政府系统的职权的差异程度。尽管如此，州政府保留某些政府职能的程度仍会有所不同。例如，在一些州，地方政府在福利分配中完全不承担重要的财政作用；而在另一些州，某部分地方政府系统共同承担近一半的福利支出。

对于那些从内部政治进程角度解释政策的人来说，第二个问题甚至更加值得深究。地方支出总额是对服务于某一地区的整个地方政府系统的活动总量的衡量。该系统的每个部分都可能有自己独特的解决政治冲突的方法。市政府官员可以通过党派选举选出，而学校董事会可以由核心小组提出人选，经低投票率的无党派选举，几乎无异议地当选，地区卫生部门长官可由辖区与该地区不一样的政府任命。哪一套政治变量可以与这些政府的总支出产生有意义的联系呢？难怪大多数政治学者对这个解决方案不满意。

这些比较研究在州一级政府也同样让人困扰。一些研究将全州机构直接拨款的支出作为因变量。但在这些案例中，研究者没有考虑到各州保留在州一级政府的职能的巨大差异，各州保留给自己的政府职能不同于分配给下级地方政府的职能。[1] 另一种解决办法是将同一个州内的所有州级政府和地方政府支出合并成一个因变

---

[1] 例如，一些州几乎将福利政策的财政责任全部揽在自己身上，而另一些州将此类责任的大部分下放到地方政府。因此，州支出总额占州内所有州和地方支出总额的比例差别很大。将财政责任分配中的这种变化作为自变量之一纳入分析并没有多大帮助。如果把它包括在内，它是全州各机构支出差异的主要原因，只留下剩余数额由其他变量来解释。这造成的分析问题可以用两种方式提出。从技术上来说，研究者在等式（转下页）

量。但是，如果政策是既定内部政治的产物，那么将州和地方支出纳入政府活动的综合衡量标准就不一定站得住脚。正如艾拉·夏尔康斯基（Ira Sharkansky）所说："如果研究者将州政府和地方政府的支出综合考量，他们实际上模糊了众多独立政府机构的决策的区别。因此，这种思路掩盖了政治进程的真相，让我们不能分别地了解州或地方一级政府的财政决策。"换言之，对全州内部政治活动的衡量，如该州内政党的竞争或全州的选举，如何能预测州和地方政府共同决策产生的总支出水平？

这些方法论问题有助于解释，在有关政府支出的研究中，为何政治变量和环境变量孰轻孰重的辩论会旷日持久且徒劳无益。当比较职权相似的政府单位时，在分析中引入政治变量并不适宜。当戴伊选择这样做时发现政治变量其实影响甚微，也就不足为奇了。另一方面，当我们能够获得政治进程差异的重要指标时，比较政府支出数据并不方便，因为这些单位没有类似的职权。因此，关于政治

（接上页）两边包含相同变量，犯下大错，因此产生了虚假的相关性。该等式采用以下形式：

$$SE = a + b\left(\frac{SE}{SE + LE}\right) + b_1x_1 \cdots b_nx_n,$$

其中，SE = 州政府支出，LE = 该州内地方政府支出，a = 恒定值，以及 $x_1 \cdots\cdots x_n$ = 所有其他自变量。

不考虑技术，人们可能会问，职能责任的分配如何才能被视为影响国家支出的自变量。将责任分配给地方政府的决定以及随之而来州政府机构支出水平的降低，是关于州政府和地方政府之间分工的单一政策的重要组成部分。通过相关性分析以政策的一个方面来"解释"这项政策的另一个方面是没有意义的。关于这个问题的详细处理及一些有用建议，请参阅克拉克和弗格森。

变量和环境变量孰轻孰重的辩论仍在毫无意义地继续。[1]

一旦确定城市极限在哪儿，一种不同的研究方法就成为可能。如第三章所示，政治变量不再与此类分析相关，因为城市的内部政治安排不被视为影响地方政策的决定性因素。同时，环境变量不再被理解为政策的非政治决定因素。相反，它们成为城市外部因素的指标，准确地规定了城市政策制定者行使其自行决定权的限度。人们不再对政治变量和环境变量孰轻孰重感兴趣，而是对不同环境变量的相对重要性感兴趣。所有社会因素和经济因素都能反映出限制城市选择的约束条件的有关信息；要想理解这些环境变量的相对重要性就需要了解地方政府的结构如何限制政治选择。那些曾经被认为是关于政治系统外部因素的信息，现在被认为是关于地方政府的结构和利益关系的信息。

[1] 关于支出方面的研究试图努力解决的另一个问题是政府间转移支付的处理方式。一个较好的解决方案是包括所有政府单位的支出，包含政府间资金转移带来的支出。但当这一总数与州或地方的内生变量相关时，它以州政府特征来解释政策结果，而这些特征部分是上级政府决策的产物。一些研究者还将政府间财政转移作为自变量来“纠正”这一错误归因。但是这在等式两边输入了相同的变量，产生虚假的高度相关性（Morss 1966）。实质上，它造成了特殊的解释问题。如果上级政府在分配资金时考虑到地方的“需求”（就像在配置公路和自然资源时一样），如果下级政府也根据这些需求产生的经济需求配置资源，那么“需求”变量和“联邦援助”变量将高度相关。当两者都纳入回归分析中时，因不适当地纳入联邦援助变量，需求变量的影响遭到遮蔽。最好的解决方案（尽管不是完美的）是从等式的两边扣除政府间转移支付因素。我不知道以前有没有任何研究在州政府层面的数据汇总中使用过这一程序。

四、现代联邦制理论

以前人们认为各级政府必须履行与其相适应的职能，现代联邦制理论作了一些灵活变通，该理论认为中央政府能够并且确实在履行由州和地方政府履行的任何职能。马丁·格罗津斯（Martin Grodzins）使用大理石蛋糕比喻来表达其对美国联邦系统关系的新理解。他认为权力在被广泛分散和分享。其总体模式更多地是以合作和互助为特征，而不是以双重主权之间的对抗为特征。政府间关系的特点是不停歇的分享和交流过程。最终形成的构造像大理石蛋糕，根本没有清晰可辨的结构。

这个比喻在联邦制研究中非常有市场。它恰好配合当前政治学学科整体性向过程研究的转向；它似乎在指明政府间关系描述性研究的核心问题和方向。更具创意的学者也提出他们自己的类似比喻：如尖桩篱栅、翻转蛋糕、花冰激凌砖，等等。

尽管格罗津斯将其目光从过时的双重主权研究移开，投向当代政府间关系研究，从而复兴了联邦制理论，但他的继承者除了沿用大理石蛋糕比喻之外，并没有将此理论发扬光大。无论这个比喻多么贴切和吸引人，将联邦制与一块无结构的糕点相比较终究是一种非理论性解释。比喻暗示着流动、变化和复杂性，而理论的一个目的就是追求至简，尽可能找到一种模式和秩序。这个比喻把注意力引向个人、团体和过程，而联邦制的本质是政府结构之间的稳定关系。

因此，我们还没有真正形成联邦制理论。当代的描述性分析，尽管有时很有说服力，但却（1）未能赋予联邦制独特的含义，

（2）未能保留适合各级政府的职能之间的区别，（3）未能找出联邦系统中合作和冲突要素的模式。此类学者一般受重视过程的行为主义的影响，几乎忽略联邦系统的结构安排。相反，他们把研究精力集中在各团体、精英、选区和各级政府官员的活动上。

最重要的是，他们对联邦制的定义如此模糊，以至于不能将联邦制与单一政府中中央及其外地办事处之间的关系区分开来。丹尼尔·埃拉扎尔（Daniel Elazar）比大多数人谨慎，但他甚至将联邦制定义为一种政治组织模式，这种模式通过在中央政府和地方政府之间进行权力分配，以保护国家及国家以下各级政治系统的存在和权威，从而将较小的政治组织团结在整个政治系统中，使所有人都能参与整个系统的决策和执行过程。

丹尼尔·埃拉扎尔对联邦制的定义过于宽泛，按照他的定义，甚至美国林业局也是一个联邦系统。美国林业局决策层次分为中央机构和地方办事处，有相关规则和规定保护其每个层次机构的存在和权威，并将它们团结在一起。然而考夫曼（Kaufman）认为林业局是一个高度中央集权的机构。根据丹尼尔·埃拉扎尔的定义，联邦政府和国防承包商之间的关系也是联邦系统的一个方面。事实上，在他合编的一本书中，他用了整整一章论述这种公私关系。但是，如果以这种方式使用联邦制的概念，那么联邦制就几乎可以涵盖所有政治关系。也许这正是埃拉扎尔的意图，因为在同一段中，他说联邦制“不仅仅是一种政府结构的安排；它还是一种政治活动模式，需要通过它所激活的政治系统建立某种合作关系”。这种伸缩性强的主张当然符合对以行为方法为特征的政治进程的强调，但它对聚焦研究政府间关系没有意义。诚然，美国联邦制的现代阐释者不用狭义的宪法条款来定义联邦制的担忧，是可以理解的。但是现代联邦制理论家并没有提供一个足够明确的替代性定义去取代传统的联邦制定义，也就不能形成一个独特的、中观层面的政府间关系理论。

而且，如果不对联邦制作出定义，现代学者就无法描述出各级政府的特点和相应职能。格罗津斯本人不愿意承担这一重要任务。马丁·戴蒙德（Martin Diamond）在其一篇很精彩的评论文章中指出，格罗津斯“被确定地方政府职能的困难所驱使，进而拒绝州政府和中央政府之间职能分配的任何标准”。他开始争辩说：“地方政府做地方政府该做的事。”所以这个理论沦落成纯粹的描述。

将联邦制与分权行政结构区分开再一次变得不可能。

如果有人认为现代学者研究政府间关系时，并没有自己的理论基础，那这个人可能有些不怀好意了。毕竟，格罗津斯、埃拉扎尔及格罗津斯的其他弟子对联邦“伙伴关系”进行了全面叙述，并对政府各层面如何共同分享权力做出睿智的解释。但是，尽管他们的经验研究清晰而且有用，仍然没有给出政府各层面之间合作和冲突模式的一般性理论解释。

只有认为城市、州和中央政府存在本质上的不同时，现代联邦制理论才可能成立。如果城市像国家一样，那么任何由国家执行的活动城市也可以执行。国家政治将与地方政治无异。但是一旦确定对地方政府的特定限制因素，人们就可以建立一种政府结构理论，将某些职能分配给中央政府，将其他职能分配给地方政府。这成为第四章关注的中心问题。

五、本书的计划

许多关于城市政治和政府间关系的研究将地方政府概念化为与

中央政府几乎权力相当的自治政府。当然，很少有研究明确做出这一假设；相反，在许多研究中，人们讨论外部影响、上级政府的影响以及在更大社会语境下理解社区的必要性。然而，这些参考文献从未被整合到我所采用的分析结构中。相反，对内部政治关系的反复强调意味着公共政策的关键决定因素在于城市内部；尽管在这个框架内可以作更详细的讨论，但对地方政府的研究不能再忽视对城市极限的考虑。

在随后的章节中，我将就公共政策和地方政治，详细阐述城市极限的意义。第二章阐述了分析的理论基础。我发现城市的首要利益是保持和提高其经济生产力。城市必须能吸引有效劳动力和资本。

第二篇是对城市公共政策的研究。第三章阐明公共政策类型学。那些提高城市生产力的政策被称为发展政策；那些对经济有不利影响的政策，即使社区中有些人需要此政策，并且可能受益，也被认为是再分配政策；那些经济效应大概为中性的政策被称为配置性政策。因为这些类型的公共政策对城市利益集团的影响各不相同，产生它们的因素因政策领域的不同而不同。我通过对九种不同公共政策支出水平决定因素的回归分析，展示了三个政策领域之间的差异。厌恶无聊统计数据的读者可以忽略本章的后半部分及其附表，但仍然可以理解我的基本论点。第四章说明各级政府之间的政策责任如何分配。中央政府对再分配政策负有最大责任，而地方政府对配置性政策负有主要责任。第五章最后指出，政策因地方政府系统的结构而异。在大城市，地方政府规模很大，对大宗土地拥有垄断控制权，所以，甚至在地方一级政府也会发生某种程度的再分配。而在地方政府规模小、数量多、相互竞争激烈的地方，如郊区，再分配被控制在最低限度。对学校政策进行详细审视以说明我的分析过程，毕竟学校政策是对当地纳税人影响最大的活动。

第三篇考察城市政治进程。第六章考察了政党和团体所扮演的边缘角色。第七章着眼于发展政策；它的结论是，在这个政策领域持“权力精英”论学者的研究成果最适用。第八章探讨了配置政治的多元性。第九章解释为什么再分配问题看起来像是“权力的另一副面孔”，这种权力使得某些话题不在地方议题之内。

最后，第四篇从经验和规范的角度探讨了改变地方政治极限的某些努力成果。第十章考察了纽约市的情况，有些人可能认为纽约市的情况与本书的论点背道而驰。最后一章提出了一系列政策建议，这些建议将极大地扩大城市的极限。

第二章
有限城市的利益

如所有社会结构一样，城市也有自己的利益。 既然我们可以谈论工会利益、司法利益和政治家利益，我们当然也可以谈论城市这个结构化社会互动系统的利益。 公民、政治家和学者都畅所欲言，对城市利益有过一些睿智见解。

一、定义城市利益

我所说的城市利益，并不是指城市中所有个人利益的总和。 首先，这个问题很少有人关注。 城市居民的欲望、需求和偏好总是不断变化，此前很少有人就特定城市的有关民意进行调查。 此外，一个城市的居民利益往往不一致。 有些人希望多建公园、多建优质学校；另一些人却更注重安全，希望警察能更加勤勉，还希望更低的税收。 有些人想要高度发达的公路系统；另一些人却希望安静的社区环境，离公路远一点。 有些人想要廉价的公共补贴住房；另一些人却希望拆除现有的公共住房。 有些人希望提高对失业者和不能自食其力者的福利援助；另一些人却希望大幅削减所有这些公共援助项目。有些人希望言辞粗鲁的少数族裔政治家担任公职；另一些人却希望由有教养的人管理市政事务。尤其是在大城市，不同阶级、族裔、肤色和职业群体为各自的要求众声喧哗，使得汇集每个城市居民的所有要求和愿望以厘定整体城市利益（或者说公共利益）成为不可能完成的任务。

一些政治学学者试图总结各种个人利益，以发掘整体城市的公共利益。爱德华·班菲尔德的早期著作在此类研究中最具说服力，现在仍然值得探讨。他认为城市政治进程，至少芝加哥的政治进程，允许城市几乎所有的利益团体表达自己的声音。每项重大利益背后都有一些经济性联盟或自发协会代表，它们试图影响那些触及其既得利益的公共政策。这样，此类团体和联盟开展辩论和竞争，然后政府负责从中调和，试图照顾到每一个团体和联盟的关键利益，最终找到一个令各方满意的解决方案。政府考虑到自己的利益，即需要维持其政治权力，就必须采用这一策略。

班菲尔德的论点很有趣，但很少有人会仅仅因为公共政策是根据某些程序制定的，就认为公共政策一定符合该城市的利益。政府的判断可能会出错。某些重要但在政治上弱势的团体的利益可能永远得不到表达；或者把一项政策放在更长的时间来看，其后果对这个城市来说可能是灾难性的。此外，大多数城市的政策并不是在一番热烈争论后敲定的，而是日常决策的正常结果。人们如何评估哪些是符合公众利益的政策呢？最重要的是，这种厘定城市利益的机制不能为评估城市政策的实质价值提供依据。在班菲尔德的理论框架内，城市政府的所有行为都符合它们社区的利益。但是，当有改革或创新的需要时，城市利益这一概念最有说服力。城市利益可以用来评估现有项目的价值，也可以用来区分前景光明的和没有前途的新项目。将城市利益与城市的日常工作等同起来，会削弱城市利益一词的表达能力，甚至使其变得毫无价值。

经济学家查尔斯·蒂布特（Charles Tiebout）采用了第二种方法来定义城市利益。与班菲尔德不同，他不认为城市利益仅仅是个人利益的总和，而是可以整体性归于城市实体的东西。作为一名经济学家，蒂布特对他的创新性观点颇有信心。他认为城市是城市利益的实体这一观点，使得他与那些认为公司利益就是追求利润最大化的正统经济学家和那些认为政治家的利益就是争取尽量多的选票的福利经济学家相提并论。当然，这些学者只是声称其模型假定公司和政治家以这种方式行事，但只要他们相信这些模型具有实证效度，实际上就是在断言具有商人或政治家身份的个人一定追求某些利益。蒂布特也是如此，他认为社区寻求获得最佳规模，以保证地方政府提供的一套服务得到有效落实。用他的话说："小于最佳规模的社区通过吸引新居民来降低平均成本。那些超过最佳规模的社区正好相反。而处于最佳规模的社区则试图保持它们的人口不变。"

蒂布特的研究方法在许多方面都非常具有吸引力。蒂布特先通过断言城市最大的战略目标是维持社区在最佳规模，从而找到城市的最大利益，然后利用所谓最大利益去解释城市采取的具体政策。他提供了一个简单的分析工具，用于解释城市所做的选择，而不需要对公民偏好和政治机制进行深入调查研究，以找到和综合分析这些偏好和机制。此外，他提供了一个可以确定一项具体政策是否符合城市利益的标准，即它是否有利于城市实现最佳规模？这个政策有助于小城市的发展吗？这个政策能缩小大城市的规模吗？这个政策能让处于最佳规模的城市继续保持平衡吗？尽管目前无法在所有情况下科学地、准确地确定何为最佳规模，但该标准确实为审慎的决策提供了非常有用的指导。

蒂布特假设的困难在于，他无法证明最佳规模的合理性。当大多数经济学家假定某种形式的最大化行为时，通常都基于一个合理的常识性理由，即相信担任这一角色的个人会在追求这一战略目标中受益。正统经济学家认为商人就是追求利润最大化，这与我们的日常生活常识一致，即人们从事商业活动是为了获得金钱回报。回报越大，人们就越喜欢从事商业活动。那些认为政治家的利益就是追求尽量多的选票的福利经济学家也是如此。这一假设虽然愤世嫉俗，但符合大众的观念，因此具有一定的合理性。

相比之下，蒂布特的最佳规模理论偏离了大多数人对城市运营目标的理解。当然，小型社区一般都寻求发展，自我宣传可能是美国小城镇的典型特征。然而蒂布特把最佳规模而不是扩大或追求最大规模作为战略目标。当蒂布特在讨论希望缩小到最佳规模的大城市时，他语焉不详，很难令人信服。他承认，“难以想象城市规模会大到驱走居民的情况”，更重要的是，他承认“没有一个有政治头脑的议员会承认城市太大了”。“尽管如此，”他继续说道，“经济力量驱使人们离开城市。每一个为了追寻更好的教育、更适宜的生活环境等原因而搬到郊区的居民，一定程度上是在反对这种城市运行的模式。”在这篇重要的文章中，蒂布特既没有提到地方官员，也没有提到地方公共政策的因素。相反，他谈及可能超出城市及城市中“每个居民”控制范围的“经济力量”，每个居民都在追求自己的利益，而不是整个社区的利益。

蒂布特认为城市追求最佳规模的一个原因是为了降低公共产品的平均成本。如果公共产品能够以最佳规模最有效地交付，那么在达到该规模之前，居民会在城市内外流动。一方面，蒂布特的意见非常中肯：为了保护城市的经济利益，地方政府必须尽可能有效地提供服务。但是几乎没有证据表明是否存在一个最佳规模，从而据此以最有效的方式提供服务。即使存在这样一个最佳规模，也只有当缴纳同等地方税的居民中有人开始迁徙时才能实现。更可能发生的情况是，居民为公共服务支付可变价格（例如，当地财产税支付的金额因财产价值而异）。在这种情况下，扩大城市规模到最佳水平并不会降低居民的成本，除非新迁入人口所缴纳的税款至少与市政府因他们的到来增加的边际成本持平。[1] 相反，如果一个城市需要减少人口才能达到最佳水平，这并不会降低居民的成本，除非现有人口缴纳的税款少于向他们提供政府服务的边际成本。在大多数人口流失的大城市，情况正好相反。迁移人口的纳税超过了他们收到的服务。蒂布特以最佳规模的概念去确认城市利益虽然颇具启发性，但没有考虑到当地人口的质量和数量。

城市利益既不是个人利益的总和，也不是对最佳规模的追求。只要政策保持或提高了城市的整体经济实力、社会声望或政治权力，就可以说该政策和方案符合城市的利益。[2]

城市之所以有这些利益，是因为城市由一系列在特定区域空间中的位置构成的社会互动组成。每当社会互动被构建成循环模式时，这样形成的结构就会在对其自身的维护和增强中产生利益。正是在这个意义上，我们谈论组织的利益、系统的利益，等等。诚

[1] 布鲁斯·汉密尔顿（Bruce Hamilton），《财产税和蒂布特假说：一些经验证据》和米歇尔·怀特（Michelle J. White），《分散的大都市地区的财政分区》，米尔斯和奥茨 1975 年版，第二章和第三章。

[2] 见韦伯《阶级、地位和权力》，格特和米尔斯 1946 年。

然，在城市中，就像在其他任何结构中一样，人们可以找到不同的社会角色，每个角色都有自己的利益。

但是，这些不同角色的利益，尽管可能有分歧且相互竞争，但并不妨碍我们去讨论更大的结构实体的整体利益。[1]

这一点可以具体解释。学校系统是一种社会行为的结构化形式，因此它有利益驱动去维持和改善其物质资源、声望和政治权力。具有此类积极影响的政策或事件符合学校系统的利益。国家财政资助的增加或篮球锦标赛的获胜都是能提高学校系统物质福利和声望的事件，因此符合其利益。一般来说的确如此，虽然我们也认识到教师、学生、校长和校董事会成员作为学校不同角色群体的成员可能有着截然不同的利益。

尽管个人在城市中扮演的社会角色众多且相互冲突，但所有这些角色都是由它们发生在某个地方政府管辖范围内的特定空间位置这一事实建构而成。因此，这个城市所有居民都对影响该区域福祉的政策感兴趣。提高城市吸引力的政策符合城市的利益，因为就居民作为该社区居民的角色而言，这些政策有利于所有居民。当然，就居民的其他社会角色而言，他们可能会受到该政策的不利影响。比如，一方面洛杉矶毒品贩子以毒贩的身份，很难从打击城市毒品买卖行动中获益，另一方面作为一名城市居民，他又受益于城市提高居住和工作吸引力的政策。因此，在确定一项政策是否符合这个城市的利益时，人们不会考虑它对每个人的所有社会互动的影响是正面还是负面。因为那是一项不可能完成的任务。要知道一项政

[1] 关于作用、结构和利益的更完整的讨论，见格林斯通和彼得森 1976 年，第二章。

策是否符合城市的利益，人们只需考虑其对在城市之内发生并形成的社会关系的影响。

比如，最近关于城市未来的政策辩论中可以看出，城市利益的概念通常正是在这个意义上被使用。一些城市居民认为，支付抵押贷款利息的房主享受税收减免的政策应该被取消。这个政策并不符合中心城市的利益，因为它为购买郊区住房的家庭提供了公共补贴。很明显，取消减税又不符合那些希望在郊区买房的中心城市居民的利益。虽然该政策不符合中心城市房主的利益（在一些城市，他们甚至可能占投票人口的大多数），因为他们将需要缴纳更高的联邦税。但该政策很可能会促进中心城市房屋租赁市场的发展，从而刺激其经济发展。正是因为这个原因，该提议被认为符合市中心的利益。

人们理解某项政策总体上符合城市利益，并不能消除在特定情况下对该政策选择的争论。城市利益这个概念可能非常有用，尽管它在特定环境的实际应用中会引起一些问题。在任何政策背景下，无论城市居民同意与否，都不能轻易断言自己“了解”何种政策符合城市利益。但是城市居民肯定知道，要证明一项政策的确符合城市利益，提出有说服力的论据，必须给出相应的证据和理由。社区领袖、市长和行政精英也是如此。

二、经济利益

像所有结构化的社会系统一样，城市也寻求提高它们在工业社会三个分层系统（经济、社会和政治）中的地位。在大多数情况下，一个城市在这些系统的任何一个系统中地位的提高都有助于在另外两个系统中地位的提高。 当然从短期来看，城市可能不得不在经济收益、社会声望和政治影响力之间做出选择。 因为不同的城市可能会选择不同的目标，所以人们无法规定一个重要目标（比如提高财产价值）始终是城市的最高利益。 但是，对大多数城市来说，促进经济发展或提高市场地位都是非常重要的目标，我将集中讨论这个方面，顺便讨论社会地位和政治权力的重要性。

城市总是在寻求提升其经济地位。 跟随韦伯（Weber）的思路，我的意思是城市作为经济活动场所，总是在努力提高它们的市场地位和吸引力。 在西方社会自诩的市场经济中，占据有利的经济地位意味着在所需商品的生产和销售方面，具备相对于其他城市的竞争优势。 如果一个城市具备竞争优势，它可以向城市以外的地区出口商品和/或服务。

一些区域经济学家甚至认为，一个城市的兴盛与其出口行业的发展是一致的。 随着其出口企业的扩张，这个城市也在发展。 当出口商收缩时，这个城市随之衰落。 支持这一结论的经济原理相当简单：当城市生产可以在外部市场上销售商品时，劳动力和资本就会流入这个城市，以帮助提高该商品的产量。 它们继续生产该产品，直到外部市场饱和，也就是说，直到城市内部生产该产品的边际成本超过在城市外部该产品的边际价值。 那些从事此出口商品生产的个人自己也消费其他企业提供的各种其他商品和服务。 此外，附属产业立足于该城市，要么是因为它们为此出口产业配套，要么是因为它们可以利用该出口产业的某些副产品，要么是因为它们受益于该出口产业所带来的规模经济。 熟悉的乘数效应已经在起作用了。 出口商品销售量每增长一倍，当地经济活动可能会增加四到五倍。

波音飞机的市场前景对西雅图大都市区经济的影响说明了出口对区域经济的重要性。20世纪60年代末，国防和商用飞机合同减少，波音公司解雇了数千名工人，太平洋西北地区的经济下滑，失业人口转移到其他地方，西雅图的土地价值急剧下降。最近，波音公司已经恢复了往日的荣光。随着波音公司生产规模的迅速扩大，大都市地区的失业率降低，经济增长迅速，土地价值也大幅上升。

对于该区域内为社区消费生产的商品和服务而言，这种乘数效应不起作用。生产者在社区内生产的商品被社区内的其他居民消费。实际上，居民只是互相洗钱而已。除非生产率提高，否则就没有扩张的能力。

如果这一经济分析正确，那么将城市利益与其出口产业利益等同起来只是一种适度的简单化。任何能推动出口产业繁荣的因素都有益于整个社区利益的增长——也许增长四到五倍。正是这种经济分析影响了许多地方政府的政策。尤其是小城市，可能会为招商提供免费土地、税收优惠和公用事业费率的优惠。

城市区域面积越小，其经济发展水平越落后，这个简单的出口理论就越有说服力。但其他经济学家还提出了另一种增长理论，这种理论在许多方面更有说服力，尤其是用来说明大城市的问题时。在他们看来，本地精细的公共和私人服务网络是经济长期增长的关键。由于世界经济不断变化，各个特定出口行业的经济活力也变化不定。因此，一个依赖任何特定出口产业的社区的经济前途面临着很大不确定性。但是，只要有发达的服务基础设施，这座城市还可以发展其他出口行业。老出口行业衰落，新出口行业取而代之，社区继续繁荣昌盛。因此，维持对所有商业和工业都具吸引力的高质量地方基础设施符合城市的利益。

我无法评估这些截然不同的论点孰优孰劣。在这里，重要的是双方都认为出口对一个城市的福祉至关重要。一种观点认为需要直接支持出口行业；另一种观点则认为只需要维持良好的服务基础设施，让市场决定哪个特定出口行业在社区发展。至少在短期内，对于某一特定社区而言，这两种观点中的任何一种都可能是正确的分析。然而，双方都认识到，城市的未来取决于当地产品的出口。当一个城市能够出口其产品，服务行业繁荣，劳动力需求增加，工资增加，发展机会增加，土地价值上升，税收增加，城市服务得到改善，加大对慈善组织的捐赠，城市的社会和文化生活更加丰富。

为了成功发展出口产业，城市必须有效利用三大生产要素：土地、劳动力和资本。

（一）土地

土地是城市能控制的生产要素。然而，土地也是约束城市的因素。事实上，城市是空间定义的单位，它们的边界很少改变，这使得它们的利益具有永久性。城市居民来来去去，生生死死，他们的口味和偏好也在不断改变。但是这座城市仍然与这被祝福（或诅咒）的土地割舍不断。除非城市能够通过兼并或合并来改变土地面积，否则城市必须确保其土地的长期价值，土地价值很能反映城市在多大程度上实现了自己的利益。

土地是一种经济资源。生产活动只能在某个空间位置发生。因为土地的经济潜力不同，城市的经济前景也不同。历史上，影响城市发展的最重要变量是一个地区与陆路和水路的关系。在美国东海岸，所有大城市都有天然港口，这促进了它们与欧洲和其他沿海地区的商业关系。内陆的大工业城市都位于五大湖或俄亥俄河—密西西比河水系。正如埃拉扎尔所言，西部城市繁荣程度取决它与东西海岸贸易通道的远近。丹佛成为山区各州中的大型城市，因为它坐落在穿过落基山脉的陆路的十字路口。明尼苏达州德卢斯市虽然在五大湖范围之内，但潜力有限，因为它位于通往西部的所有主要路线的北面。

是否通往水路和其他贸易路线并不是城市位置影响城市生活的唯一方式。城市的气候决定了居住的成本和城市吸引力；土壤影响周围地区的粮食产量；地形影响城市的排水系统、空气污染状况和景致。当然，长期性地决定城市的命运的不是城市景观的各种品质，而是这片土地及其地理位置是否与国家乃至世界经济体交汇。例如，那些横跨天然良港，控制水路要津的城市同时也垄断了该地区最有价值的土地，并借此控制该地区的内陆。但是自从陆路和航空运输兴起以后，它们开始取代水路运输，而不仅仅是作为水路运输的补充，那些曾经蒙上天眷顾的城市的优势地位很快便大不如以前。

尽管一个城市的经济发展空间很大程度上受到影响其土地价值的外部因素的影响，但城市对其土地使用的控制权，也让它具备影响城市未来的某些能力。尽管宪法对地方政府的权力有所限制，但地方政府拥有土地使用的自行决定权，仍然可以行使其地方自治权，有很大发挥空间。城市可以规划其土地的用途；城市拥有土地征用权；通过分区法，城市可以限制土地使用的各种条件；城市可以规范其内部建筑的大小、内容和用途。此外，城市可以通过提供公共服务，以鼓励某些类型的土地用途。下水道、天然气管道、道路、桥梁、隧道、活动场所、学校和公园都会影响到周边地区的土地使用。城市政治首先是土地使用政治，这很容易理解。土地是城市行使最大控制权的生产要素。

（二）劳动力

城市不仅需要引入资本，而且需要吸纳生产性劳动力。然而，美国地方政府控制这些因素流动的能力非常有限。由于不能像国家一样直接控制这些因素的流动，地方政府要在其管辖地区行使相关权力，追求自己的经济利益时，就被束缚住手脚。

劳动力就是一个很恰当的例子。国家可以控制跨越国境的移民，先进工业国家早已通过正式立法，只有少数外国人才能获准入境，比如该国公民的亲属或拥有该国亟须技能的人。在如今这个世界，对大部分人口来说，长途迁移在经济上不是难题，因此，这种限制性立法似乎对保持一个国家社会和经济的完整性至关重要。当然，如果跨国移民不受限制，先进工业国家特有的工资水平和福利计划将难以为继。

城市与国家不同，它不能控制人口在城市内外的流动。它们没有需要市民守护、保卫的城墙。韦伯中肯地指出，没有围墙的城市不再像中世纪城市那样，能独立地做出重大选择。的确，地方政府也经常试图将乞丐、流浪汉、贫民和少数族裔拒之门外。这些人群普遍受到歧视，受到骚扰、遭到逮捕、被赶出城市。但在大多数情况下，地方政府的这些行为违反宪法，甚至这种非法使用警力的行为也不能非常有效地控制人口迁移。

尽管权力有限，但城市仍试图以低于竞争对手的工资水平获得适当技能的劳动力，以生产有竞争优势的出口商品。大城市都渴望多元化的劳动力结构。为出口行业提供基础设施的服务业雇佣大量非熟练工人，而许多制造业只需要半熟练工人。当具有这些技能水平的工人出现短缺时，城市可能会帮助这些行业对外宣传该地区的工作和生活条件的优越性，以吸引外部劳动力。在19世纪，当非熟练劳动力出现短缺时，西部边远城市便大肆宣称它们能为普通劳动力提供更优越的条件。

甚至在今天，在阿拉斯加这样人口稀少的地区，偶尔也会登广告招聘非熟练劳动力。然而，现在大多数城市之间的竞争对象是高技能工人，尤其是专业人才和管理人才。在一个不充分就业的经济环境中，大多数社区都有剩余半熟练和非熟练劳动力。非熟练工人供应的增加提高了社区社会服务的成本。由于国家工资法规定了最低工资水平，所以一般不能通过向失业人口集中地区的非熟练劳动力提供低工资，以抵消社会服务成本的增加。但是即使失业率很高，城市仍然缺乏高技能技术人员和各种类型的白领。在劳动力出现短缺的地方，此类劳动力在劳动力市场的价格可能会不断攀升，一直到当地出口商品与其他地方生产的商品相比，不再具有竞争优势。因此，是否能提供适量的专业人才和管理人才以及高技能技术人员对一个社区的经济健康产生重要影响。

城市要大力发展经济，应当制定一套政策能吸引高技能的白领工人，同时又能控制失业人口的数量。当然，城市的操作空间非常有限。与国家形成对比的是，城市不能简单地禁止它们渴求的技术人才之外的个人进入这个城市。但是通过分区法，城市可以确保中产阶级居民有足够的土地供应。城市可以在经济发达的区域提供公园、娱乐场所和高质量的学校。城市可以将中产阶级很少使用的社会服务的成本控制在最低水平，从而保持地方税收相对较低。总的来说，城市试图确保向对地方经济持续增长至关重要的高技能工人、管理人员和专业人员提供公共服务的收益大于维持此类劳动力的成本。

（三）资本

资本是第三个生产要素，它总是流入经济发展有潜力的地区。

因此，国家对跨境资本流动实施强有力的控制。许多国家严格管控本国货币的出境数量。国家对进口商品实行配额制、征收关税。国家规定本国货币与外币的汇率。国家调节货币供应，当经济增长过快时提高利率，当经济增长放缓时降低利率。债务融资还允许国家承担资本支出，并鼓励私人市场的增长。目前，国家控制资本流动的机会越来越少，新的超国家机构正在取代国家在这个方面的地位。就确定主要工业国家之间的汇率而言，现在市场力量似乎比国家官方政策更有力。关税和其他贸易限制会遭到其他国家的报复，因此必须谨慎使用。工业化国家经济相互依赖性日益增强，国际政治经济的重大变化即在眼前，我们从现在由众多国际会议确定全球增长率、通货膨胀率和失业率的现象中可以看出端倪。如果这些趋势继续下去，国家可能会变得越来越像地方政府。

但是，国家层面的这种发展趋势毕竟才刚刚出现。在美国的地方层面，城市控制资本流动的能力要差得多。首先，美国宪法规定各州不能阻碍货物和资金的跨州自由流动。各州的情况也适用于它们的下级管辖区。其次，各州和地方政府不能调节货币供应。如果失业率低，它们不能通过增加货币流动来刺激经济。就算通胀压力对地方在出口市场的竞争优势产生不利影响，地方既不能限制货币供应，也不能直接控制产品价格和工资水平。所有这些权力都在联邦政府。再次，地方政府的支出不能超过其税收收入，否则会损害其信用，甚至面临破产风险。只有国家才有权力出台经济刺激政策，当然使用不当也会伤及全国。

地方政府使出浑身解数吸引资本流入该地区。它们可以尽量减少对资本和资本投资的征税。它们可以通过提供道路、下水道、电灯、警察和消防等低成本公共设施来降低资本投资成本。城市对其心仪的投资者，可以免费或者以极低的价格提供公共土地。 它们可以尽量地减少对企业正常运营的干扰和监管。 比如，它们可以忽略各种外部生产成本，如空气污染、水污染以及对森林、草地和其他城市景观破坏。 最后，它们可以阻止劳动力加入工会，以保持工厂劳动力成本的竞争力。

这并不意味着城市应该允许工厂所有的利润最大化行为。 只要城市追求经济增长的多元化，就不能允许任何一家公司的经营政策严重影响该地区对资本或生产性劳动力的整体性吸引力。 税收不能太低，否则政府无法向其居民提供竞争对手能提供的优质公共服务。 任何特定行业的监管都不能低于全国标准，否则其他行业必须承担它们在其他地方不会承担的外部成本。 城市对吸引资本的兴趣并不意味着要完全屈从于某个特定的公司，而是要积极营造有利经济发展的总体环境。

总之，城市像私人公司一样，为了最大限度地提高经济地位而相互竞争。 为了实现这一目标，城市必须吸引尽可能多的资本和尽可能高质量的劳动力，从而充分利用其区域内的资源。 像私人公司一样，这座城市必须提供适当的诱惑，以吸引劳动力和资本资源。美国城市与其国家不同，没有控制劳动力和资本流动的监管权力。这种权力的缺乏极大地限制了城市控制其经济发展的能力，但与此同时，城市在这些限制范围内最大化自身利益的尝试对其政策的选择产生影响。

地方政府与城市利益

地方政府领导可能对他们社区的经济利益很敏感。 第一，经济繁荣是保护地方政府财政基础的必要条件。 在美国，对当地资源征税、对当地服务收费仍然是地方政府收入的重要组成部分。 虽然战后联邦和州政府向地方的财政转移有所增加，但直到1975—1976年，地方政府近59%的收入来自自筹。[1] 地方政府要想从自己的经济资源中获得收入，就需要地方经济保持持续繁荣。第二，善政政府就是善政政治。地方政治家选择推行有助于当地社区经济繁荣的政策，就是选择符合自己政治利益的政策。地方政治家亟须排除地方政治的多重压力，勤勉地推动具有广泛利益基础的目标。经济增长和城市繁荣大于一切。第三，也是最重要的一点，地方官员通常具备一种社区责任感。他们知道，如果不能保证社区的经济福祉，当地企业会受到影响，工人会失去就业机会，文化生活水平会下降，城市土地也会贬值。为了避免出现惨淡的局面，政府官员试图制定相应政策，以推动社区繁荣，或者至少不会严重损害社区的繁荣。除了因为经济繁荣对政府收入或地方选举有影响之外，我们有理由认为，地方政府主要关心的是维持其所负责地区的经济活力。

因此，地方政府要在它们必须应对的诸多环境限制内，努力以最大限度实现这一特定目标。它们先提出多个备选政策，然后以对实现这一目标的有利程度为标准进行评估每个政策。尽管信息不完善，地方政府不可能在每种情况下都做出最好的选择，但经过实践的证明，最终选择的政策将是那些证明能推动社区经济繁荣的少数政策。内部纠纷和分歧可能会在一定程度上影响政策的执行，但地方税收政策的大概框架取决于这一战略目标。

经济利益和居民生活质量利益的分歧

到目前为止，我忽略了城市经济目标和居民生活质量目标两者

[1] 美国商务部，人口普查局，1977年。

可能出现分歧的可能性。事实上，美国大城市的居民生活质量过于依赖经济繁荣，以至于“平衡”的社区发展不能因居住的排他性而牺牲。但是在郊区，政府的管辖区与经济交流的边界并不一致，因此，许多社区希望通过将这些生产活动划分到自己管辖区之外，从而将商业和工业的负面影响留在自己社区之外。如果成功做到这一点，就可以在不危及社区与市场的紧密关系的情况下提高居住状况。因此，在郊区社区目标更有可能产生分歧，郊区可能要么重视市场目标，要么重视居民生活质量目标。

根据他们可能追求的目标，经济目标和居民生活质量目标之间出现分歧的可能性导致社区类型学的建立。威廉姆斯（Williams）和阿德里安（Adrian）是第一批区分以促进经济增长作为首要目标的社区和重视提供生活便利设施的社区的学者。最近，厄洛（Eulau）和普鲁伊特（Prewitt）指出了两种政策的重要性：一种是促进经济发展的政策（城市规划、城市重新分区、吸引企业入驻等）；一种是增加城市便利设施的政策（图书馆、市民中心、娱乐设施等）。

两个研究发现只有这两种目标在当地社区普遍存在，这与我的论点非常一致，即城市追求他们的经济、社会和政治利益。虽然两项研究都用归纳法构建它们的类型学，而我对城市利益的阐述是从分层系统的一般性认识中演绎出来的，但是它们所确认的社区目的与我所概述的非常相似。诚然，两项研究都没有发现社区的主要目标是试图在上级政府中获得更大的政治权力。也许公共部门还没有足够的资源使城市的经济、社会和政治利益成为许多城市的主要目标。另外，威廉姆斯和阿德里安发现社区似乎既没有经济目标，也没有提高居民生活质量的目标，也有一定道理。相反，它们只维护传统服务和/或仲裁群体冲突。但是这些活动不是社区有能力最大化的实质性目标；当政府效率太低，无法大力追求其经济利益或居民生活质量利益时，它们似乎只是一个社区目标的剩余职能。难怪厄洛和普鲁伊特发现这些分类在他们的研究中用处不大。

值得注意的是，这两项研究都没有发现其类型学中需要存在一类以提高工人、穷人或少数族裔的物质福利为目标的社区。地方政府在言论和行动上都没有表现出对这一目标的兴趣，这一点似乎在各政策制定部门的政策选择中都是如此。旧金山湾区的议员在被问及社区哪些方面最需要改进时，最常见的回答都是关于公园和康乐场地、城市改造、市区发展和新的市民中心之类的问题。针对穷人的低收入，住房和福利援助根本没有出现在他们的议程上。甚至在威廉姆斯和阿德里安两人研究的工人阶层社区，地方政府似乎只想提供最低限度的服务，而不是将富裕人群享受的资源对穷人进行再分配。

此外，两项研究都有证据表明，至少在较大的城市，经济利益（这将是本章剩下内容的重点）比居民生活质量利益更重要。城市规模是厄洛和普鲁伊特研究中最重要的变量之一。他们借助一系列指标，提供了大量证据证明，城市越大，市议会可能越重视城市经济的“平衡”增长，而不是只关心社区的居住质量。此外，威廉姆斯和阿德里安认为，自我宣传的言论在有关城市政策的讨论中占据了过大的比例。“促进经济发展”和“创造良好营商环境”的口号几乎在每个关键时刻被提出来，并且与每一项决策联系在一起，不管这种联系有多牵强。

总的来说，厘定城市目标的实证研究所得出的结论和我对城市利益的定义相比，并没有根本不同。虽然一些较小城市关注居民生活质量利益而不是经济利益，但是，正如我们将看到的，这仅仅是一种适度的、非常有用的简化，以表明城市首先关心的是它们的经济福祉。

财政政策

一个城市的经济福祉会受到其税收和支出政策的显著影响。尽管货币政策、国际贸易协定和其他关键问题都属于国家层面政策制定者的职责范围，但经济学家已经表明，地方政府的财政决策可能会产生自己的经济后果，即：如果地方政府增加对学校等亟须的公共服务的支出，城市财产价值就会增加；如果对地方财产征收更多的税收，土地价值会因税收增加的资本化价值而下降；如果州政府向低收入人群提供可观的经济援助，其他需要此类援助的个人就会流入该地区；如果政府限制低收入居民进入该社区，土地价值就会上升。尽管对这些问题的研究才处于起步阶段，但不断涌现的一批研究成果一致地证实了地方政治和地方经济之间的这种联系。

蒂布特为这种联系提供了理论上的解释。他指出，因为居民可以自由地从一个社区迁移到另一个社区，因此，他们会算计地方政府决策对其选择居住社区的影响。蒂布特认为，居民的自由迁移有利于地方政府提供的公共产品达到帕累托最优分配。居民不断迁移，直到每个居民在某个社区找到他最想要的一整套税收政策和公共服务，从而居民的偏好与政府所提供的内容相称。蒂布特不得不做出一些高度限制性的假设（例如所有居民都以政府福利为生，人口迁移成本为零等等）来推导他的帕累托最优均衡，其实不需要这样的限制性假设就可以推导出这个简单（如果不太令人满意）的结论，即个人在选择居住地时会考虑政府服务的相对成本和收益。

如果用迁移人口计算公共服务的成本和收益，地方政府为了确保地方繁荣，必须预测潜在移民的偏好。 如果一个政府利用税收政策最大限度地实现经济繁荣，就能像蒂布特所建议的那样高效运行。 政府为每个居民提供他最愿意接受的一揽子税收政策和福利。每个居民从他缴纳的税款中获得期望的收益，并且（必然地）每一个居民缴纳的税款足以支付产生该收益的平均成本。 在蒂布特的理想世界里，政府实现了社区经济福祉最大化的税收政策。 因为每个居民都从政府那里得到了他想要的东西，以作为他纳税的回报，政府的税收政策成为居民在这个社区内生活和工作的最大诱因。

不幸的是，几乎可以肯定，没有地方政府能够实现蒂布特的理想假设。

首先，政府必然对大部分居民提供类似的服务。 道路、街道、公园、学校和警察不能无限多样化以适合每个人的口味。 因为许多政府服务至少在某种程度上具有公共产品的性质，向某个人提供的服务其实也在向很多人提供。 然而，公共服务种类繁多，而两个家庭一般不会有完全相同的偏好。 即使生活在相似的郊区且收入相同的人群，其个人需求和偏好也存在显著差异。 有孩子的家庭想要更高质量的学校；老年人想要更便利的公共交通设施；重视娱乐活动的人群想要更多的公园和体育设施；防范意识强的人群想要更多的警察和消防设施；人们对当地道路需要维护的程度有不同的看法。居民不仅对公共产品的数量有争议，对公共产品的质量也是如此。学校应该提供性教育吗？ 学校应该注重大学升学率还是职业培训？课堂应该经过精心组织，还是给孩子相当大的时间支配权？ 当地居民公共服务偏好的同质性只能是一个大概的估计；即使在最有利的情况下，也不可能达到完全一致。

其次，因为没有定价机制去准确发现公共资源的分配不当，所以无法有效地提供公共服务。即使一个社区的所有居民都有相同的偏好，也不可能以最低的成本向他们提供服务。在社区内，地方政府垄断了公共服务的分配。为了以更低的价格获得同等的公共服务，居民必须承担寻找更高效社区的成本和迁移成本。居民可以容忍公共服务的低效率，但低效率带来的成本不超过迁移成本。由于从一个垄断公共服务系统向另一个垄断公共服务系统迁移的可能性，只是最粗糙的定价机制依据，市政府必须使用层级监督和控制的官僚技术来限制公共服务生产成本。正如组织理论家所公认的，这些都不能很好地替代价格机制。[1]

再次，地方政府不能根据每个居民消费的公共服务数量向居民收费。因为一个社区的居民有不同的口味和需求，所以他们消费的公共服务也有所不同。而且，在大多数情况下，地方政府无法在居民之间分配成本，让每个人都根据自己获得的收益支付费用。地方政府要将根据每个居民消费的公共服务数量向居民收税这一原则贯彻于地方税收政策，其最大的障碍来自宪法。因为税收必须公平。宪法规定，对同等收入的征税必须相等，对同等价值财产的征税必须相等，对相同价格相同产品的征税必须相等。因此，两栋大小和价值相似的房屋所征税费相等，而不管其中一栋住着一个六口之家，消耗着社区的教育和娱乐资源，另一栋却住着一位年老寡妇。此外，城市在宪法上或实际上被限制收取费

[1] 比较纽约市公共和私人垃圾收集服务的成本，证明其效率的低下。尽管两者垃圾收集条件大致相同，但公共部门收集垃圾的成本是私营部门的两倍。莎瓦斯 1976 年。

用，所有居民都可获得服务。学校不能收取学费；街道和人行道免费，向公众开放；警察和消防不能收取服务费用。这些费用与使用情况无关，其实就是一部分居民在补贴另一部分所获得的福利。

由于这些限制，任何地方政府系统都不太可能接近蒂布特的理想世界，在蒂布特的理想世界里，政府服务总体上与公民的偏好相称。任何地方政府都不可能最大限度地提高该区域对潜在移民的相对吸引力。实际上，地方公共服务的边际成本总是大于普通纳税人的感知边际收益，普通纳税人的边际收益/税收比总是小于 1.0。对普通纳税人征收的边际税收的一部分总是被视为在特定社区作为生活成本征收的附加费。

虽然普通纳税人从社区获得的收益总是少于他缴纳的税款，但是同时他从未从地方政府那里得到他愿意购买的所有服务。在大多数情况下，地方政府同时在为社区内众多居民服务，而不能专门服务某一个人。如果每个纳税人的特殊需求都得到满足，其他人也会得到同样的服务，即使他们对该服务的经济需求很少。在这个价格水平上，公共服务的供给总量将远远超过总需求。收益/税收比将急剧下降。因此，向普通纳税人提供的政府服务总是少于他对这些服务的经济需求。他的供需比总是小于 1.0。

如图 2.1 所示，当地社区政府支出的总体水平取决于收益/税收比和供求比的共同作用。政府支出一直增长到普通纳税人的收益/税收比等于他的供求比。在蒂布特的世界里，这两个比率是统一的，即每个纳税人都获得了他所需要的服务，同时也获得相当于他所付税款的收益。在一个信息不完整和流动性不充分的世界里，这两个比率的交叉点远低于统一性，但地方政府受到限制，不能达到这两个比率接近的地方的服务水平。过于偏离这一平衡点将危及社区的经济福祉，将平衡点提高到尽可能高的水平也符合社区的利益。例如，如果图 2.1 中的平衡点可以从 E_1 向上移动到 E_2，那么纳税人将以更低的成本满足更多的需求。当这一目标实现时，该社区将成为一个令人向往的地方，生产性劳动力和资本将被吸引到该地区。

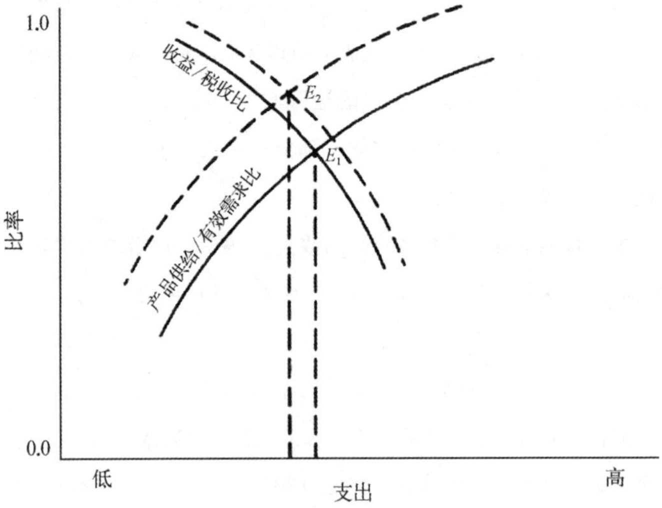

图 2.1　当地公共产品供给与有效需求的比率，以及普通纳税人从当地公共产品中获得的收益与在不同支出水平下缴纳的税款的比率

本节中的某些用词需要作出强调和说明。

首先，我所说的普通纳税人并不是指普通财产所有者，更不是指城市中位选民或中位居民收入。

我所说的普通纳税人是指收益/税收比处于平均值的实体，包括个人、企业、法人团体等等。此类纳税人一半的纳税所得收益较高，另一半所得收益较低。在计算这一平均值时，每个纳税人按其纳税额的比例进行加权。 如果个人或实体在某个社区缴纳一半的税款，并且他的收益/税收比低于其他纳税人（可能会这样），那么他就是普通纳税人。 对于普通纳税人来说，最重要的是其对地方政府财政基础的贡献，而不是该实体在地方选举中所持投票的数量。 一个关心其经济利益的城市并不同等地考虑每个纳税人的收益/税收比，而是按照该纳税人对地方财政的贡献比例来考虑。

其次，地方政府的边际收益与边际税收成本有关，对于普通纳税人来说，边际税收成本的比率总是小于1.0。 普通纳税人很有可能将所有政府服务（包括国家和地方政府服务）的总和估价为等于他缴纳的税款。 例如，大多数人为公共秩序和安全、维护社会基本自由和保卫国家免受外国侵略等服务支付了很高的价格，所以垄断者就有可能自行从这些服务中获得远远超过这些服务实际成本的巨额资金。 当然，只要垄断者有能力从未支付的个人中收回此类服务。 但是，尽管对地方政府的警察权力可能估值甚高，但一个城市在这个方面并不处于垄断地位，并不能借此从纳税人那里获得与其实际提供的警察服务的成本不成比例的款项。 因为其他地方可以提供同样的警察保护，以更低的成本吸引生产要素。 当竞争限制服务供应商所提供的服务的价格时，价格就有下降到只覆盖生产成本的趋势。 由于上述原因，就地方政府服务而言，这一平衡点永远不会达到，但是一个城市可以通过追求这一目标以提高其经济状况。

最后，在考虑这种相当抽象的讨论的实际影响时，人们必须认识到，地方政府会尽可能地考虑它们所征收的税收带来的直接和间接影响。 尽管城市必须关心纳税人收到的利益与支付的税收是否相称，但政府足够明智，会为城市产生这些收入的劳动力考虑，毕竟，劳动力使用这些收入缴纳了税收。 因此，政府不仅考虑到已收税收的直接来源，还考虑到间接来源。诚然，经济学家无法精确地确定税收的最终影响程度，地方政府自己也不拥有私有知识以审视其决策所带来的全部经济影响。但这并不妨碍实际决策者做出合理的推断和估计。举个例子，工业公司不缴纳地方税（也许是因为在该公司入驻该城市之前为此目的签署了一个特别协议），但是它却提供很多工作岗位。一个关心当地经济发展的政府对向该公司及其雇员提供所需的服务同样热心。实际上，地方政府承认公司间接纳税；工人必须得到更多工资以支付他们为当地服务缴纳的税款。简而言之，地方政府考虑了其所征收的税收的直接和间接影响。

结论：效率与平等

高效率的地方政府能促进城市利益。我所说的效率是指在某种状态下，没有任何一个人可以在不使他人境况变坏的同时使自己的情况变得更好。在蒂布特的世界，地方政府以完美的效率运作，这样每个人都能得到他有经济需求的服务。除非他有这样的需求，否则他不会得到此类服务。同时，支付服务的价格等于生产服务的最低平均成本。没有其他人来承担此平均成本就没有人的境况能变得更好。

尽管这个乌托邦远远超出了地方政府的能力，但是任何地方越接近税收和服务之间的理想匹配，它对居民越有吸引力，它的土地就变得越有价值。因此，从帕累托最优的角度来说，要尽可能高效地运营符合地方政府的利益。

高效运作的目的并不是为了促进平等。正如帕累托效率定义的众多批评者所指出的，在帕累托的效率定义中，资源的有效分配与社会总体的不平等是不相容的。社会不能在不使一些人境况变得更糟的同时又使另一些人境况变得更好的情况下重新分配财富。如果一个社会在开始时就存在极大的不平等，它不能仅仅通过提高效率来减少这些不平等。因此，追求一个城市的经济利益，需要有效地提供当地服务，却没有顾及社会中贫困人口和弱势人口。事实上，众多地方社区之间的竞争导致它们很少关注再分配。

回想一下普通纳税人的收益/税收比总是小于1.0，就不难窥见其中的端倪。支付平均水平税款的个人所获得的收益总是少于他支付的税款（同时其对服务的需求未得到满足）。然后考虑这样一个事实，即随着地方政府再分配活动数量的增加，这一收益/税收比会下降。由于缴纳平均水平税款的个人或实体可能比社区中的低收入居民更富裕，因此从富人到穷人的再分配增加意味着缴纳平均水平税款的个人所获得的服务在他缴纳税款中所占的比例减少。从这个普通纳税人的角度来看，无论再分配服务交付系统多么出色，地方政府的服务交付系统似乎效率极低。如果其他社区向穷人提供的服务较少，他将会看到迁入其他社区的经济优势。长此以往，这将对有意愿再分配的社区的经济福祉产生不利影响。

City

Limits

第二篇

城市极限和公共政策

第三章
三个政策领域

鉴于促进经济福祉的政策与城市利益相关，因此地方公共政策根据对其社区经济活力的影响而受到区别对待。这样我们可以合乎逻辑地推断出三种类型的公共政策。其中发展政策可以改善城市的经济状况。再分配政策使低收入居民受益，但同时对当地经济产生负面影响。配置政策的经济效果基本是中性的。这些定义非常宽泛，需要进一步阐述和规范。通过深入研究，我们就会发现，不同政策会产生不同的经济后果，不同政策也因不同的经济和政治条件应运而生。一方面，对于每一种政策类型，不同的因素影响着国家和地方政府能提供并将提供的财政支持水平。此外，负责为相应政策提供资金的政府级别因政策领域而异。最后，与每种政策相关的政策类型是高度可变的。在展开论证之前，我再作一些说明。在本章中，我们将认真阐述这三个政策领域，并说明对财政支持水平有不同影响的因素在不同政策领域的差异。

发展政策是旨在提高一个社区与其他社区竞争中的经济地位的地方性计划。这些计划推动地方经济发展，夯实地方税收基础，并生产出可用于社区福利的额外资源。它们受到许多人的褒扬，只有那些利益与社区利益存在部分冲突的少数人反对。

发展政策能推动地方经济发展，因为它们的积极经济效果大于社区居民所承担的成本。最显然的成本是该计划要求税收有所增加。其他成本可能包括为指定目的分配土地的机会成本。建立工业园区或购物中心可能会牺牲公园或住宅区的用地。任何与该政策相关的空气、水或噪声污染也是当地社区必须承担的成本。但作为对这些成本的回报，社区的就业机会和土地价值、对当地提供服务的需求，以及地方政府收入都可能随之增加。

发展政策不一定总是需要在社区引入工商企业。建立野生动物保护区可能会增加周围住宅的吸引力，因此为此目的分配土地所涉及的任何机会成本都将被邻近地区市场价值的增加所抵消。在某些情况下，当地学校教学质量的改善会增加该社区对家庭的吸引力，因此提供此服务所增加的成本被居民对在优质学区生活的估值的增加所抵消。其他地方政府服务也是如此。

粗略计算一项政策是否符合城市的利益的一个方便办法是考虑其收益/税收比是大于还是小于 1.0，即边际收益是否超过普通纳税人的边际成本。如果普通纳税人或高于平均纳税水平的纳税人（从边际税收中获得的边际收益不超过平均水平的个人）发现他们的收益/税收比因政策而提高，那么他们对留在该社区的估值更高。那些可以由社区居民支付的用户税或对接受服务的用户所征收的其他税收所资助的政策通常可以被视为发展政策。在这些情况下，接受此类服务的个人通过他们的行为表明，他们对这些服务的估值大于他们必须支付此类服务的费用。收费公路只能由司机支付费用，这表明公路建设是一项发展政策。

但是，尽管社区自筹资金的项目通常是一项发展政策，但从狭义的成本会计角度来看，并非所有发展政策都必须依赖自筹资金。对社区内企业的税收优惠并不完全来自自筹资金，但企业选择该社区作为经济活动中心会给该社区带来非常可观的经济利益，从长远来看，该项目会有能力承担自己的相应成本。地方官员的判断是，如果从长远来看，社区在一个项目上的花费很少或没有花费，那么这就最有力地说明，该项目是一项发展政策。

与此相反的那些公共政策，它们不仅没有经济收益，而且实际上损害了城市的经济地位。对经济有害的政策多种多样，但大多数没有充分的可行性，不足以得到公共财政的支持。地方政治的任何参与者都不会建议给每个城市员工一辆配有专职司机的黑色凯迪拉克。除了任何其他后果之外，这些政策会让市政厅破产。当然，在较小的范围内，某些回归性政策是可以容忍的。一个消防专员通过长期经营的政治关系，也许能够在加勒比海地区体面地退休，领取高额养老金，而且这种特惠政策的成本由纳税人承担，没有明显的补偿利益。但除了那些对政治腐败感兴趣的人之外，大多数经济回归政策几乎没有理论意义。

然而，一种没有经济收益的地方政策可能会得到公众的支持。因为再分配政策有助于穷人和弱势人群，也因为它们为公民提供了获得公共服务的合理平等机会，这种政策有时被纳入地方政府的实践，尽管其经济后果是有害的。

我希望以两种方式限制“再分配”一词的使用。首先，我只谈论从社会中较富裕阶层到不富裕阶层的收入再分配。虽然从技术上讲，再分配可以指任何资金转移，但近年来，它被赋予更具体的含义，指从较高收入群体向较低收入群体转移收入。其次，我只谈那些对当地经济有负面影响的再分配政策。在某些情况下，再分配可能对经济有利。 当一个社区需要额外的低收入居民从事服务行业或作为制造业的非熟练工人时，城市就可从向这些工人提供低成本住房或免费医疗等再分配服务中受益。 但是现在即使美国也很少会缺少此类非熟练工人，所以必须承认，在大多数情况下，再分配项目具有负面的经济影响。 它们为当地经济最不需要的个人提供福利，而且对社区最需要的个人征税。 尽管地方政府通常避免采取这些不讨好的回归再分配政策，但贫困人口和弱势人口的要求如此强烈，城市有时也不得不接受。

判断一个政策是否是再分配政策有一个粗略的计算方法，即为该服务缴税的人群是否是该服务的接受者。 如果两者根本没有重叠的地方，则说明这项政策纯粹是再分配政策。 对非纳税人的福利援助是最纯粹的例子。 一般情况下，任何将某些纳税人的边际收益/税收比提高到所有纳税人的平均比率以上的服务都是再分配服务。没有这项服务的情况下，他们已经是当地服务的特权享受者；有了这项服务，他们相对较高的福利水平（与其纳税相比）又得到进一步提高。 因为低收入居民通常支付最低的绝对税额（无论他们的税率占其收入的比例有多高），所以正是这些低收入居民拥有相对较高的收益/税收比，并且最有可能从再分配服务中受益。

同样，这只是确定一项政策是否是回归再分配政策的一种粗略方法。 在某些情况下，非纳税人可能对当地经济做出重大的贡献，间接为当地政府的财政收入做出贡献。 一所私立大学免缴财产税，但在其周边却催生出大量缴纳地方税的第二产业和服务业，这就是一个很恰当的例子。 然而，在大多数情况下，帮助那些收益/税收比已经相对较高的个人的再分配项目只会使让生产力更高的社区成员在社区内的生活成本更高。 尽管许多再分配项目在其他方面可能有其可取之处，但它们损害了当地经济。

配置政策既不是发展性的，也不是再分配性的。此类服务的边际支出对当地经济既没有多少正面影响，也没有多少负面影响。从某种意义上来说，这一类别只是对有助于当地经济发展的政策和最大限度地将有价值物品再分配给非纳税人的政策之间的中间政策的正式分类。但是，由于许多地方政府服务属于这种中间政策，而地方冲突往往集中在配置政策上，因此政策连续统一体中点的配置政策与两端的发展政策和再分配政策一样值得思考。

地方政府的市政服务就是最好的例子。总的来说，市政服务既不具有再分配性，也不具有发展性。社区的所有成员都受益于警察和消防部门，受益于全社区系统的垃圾管理机构。这些服务降低了灾难性火灾、大规模侵犯人身安全及财产、社区流行病以及将公共空间用作垃圾场等情况发生的可能性。每个人对这些服务的估值可能有所不同，但都从中获得了重要的收益。此外，这些服务的边际分配很可能对更富有的纳税人价值更大，因为他们有更多的资源需要保护。

这些市政服务通常在纳税较多的社区中运行效率更高。在城市中，物业价值更高、业主纳税更多的地方，人们还会发现一些特点：犯罪率更低、火灾损失更小、街道更干净。人们不能说这些只是城市各部门蓄意努力的结果。事实上，警察、消防和卫生部门在低收入社区着力更多。较富裕地区的相对安宁是环境变量的函数，受地方政府分区法的影响比特定城市部门的蓄意努力更大。尽管如此，城市的各种政府政策共同提供城市服务，在城市中物业价值更高的地区，城市服务的效率更高。

市政服务因此得到了广泛和成比例的分配。一方面，它们并没有以牺牲普通纳税人的利益为代价，去专门惠及社会贫困阶层。另一方面，这些项目并不像发展政策那样能为自己买单。由当地政府管理的市政政策的运行效率并不理想，而且很少以合理使用的方式征收用户税。因此，福利的分配不同于成本的分配，超过最低限度的服务，普通纳税人的边际收益不太可能超过1.0。

地方政府的许多就业政策是另一种配置政治。工资和福利水平方面必须与其他城市保持竞争，除此之外，地方政府可以在不损害当地经济的情况下推行一系列吸纳人才的政策。一些城市可能选择根据受教育年限、公务员考试分数这样特定的专业资格标准聘用相关人员。而另一些城市则选择雇佣民选领导人的政治亲信。一些城市选择严格遵守择优标准，而另一些城市则在城市种族和族裔群体中平衡就业机会。上述方法都可能有同等的机会找到有意愿和有能力的雇员，因此可以遵循其中任何一种方法，而不会对当地政府的效率产生太大影响。

从形式上来说，配置政策对于普通纳税人来说，是一个平均收益/税收比的政策。配置政策支出的增加既不会增加也不会降低城市对普通纳税人（当然，他们的财富可能远远高于普通公民）的吸引力。这意味着配置政策的边际收益小于地方税的边际成本。例如，尽管普通纳税人需要警察服务，但他更希望节省用于此类服务的边际成本。与此同时，还有一些其他的配置政策，普通纳税人愿意为此多支付税收。但是，如果他得到这种服务，他的收益/税收比将会增加，而其他一些不希望增加这种服务的个人将成为普通纳税人，这些人的收益/税收比稍稍受到一些影响。因此，对普通纳税人来说，配置政策总是以过高的成本提供少量的服务。

公共服务水平的变化

地方政府提供的发展、再分配和配置政策的水平因社区而异。造成这种差异的因素在不同的政策领域有所不同。为了对这些差异做出正式解释，我还是借助读者已经了解的收益/税收比概念进行解释。我有必要对此论点进行精确陈述。但读者应该始终认识到，地方政府不是由心胸狭窄、小肚鸡肠的成本会计师管理，地方政府不会去计算支付的直接税和接受的直接服务之间的平衡。对当地经济的总体影响是地方政府的最后落脚点。

三个因素影响发展、再分配和配置政策的供给：财政能力、服务供给成本和服务需求。首先，在其他条件相同的情况下，一个社区的财政能力影响其支出水平。这是因为不同地区经济资源的税率差异相对较小。对于大多数政府支出而言，普通纳税人受益税收比小于1.0，因此，相对较高的地方税率会减少一个社区的吸引力。为了保护社区的经济资源不会净流出，任何一个社区的税率都不能比竞争地区的税率高出太多。与此同时，一个社区的支出不超过竞争地区社区征收的税率，因为普通纳税人对服务的需求总是低于供给（见图2.1）。如果地方政府财力雄厚，就可以在不征收相对较高税率的情况下满足更高比例的需求。在其收益/税收比低于竞争对手之前，地方社区完全有动力满足服务需求。

尽管存在许多例外情况，但在有竞争的地方之间，它们的经济资源税率往往接近。例如，如果你看一下各州和地方政府的人均总支出，你会发现50个州之间存在相当大的差异。1973年，各州支出的标准偏差为229美元，平均数为637美元，变异系数为0.36。从表3.1中可以看出，联邦政府的拨款只是略微减少了这些州之间的差距。然而，各州和地方政府对每1 000美元个人收入所征的税收在一个标准偏差内仅相差 19 美元，平均数为 162 美元，变异系数仅为 0.12。换句话说，各州在公共服务支出方面差别很大，而对这些服务征收个人所得税的税率相当接近。此外，税率的接近不能归因于联邦政府的不同财政支持。

表 3.1 国家和地方财政，1973 年

	平均数	标准偏差	变异系数
不包括联邦援助的人均一般支出	637 美元	229 美元	0.36
包括联邦援助的人均一般支出	860 美元	276 美元	0.32
每 1 000 美元个人收入自有资源的一般收入	162 美元	19 美元	0.12

注：这是 50 个州的数据。

资料来源：麦克斯韦（Maxwell）和阿伦森（Aronson）1977，表 A7 和 A9。

正如这些数据所显示的，税率的接近导致地方政府支出水平的巨大变化。在相同的税率下，人均经济资源越多的社区可用于公共支出的人均税收收入就越多。因此，可以假设地方政府支出的差异与社区财政资源的指标呈正相关。这些指标可以是家庭收入中位数、人均收入、不动产价值中位数、销售额和总收入，也可以是上述指标的某种组合。

其次，州和地方政府的公共服务供应成本影响它们的支出水平。如果政府为供应商品而必须购买的劳动力和材料相对短缺，政府成本就会相应增加，公共支出水平也会增加。至少，对于那些需求价格弹性小于 1.0 的政府服务来说是如此。虽然需购买的单位数量随着成本的增加而减少，但服务的总支出却在增加。

再次，政府支出视公共服务的经济需求而定。随着需求的增加，政府需要购买更多的服务，支出也随之增加。 这些关系似乎显而易见，但需要记住的是，需求概念是在市场分析意义上使用的。 与大多数公共政策研究不同，这里的需求并不等同于中位选民的偏好。 关键在于潜在迁入纳税人的需求。 只有当个人有意愿并有能力为所期望的服务付费时，他们的偏好才成为需求。 只有居民的偏好与他们缴纳的税收水平成比例时，他们的偏好才被视为需求（或者更概括地说，与他们对社区经济活力的贡献成比例）。 因此，人们并不期望地方政府对社区中的每一个居民或选民作出回应。 上述普通纳税人关注的问题被赋予最大权重。

财政能力、供给和需求三个因素如何随支出水平而变化取决于所讨论的公共政策的类型（见表 3.2）。 就再分配政策而言，财政能力和支出水平为强相关关系。 由于该政策的受益者不是纳税人，再分配服务税率出现任何提高都可能产生特别有害的经济后果。 因此，资助再分配政策的税率在不同社区之间必须大致相同，财政能力的变化将很大程度上决定支出的变化。 另一方面，再分配政策的需要的指标与支出呈弱相关。

表 3.2　地方政府支出的假设决定因素

支出的决定性因素				
政策类型	财政能力	需　求	供　给	需　要
再分配	高		低	低或负面
配置	中等	中等	中等	
发展	低	高	中等	

由于社区纳税居民不太可能感受到再分配政策的需要，因此没

有办法将这种需要转化为有效需求。同样，我们也没有假设服务供应成本和支出水平之间存在强相关的联系。因为再分配政策收益/税收比低，因此它是一种需求弹性可能等于1.0的地方政府服务。随着服务成本的增加，服务供应量也同等减少，从而总支出保持不变。

就发展政策而言，可能会出现完全相反的相关模式。一方面，由于这些服务的边际效益/税收比很高，而且感知收益甚至可能超过成本，所以财政能力不太可能对支出水平产生重大影响。即使那些财政能力相对较差的社区，也会发现有助于充实财政基础的项目支出符合它们的利益。另一方面，需求指标与支出密切相关。受益于旅游业的社区将会在公园和娱乐项目上支出更多，因为对这项服务存在需求。旅游业的增长抵消了当地政府的此类成本的增长。供应变量也可能影响支出，因为此类政策的需求弹性可能小于1.0。再以旅游业为例，随着娱乐服务成本的增加，社区提供的娱乐服务可能会减少，但服务的减少可能会少于成本的增加，从而产生更高的总体支出水平。

配置政策介于这两个极端之间。一方面，因为其收益/税收比小于1.0，所以财政能力将影响该服务供应的水平。财政能力薄弱的社区不能仅仅为了供应更高水平的配置服务而征收更高的税收。另一方面，经济需求和服务供应成本也会影响支出水平。不仅在纳税人认为更有需要的地方，服务供应量会更大，而且由于需求的价格弹性不如再分配领域，服务供应成本的增加不会被所供应服务数量的减少完全抵消。随着雇佣警察成本的增加，雇佣的警察越来越少；然而，总体支出水平仍在上升。

总之，不同的政策对一个城市的经济利益有不同的影响，因此采取何种政策是由不同的经济因素决定的。对促进城市经济增长的发展政策的财政支持力度是由对这些政策的经济需求决定的。渴求工业发展的城市将给予迁入企业税收优惠。重视旅游业的城市会在娱乐服务上支出更多。地理位置更加分散的城市将会在街道和高速公路建设上支出更多。这些需要得到满足，因为它们与私人市场的经济需求相似。地方政府对需要的满足提高了社区的经济福利和市政厅的收入基础。

可能削弱当地经济的再分配政策只能在城市能够承受的水平上提供。一个财政基础薄弱的社区不能提供高水平的再分配服务，即使该社区存在很多贫困人口和弱势群体。因为如果这样做，城市自然需要提高税率。这将降低社区对商业、工业和生产性劳动力的吸引力，而所有这些因素都是维持当地经济发展所必需的。请注意，那么这些关系与人们的预期正好相反，通常人们认为当地政策是由城市内部政治决定。在存在大量贫困人口的地方，人们会期望更高水平的再分配。但是，由于贫困人口的存在削弱了当地的财政基础，所以人们可能发现，贫困和再分配支出之间呈逆相关关系。

配置政策与其他两种政策有关系，但又和它们都不一样。它们对城市的经济增长几乎没有影响。提供配置政策的水平不仅取决于财政能力，还取决于经济需求和服务供应的成本。

三种政策领域的经验差异

三种政策类型与城市所处的环境条件之间的联系简单明了。然而，要找到一种方法，用有关地方政府现成可用的信息来展示这些联系并不容易。我们主要面临两类困难。

第一，最困难的是找到可比的分析单位。“城市”一词并不是在每个地方都有相同的意思。一些“城市”运营大量公共服务；而有一些“城市”只有指导警察和消防部门的权力。一些“城市”大部分收入来自自筹；而有一些“城市”能从州政府那里获得大量拨款。我们在第一章讨论了其他学者在解决这个问题时遇到的困难。

基于第一章中给出的理由，我最后认为，不能仅仅审查“城市”的支出。因为州与地方的关系如此紧密，所以有必要审查州政府和地方政府的综合支出。这样，可比较的分析单位就是美国50个州—地方政府系统。我认为一个州—地方系统的综合活动在理论上可以与另一个州—地方系统的综合活动相比较。[1] 因此，它们支出模式的任何差异都可以与它们所处的不同经济环境有意义地联系起来。这一手段不仅解决了分析单位问题，而且还有一个额外的好处，那就是提供了一个可靠的案例以检验已经提出的主张。关于地方政府的观点对州政府的适用性稍弱，因为州政府管辖区域更大，因此其对外部经济力量的敏感度比城市要低。如果这些主张得到州和地方政府综合支出数据的支持，它们几乎肯定适用于城市和其他地方政府辖区的活动。

第二，州和地方政府并没有精细地将其政策分为发展型、再分配型和配置型。如果人们试图将这一分类系统应用到政府所采用的政策上，结果必然不那么精确。然而，美国官方统计调查对政府支出进行了细致分类，我把这种分类与我的分类作了大概的融合。国家和地方政府在福利、卫生和医院方面的支出应该算是再分配政策的典型案例。总的来说，支付这些服务的个人和接受

[1] 这是可能的，因为我有一个州-地方政策制定过程的统一模型。彼得森1978年、1979年a对此做了明确阐述。

这些服务的个人之间充其量只有一个松散的对应关系。这里可能还有一些问题需要商榷，比如，这些政策多大程度上能跨阶层重新分配利益，这些服务真正的受众是否能从中受益，以及主要受益者是接受救济人群还是提供此类服务的雇员。但至少很少有人声称在这些政策领域，所缴纳的税款和所获得的服务之间有密切的对应关系。在老年救济、贫困儿童补助和失业救济方面，福利政策的其他措施由州和地方政府共同提供资金。具体金额由州和地方自行决定，这特别好地证明了州和地方系统对再分配目标的承诺。

在美国，支出水平高的发展政策很难识别。容易确认受益者并对其收取相应费用的大多数类型的服务由私人市场处理。但是就一些政府政策来说，纳税人和受益人之间至少有一个粗略的对应关系。最明显的例子是政府改善社会交通系统和通讯系统的努力。在许多这种情况下，这些服务的直接消费者支付自己的费用。汽油税以及卡车等机动车牌照的费用都已经包括了公路建设费。一般情况下，各州和地方都能从与其他地区良好的交通联系中获得经济利益。因此，在随后的分析中，公路支出被视为发展政策案例，其数据也很容易收集。

配置政策的最佳案例是警察和消防服务支出。如前所述，警察和消防服务旨在使整个社区受益，几乎没有再分配影响，但它们对普通纳税人的边际收益可能远远低于它们的边际成本。

我在表 3.3 中分别对教育进行了分类，因为这一政府职能的分类特别困难。这个问题是第五章关注的焦点，该章说明了教育在中心城市的再分配影响比在郊区大得多。总的来说，我们必须承认，教育服务多少具备再分配性质，其再分配性质比警察和消防服务多点，但比福利和卫生支出少点。然而，教育服务在地方一级政府得到大量资助，对当地纳税人来说，教育服务是最昂贵的项目（见第四章）。这是地方政府出资最多的再分配项目，就算这个非常正当的再分配项目的支出金额仍然很大程度上受地方财政能力的影响。

表 3.3 公共政策与财政能力，供求关系和需要之间的简单相关性

政策类型	支出的决定因素							
	财政政策		供求关系				有需要但无需求	
	收入	财产价值	人口密度	大都会人口	非农业就业	平均工资	贫困人口%	黑人人口%
再分配								
老年救济	0.50	0.44	0.12	0.20	0.32	0.26	−0.41	−0.25
贫困儿童补助	0.71	0.59	0.45	0.26	0.45	0.37	−0.76	−0.57
失业救济	0.81	0.74	0.46	0.53	0.58	0.47	−0.70	−0.33
福利支出	0.59	0.58	0.53	0.47	0.56	0.22	−0.50	−0.28
卫生和医院支出	0.33	0.47	0.16	0.33	0.42	0.17	−0.14	0.19
教育	0.74	0.54	0.11	0.22	0.35	0.70	−0.66	−0.46
配置								
警察	0.70	0.73	0.45	0.26	0.45	0.37	−0.50	−0.11
消防	0.69	0.73	0.46	0.53	0.58	0.47	−0.56	−0.20
发展								
高速公路	0.12	0.06	0.35	−0.58	−0.25	0.38	−0.15	−0.44

资料来源：彼得森 1979a.

我选择 8 个独立变量来确定财政能力、供求因素和非经济“需要”的相对重要性，衡量州和地方政府财政能力的两个指标是家庭收入中位数和人均财产价值。衡量城市化的三个指标分别是生活在大城市地区人口的百分比、人口密度和从事非农业职业人口的百分比，这三个指标为经济需求和供给成本变化指标提供了几个因变量。因为城市化与工资水平和许多材料的价格相关，所以它可以作为政府服务供应成本的变化指标。与此同时，城市化是警察和消防等配置政策的需求增加的指标。城市化也与道路和高速公路的经济需求负相关。除了这三个城市化指标之外，还有一个更直接的政府服务供应成本指标，即制造业的平均工资。最后，还有两个无法反映自身经济需求的再分配需要指标，即低收入人口百分比和黑人百分比。所有自变量和因变量的完整描述在其他地方给出。

在表 3.3 中，我分析了这 8 个因素影响再分配支出、配置支出和发展支出的方式。为了证明这些关系的可靠性，我用各种不同的方式分析数据，在每个表中引入不同的变量组合。一些读者可能会发现，这种解释方式要求读者比较熟稔统计技术，而且需要仔细审查。如果读者愿意接受我所提供的信息，总体上能支持我的假设的话，那么他可以直接阅读本章的结论。希望读者阅读下面表格时，牢记低相关和负相关之间的区别。如果相关系数很低，意味着这两个变量显然是不相关的。例如，在表 3.3 中，财产价值和公路支出之间的相关系数为 0.06，数值很低，这意味财产价值高的州的公路支出并不比财产价值低的州高。如果相关系数为负且相关性强时，表明两个变量是负相关。例如，在同一张表中，大城市人口和公路支出之间相关系数为 -0.58，绝对值较大，这意味着在大城市人口比例较高的州，人均公路支出较少。从这种相反的负相关关系中，可以推断出农村地区人均公路支出更多，这样才可满足低密度人口的需要。

表3.3列出了这8个独立变量与9项公共政策之间的简单相关性。总的来说，相关模式与该假设是一致的。财政能力的两个指标，家庭收入中位数和财产价值，是与再分配支出和教育支出强相关的变量。和低收入人群生活成本变化相关的因素（包括人口密度和城市环境），与再分配水平正相关，但相关关系较弱。值得注意的是，黑人人口比例和低收入人口比例（大概是贫困群体的需要和政治权力的衡量标准）与再分配支出呈负相关。

发展政策支出水平的决定因素与再分配领域的决定因素有很大不同。公路支出没有受到州—地方政府系统财政能力的显著影响。相反，他们受服务需求指标和服务供应成本指标的影响最大。大城市地区人口的百分比、人口密度和从事非农业职业人口的百分比与公路支出呈负相关，因为人口密度较低的农村地区对公路的需求更大。工资水平越高，支出也越大。配置政策的决定因素仍然采取不同的形式。对于这些政策来说，财政能力变量和供求关系变量对于解释支出水平同样重要。

表3.3中给出的简单相关可能会产生误会。显然，当引入比较标准时，强相关关系可能会被证明不可靠；一旦阻碍确定相关关系的变量被移除，明显的弱相关可能会变成强相关。与此同时，当回归分析中包含几个高度相关的独立变量时，多重共线性问题会产生其他解释问题。在多次分析中，我们试图最小化这些存在差异但同样令人恼火的问题，结果发现，几乎可以用三个变量——收入、城市人口百分比和黑人人口百分比——来解释公共政策的差异，这和两倍于这个数字的回归分析的结果一样。由于这三个变量为上述三个非常具有理论意义的概念分别提供了相关指标，表3.4中的简单回归被证明是对该假设的最佳检验。

表 3.4　收入、大城市人口和黑人人口百分比

政策类型	支出的决定性因素			
	财政能力：收入	供求关系：大都市人口	有需要但无需求：%黑人人口	倍数 R
再分配				
老年救济	0.58**	−0.14	−0.01	0.51
贫困儿童补助计划	0.63**	−0.07	−0.32**	0.78
失业救济	0.71**	0.12	−0.07	0.81
福利支出	0.35*	0.29*	−0.18	0.63
卫生和医院	0.48**	0.00	0.38**	0.48
教育	0.88**	−0.29*	−0.09	0.79
分配				
警察	0.59**	0.24*	0.08	0.74
消防	0.42**	0.40**	−0.10	0.75
发展				
高速公路	0.67**	−0.97**	−0.06	0.81

注：表格给出了标准化的 β 系数。单个星号（*）表示 T 统计量在 0.05 水平上的显著性。双星号（**）表示 T 统计量在 0.01 水平上的显著性。

资料来源：彼得森 1979a.

在该表中，我们能更明显地看出财政能力对于决定再分配政策的重要性。老年救济水平、贫困儿童补助金额以及失业救济水平都严重依赖州和地方政府的财政资源。福利、卫生和医院方面的总体支出较小程度上取决于城市的财政资源。教育政策也取决于国家收入水平。尽管教育的再分配性不如其他政策，但它主要由地方政府出资，因此似乎对财政因素特别敏感。

同样重要的是，要注意与再分配策略无关的变量。虽然黑人是公共政策的决定因素。

黑人，美国人口中最贫困的群体之一，对于大多数再分配政策来说，他们在一个州人口中所占的百分比与其所获得的福利水平之间呈弱相关性。事实上，表 3.4 中的负号表明黑人人口比例越大，再分配支出越少。当生活在该州的低收入人口百分比被黑人人口百分比取代时，结果也不会改变。从表 3.3 可以看出，黑人人口和贫困人口的存在对再分配支出只有负面影响。这种模式的唯一例外是医疗保健和医院，在这个方面黑人人口百分比与再分配支出呈正相关。在这一种情况下，有迹象表明黑人人口对医疗保健服务的需要实际上增加了服务支出。这种需要成为受地方资助的公共卫生保健事业的有效决定因素的特殊机制似乎值得特别关注。但是，如果黑人人口的存在增加了州和地方的医疗保健支出，那么他们对福利政策会产生相反的影响。即使对既定的财政资源引入比较标准（如表 3.4 所示），黑人人口的存在也会减少对贫困儿童的援助。

正如预测的那样，配置政策对财政能力和供求因素反应灵敏。就消防支出而言，两者的重要性似乎大致相等。与供求因素相比，警察支出似乎对财政能力反应更灵敏一些。也许到了 1970 年，也就是汇编这些数据的那一年，地方政府开始相信，警察支出的边际增量对普通纳税人产生的边际效益相对较小，因此，只有财政能力充足时，才增加这些服务的支出。

事实证明，发展政策与供求因素的关系非常密切。正如人们所预期的那样：一个州农村比例越高，公路支出也就越多。鉴于公路对农业州经济的重要性，增加公路支出的政策当然是明智的。然而，这一发展政策对农村经济需要的灵敏反应与其满足黑人和低收入群体需要的无能为力形成了鲜明对比，毕竟，黑人和低收入群体的需要是再分配政策的决定因素。另一方面，我的假设没有预料到财政能力和公路支出之间较小但却很强的相关关系。显然，在进行经济审慎的投资之前，资金必须到位。

质疑者可能会对这些发现提出三种异议：（1）服务的经济需求和服务供应成本的影响没有分离；（2）一旦考虑到联邦政府援助的影响，变量之间的关系可能会改变；（3）在50个州的样本中，南方各州的权重过大。这三种批评意见都没有从其他的数据分析中得到支撑。

首先，我们研究表3.5，该表就在试图区分服务的经济需求和服务供应成本的影响。收入仍然是财政能力的指标。在该表中，大城市人口被视为对配置服务的正面需求的指标，和对公路支出的负面（因为农村地区的人均需求量更大）需求的指标。我还将制造业的平均时薪作为公共服务供应成本的一个可信指标。这些发现几乎在所有细节上都证实了最初的主张。再分配政策严格来说是财政能力的函数；其他变量几乎没有影响。正如所料，教育政策既受财政能力的影响，也受提供这种劳动密集型服务的成本的影响。配置政策的关系也如假设的那样。配置政策的关系受到财政能力和需求的影响，尽管服务供应成本与支出水平没有呈正相关关系。最后，公路支出是发展政策的一个案例，受农村地区对公路需求增加的影响最大，但这与我们的预期非常一致，即它们也受到成本因素的影响。一个出乎意料的发现是，公路支出也是财政能力的函数。

表 3.5 收入、大城市人口和平均工资作为公共政策的决定因素

政策类型	支出的决定因素[a]			
	财政能力：收入	需求：大城市人口	供应成本：平均工资	倍数：R
再分配				
老年救济	0.71**	−0.18	−0.16	0.52
贫困儿童补助计划	1.04**	−0.30**	−0.24*	0.76
失业救济	0.82	0.06	−0.08	0.81
福利支出	0.69**	0.13	−0.27*	0.64
卫生和医院	0.25	0.20	−0.04	0.37
教育	0.71**	−0.28**	0.30**	0.82
分配				
警察	0.57**	0.28*	−0.05	0.74
消防	0.67**	0.30**	−0.23*	0.77
发展				
高速公路	0.47**	−0.93**	0.31**	0.84

注：a 参见表 3.4 的注释。
资料来源：彼得森 1979a.

其次，考虑联邦政府援助对地方财政支出的影响。在这样做的时候，记住因变量只包括那些不是由联邦政府拨款直接资助的支出。不过表 3.6 仍然显示，联邦政府援助与地方福利和公路支出强相关。这种因果关系的方向不容易辨别。一方面，联邦政府援助可能会鼓励地方政府在这些项目上的支出。另一方面，只要地方政府的支出增加，联邦政府的投入也随之增加。无论如何，这些相关性不是我要首先考虑的问题；与本章提出的论点相关的是，联邦政府援助是否会改变支出与财政能力、需求和供给

因素之间的关系。表 3.6 显示联邦政府对这些关系的影响很小。财政能力仍然是再分配支出的主要决定因素；供求变量仍然是发展支出的最重要决定因素；配置政策仍然受到财政能力和供求因素的影响。除卫生政策外，少数族裔的需要对支出水平没有显著影响。

表 3.6　联邦政府援助和地方支出

政策类型	支出的决定因素[a]				
	联邦政府援助	财政能力：收入	供求：大都市人口	有需要但无需求：%黑人人口	倍数 R
再分配					
福利支出	0.67**	0.62**	0.02	−0.08	0.89
卫生和医院	−0.06	0.47**	0.03	0.38**	0.49
教育	0.19*	0.88**	−0.37**	−0.14	0.81
分配					
警察	0.15	0.54**	0.33*	0.08	0.76
消防	0.12	0.38**	0.47**	−0.10	0.76
发展					
高速公路	0.65**	0.34**	−0.47**	0.02	0.94

注：a 参见表 3.4 的注释。
资料来源：彼得森 1979a.

最后，从分析中剔除南部（南部邦联）各州的数据，关系模式只有轻微的变化。我们不知道为什么必须从分析中剔除南部各州数据；毕竟，它们是美国市场经济的一部分，与任何其他地区一样受到同样的外部压力。南部各州与美国其他州的文化差异没有大到变量之间出现完全不同的互相作用模式。既然某些学者坚持各州的比较研究需要考虑南方州的独特性，表 3.7 只报告了 39 个非南方州的调查结果。当表 3.6 与表 3.5 进行比较时，人们会注意到两个表中的 β 系数非常相似。再分配政策仍然基本上是一个州财政能力的函数，与其他因素相比，发展政策（公路支出）更是一个州非城市性质的函数，配置政策仍然受到财政能力和供求因素的影响。

表 3.7 非南方州公共政策的决定因素

政策类型	支出的决定因素				
	财政能力：收入	供求关系		有需要但无需求：%黑人人口	倍数 R
		大都市人口	非农业雇用		
再分配					
老年救济	0.54**	-0.17	0.09	-0.14	0.52
贫困儿童补助计划	0.58**	-0.01	0.01	-0.25	0.59
失业福利	0.61**	0.29	-0.07	-0.08	0.76
福利支出	0.13	0.28	0.32	-0.21	0.62
卫生和医院	0.27	-0.18	0.39*	0.18	0.55
教育	0.98**	-0.28	-0.32*	0.04	0.70
分配					
警察	0.39*	0.13	0.24	0.09	0.72
消防	0.17	0.31*	0.42**	-0.17	0.76
发展					
高速公路	0.72**	-1.04**	-0.10	-0.01	0.84

注：参见表 3.4 的注释。

资料来源：彼得森 1979a.

相关研究综述

尽管以前这种类型学没有被用来分析州和地方财政，但我的发现与以前的大量非理论研究成果一致。虽然应用了不同的统计技术，使用了不同的样本来测试数据，也存在不少方法论问题，令人惊讶的是，研究结果与我的一致。[1] 首先，看费希尔（Fisher）在1960年对州和地方政府支出的研究，该研究报告了7个独立变量的 β 系数，这些变量用于解释许多政策领域的支出。在表3.8中，我给出了他的分析的具体结果，这些结果非常有效地检验了我们提出的假设。首先，注意财政能力指标和用于再分配政府职能的支出中度相关，然后注意支出和人口密度弱相关，这是此类服务供应成本的一个指标。从平等主义的角度来看，可以说，在那些成人受教育程度较低的州，教育和医疗保健是最急需的服务。然而，由于这种需要不太可能转化为对该服务的有效需求，这些服务在最需要的地方反而供应量最少。其次，警察和消防两种配置政策的支出与财政能力指标以及供求关系指标呈中度相关。只有卫生支出与其说是供求变量的函数，不如说是财政能力的函数。除此之外，配置支出的模式与我自己的分析结果非常一致。最后，在费希尔研究中的一个发展政策案例中，经济需求和支出水平强相关。最重要的是，经

[1] 支出研究面临的几个困难之一就是多重共线性问题。当自变量相关时，很难区分它们各自的影响。在本书研究中，我对简单相关分析和多重相关分析给予同等的重视，我更认可回归分析的结果，因为回归分析中自变量更少。并且我特别重视研究者尽量减少多重共线性问题的研究。在这个领域，学者很少注意为选择自变量建立一个站得住脚的理论基础，并且利用高速计算机，在没有条框限制下处理此类数据，因此，选择在这样一个研究领域尤为重要。

济需求的相关度量——密度——相关系数达到 0.62 的高负值。虽然财政能力和支出之间相关，但相对而言，只是中度相关。

表 3.8　国家和地方支出的决定因素——费希尔的研究

政策类型	支出的决定因素				
	财政能力		供求关系		有需要但无需求：教育
	收入	税收收益[a]	人口密度	城市化	
再分配					
卫生和医院	0.38	0.41	0.22		
教育					
学校	0.56	0.29			
配置					
警察	0.40		0.36	0.25	0.35
消防	0.47		0.34	0.36	
卫生	0.98				0.50
发展					
高速公路	0.30	0.31	−0.62	−0.22	

注：表给出了 7 变量回归分析产生的 β 系数。如果统计意义上不显著，相关系数未给出。a 适用于所有州的标准税收模式的预期税收收益。

资料来源：费希尔 1964，表 2。

接下来审视戴伊在表 3.9 中给出的关于州和地方支出的大规模研究结果。戴伊只提供了再分配和发展政策的数据，并且只报告了简单相关系数，因此很难确定财政能力和供求关系变量的独立影响。但是在这些限制下，再分配政策和发展政策之间的差异是巨大的。尽管他的财政能力指标总是与再分配支出强相关，但它与公路支出完全无关。此外，从平等主义的角度来看，很明显，教育、福利和卫生支出并不集中在似乎最有需要的州。事实上，情况正好相反。另一方面，在发展政策领域，政策需求与支出水平强相关。人口密度越低，城市面积越少，人均道路和高速公路支出就越多。在这种情况下，需要转化为有效需求。戴伊自己也注意到了再分配和发展政策领域之间的这些差异。“高速公路支出较多的州，”他说，“消耗了大量州财政收入和个人收入。”

表 3.9 州和地方支出的决定因素——戴伊的研究

政策类型	支出的决定性因素			
	财政能力：收入	供求关系		有需要但无需求：教育
		工业化	城市化	
再分配				
失业救济	0.80	0.30	0.55	0.67
贫困儿童补助计划	0.74	0.26	0.51	0.55
一般救助	0.76	0.39	0.58	0.43
卫生支出	0.56	0.39	0.45	0.42
教育	0.83	0.36	0.51	0.59
发展				
高速公路	0.02	−0.51	−0.37	0.04

注：表格给出了简单相关系数。
资料来源：戴伊 1966，表 RV－2、V－5 和 VI－2。

这与那些在教育和福利上支出更多的州形成对比；我们发现，后者更富有，有能力在这些方面上支出更多，而且这些支出占其个人收入的比例不高。

戴伊的研究催生出大量统计学上更复杂的关于州和地方支出决定因素的研究。在很大程度上，这些研究集中于环境变量相对于政治变量的重要性，这一点在第一章中讨论过。但是这些研究也许不经意地说明了再分配和发展政策的不同特征。关于再分配政策的研究最多最全面，容易引起政治学学者的兴趣。在这里，这些研究令人信服地（通过各种统计技术）证明了既定的财政基础对其再分配投入的持续重要性。例如，克努德（Cnudde）和麦克龙（McCrone）向我们展示，除了一个特例外，将收入变量引入回归分析明显降低了很重要的政治变量的因果力量。同时，他们表明，两个供求指标，即城市化和从事非农业职业人口的百分比，对这些再分配政策没有同样的影响。

最近，汤普金斯（Tompkins）在复变分析中引入经济和政治变量，试图表明经济变量解释福利政策的政治路径。同样，在他对这一再分配项目的分析中，人均收入这一经济变量的解释力始终存在，它是衡量州财政能力的最佳指标。

夏尔康斯基和霍夫伯特（Hofferbert）的因素分析得出了一组最具启发性的发现。为了区分不同类型的公共政策，他们根据经验区分两个因素："福利和教育"和"公路和自然资源"。如果把这两个因素方便地称为"再分配"和"发展"，也不算曲解他们的原意，因为第一个因素包含向贫困人口支付高额福利的既定投入的指标，第二个因素包括建设道路和开发自然资源的既定投入的指标。在这种背景下，人们最感兴趣的是两个环境因素之间的简单相关关系，这两个环境因素两位研究者称之为"富裕程度"和"工业化"。[1] 第一个是衡量州财政能力的绝佳指标，第二个是衡量农村地区不成比例的道路

[1] 我们使用的是简单相关，而不是夏尔康斯基和霍夫伯特著作第 877 页提供的偏相关，因为偏相关控制着政治变量。夏尔康斯基本人在其他地方指出，这些理论上不适合用于分析州和地方政府的综合支出。

和其他资产需求的绝佳逆向指标。 表 3.10 给出了上述四项之间的简单相关性。 在这里，我们可以看到富裕程度和工业化都与再分配和发展政策相关。 然而，财政能力是再分配政策更重要的关联因素，需求因素是公路和自然资源支出更关键的决定因素。

表 3.10　州和地方支出的决定因素——夏尔康斯基-霍夫伯特研究

政策类型	支出的决定因素	
	财政能力（富裕程度）	需求（工业化）
再分配 福利，教育	0.69	0.37
生产性 公路、自然资源	0.43	−0.69

注：表格给出了简单相关系数。
资料来源：夏尔康斯基和霍夫伯特 1969，表 8。

除了这些全州范围的分析之外，对地方政府财政的研究还包含许多与我所界定的三个政策领域的区别有关的发现。 附录中报告并讨论了此类研究。 总的来说，研究结果与本书的结果相当一致。

结论

再分配政策不同于发展政策，而配置政策具备前两者的某些特点。 地方政府在推行再分配政策时非常谨慎。 实行再分配政策的地区似乎恰恰是最不需要再分配政策的地区。 只有在一个社区的财政基础相对坚实的情况下，才能实行有利于少数族裔和贫困人口的政策。 因为富裕社区的税基大，地方政府有能力以不高的税率获得更多的财政资源，所以这些社区可以提供一定程度的再分配。 但是在不太富裕的社区，低收入人群可能更多，再分配项目的水平只能保持在最低限度。 非常具有讽刺意义的是，地方层面的再分配政策在富裕地区反而落实得更好。

相对而言，发展政策不受财政能力的限制。如果一个社区需要发展政策，不管其财政能力如何，都可以满足。在满足这一需要的过程中，社区促进了自身的经济繁荣，从而提高了供应其他服务的能力。在某种程度上，配置政策也是如此。正如我们将在第四章看到的，在这两个领域，地方政府特别活跃。

对于所有三个政策领域，财政支持水平都强烈地受到短期内远远超出地方政治范围的因素的影响。即使不关注城市的内部政治进程，人们也可以看出，政府支出、财政能力、经济需求和服务供应成本之间的密切关系是显而易见的。即使不考虑民选官员的征聘、政党实力、有组织团体的活动能量或地方选举投票率等因素的任何变化，这个问题也值得深入探讨。城市外部的强大力量在地方政策制定中占有重要地位。

因此，我发现自己在某种程度上同意托马斯·戴伊的观点，他的公共政策研究强调公共政策的决定因素在于环境，而不是政治。然而，戴伊的研究引发的争议却是人为的，它错误地在经济和政治之间制造出二元对立，正如我们以为可以把所有城市和州发生的纷繁政治经济事件整齐划一按社会科学学科分类。地方政府在发展、再分配和配置领域做出的决策是地方政府官员做出的政治决策。但是，这些政府官员的决策都受到某些条件的约束。他们最关心的必须是社区的长期经济福利。当然总有一些特例，但总的来说，他们是理智、理性、谨慎的个体，理解任何决策都是在一定条件下做出的。说环境限制政府官员的作为并不意味着排除政治因素。事实上，在第三部分，我将说明政治在发展、再分配和配置领域如何辗转腾挪。但首先，我将考察这些政策领域与美国联邦制结构如何交织在一起。

第四章
新联邦制理论

联邦制理论到今天已经不合时宜。这个词已经变得如此宽泛和空洞，几乎可以套用在所有多层决策系统上。甚至中央政府和私营企业之间的关系现在也被认为是联邦制的一个要素。一旦剥离了联邦制概念的独特含义，我们就没有在各级政府之间正确划分政府责任的标准。我们要还联邦制本来之意义。更重要的是，没有指导性概念帮助我们解释政府之间的冲突和合作模式。

传统联邦制理论以单一领域中存在双重主权为出发点。就其负责的职能而言，每个主权都对其公民拥有相应权力；任何一方都没有权力干涉另一个主权的正当运作。宪法规定了双重主权之间的权力分配。

主权在中央政权和地方共和政体之间进行划分，以防御对自由的内部和外部的威胁。小型共和政体避免了内部专制的可能性，因为公民知道并理解与他密切相关的国家事务，自然觉得有权利捍卫自己的自由。然而，小型共和政体很容易被外部敌人征服。只有通过与其他共和政体结成联盟，众多共和政体才能具备共同防御内外威胁的能力。正是小型共和政体对外部力量的渗透力证明了它把某些权力让渡给更高层次的主权的合理性。

这种联邦制的双重主权理论将政府结构与政治进程及政策结果联系起来。它为联邦内中央政权和地方共和政体之间权力的适当划分提供了理论依据。它给联邦制下了一个核心定义：存在一个宪法这样的契约，在主权之间划分权力。尽管随着环境的不断变化，宪法的解释也需要与时俱进，但这一理论为此提供了必要的概念工具。

在美国，内战后的宪法解释分配给中央政府更多的权力，以至于双重主权概念越来越难以为继（虽然双重主权概念在1789年也稍微推行过）。内战结束时，宪法的民权修正案明确主张联邦特权的优越性。到1937年，最高法院几乎承认商业在各州之间的影响力，从而大大扩大了联邦政府管理企业和商业活动的权力（国家劳工关系委员会诉琼斯劳克林公司案）。此外，法院几乎把联邦对州和地方所有形式的援助合法化（斯图尔特机器公司诉戴维斯案）。虽然双重主权理论在原则上仍然有效，但它对一个相信其自由掌握在中央政府手中同样安全（如果不是更安全的话）的国家来说，已经没有实际意义了。

双重主权理论已经过时；正如我们在第一章讨论的，格罗津斯和其他学者的研究几乎已让这一概念寿终正寝。但是任何新理论应该像传统双重主权理论一样，至少需要达到三个要求：首先，它必须下一个定义，以澄清联邦制与分权行政结构的区别；其次，它的定义必须能规定中央和地方政府在联邦制度内的特征和相应活动范围；最后，该理论必须能阐明各级政府之间长期的冲突和合作模式。

联邦制的定义

联邦制是一种政府制度，在这种制度中，上级和下级政府对生活在各自管辖区内的个人的社会和经济福利承担大量独立和自主的责任，从而实现权力在两级政府之间进行分配。 在联邦内部，中央政府负责对外关系，并决定联邦各组成部分之间的关系。 中央政府可以行使许多额外的权力，但是为了联邦制正常运行，下级政府必须至少拥有两项关键权力。

首先，下级政府必须对招聘自己的政治和行政领导有很大的控制权。 如果一个地方政府的领导人由中央政府官员选出，或者其招聘过程严格地受到中央确定的标准制约，以至于当地社区不能有效地行使相关选择权，那么这个地方政府就是一个没有权力为其居民的福祉承担责任的政府。

其次，地方政府必须有权向其居民征税，以便向居民提供必要范围的政府服务。 一个完全依赖中央拨款的地方政府对当地社区的福祉只能承担有限的责任。 它将始终依赖外部资金来源，而且对此类资金的需求会越来越多。 由于资金并非直接来自自身资源，地方当局必须接受中央政府的严格监督，以确保支出用于中央政府认为必要和适当的目标。 因为依赖中央资源，地方政府就失去了独立决策的能力，从而只是中央政府的代理人而已。

这样，联邦制有别于简单的权力分散，在联邦制下，中央政府不需要掌握地方的财政权和人事权。 例如，虽然美国林业局给予其外地办事处相当大的决策自主权，但这些下级行政单位的收入并不来自地方，也不能独立招聘工作人员。 如果林业局或任何其他部门或机构的中央领导将这两项权力下放给他们的地区办事处，该组织就不能再被视为一个单一政府单位。 事实上，正是在这种情况下，“联邦制”一词被恰当地保留下来，并且一度以双重主权概括之。

在联邦体系中，中央政府和地方政府的目标是相互对立的。 地方政府更关心如何有效运作以保护其经济基础，而中央政府的国内政策结构更关心如何实现发展目标和再分配目标之间的平衡。中央和地方之间的这些差异与任何特定政治运动或在特定时期执政的任何政党或团体无关。尽管党派和团体压力可能加剧或缓解中央和地方政府目标之间的紧张，但地方对经济生产力的相对重视和中央对平等的相对重视正是联邦系统内这种两级结构关系的作用。

中央和地方政府比较

地方政府的利益驱使它重视其所辖地区的经济生产力发展。因为它们是开放系统，所以地方政府对外部变化特别敏感。为了保证当地经济健康发展，地方政府必须实行效率优先，一般不会考虑平等问题。地方政府受到的限制前面已经详细阐述过，此类限制要求地方政府注重发展目标而不是再分配目标。

相形之下，中央政府关心的不仅仅是发展目标。这并不是说中央政府对社会的经济发展不感兴趣。中央政府通过财政和货币政策，承担管理国内经济的责任。中央政府还通过在运输系统、研究与开发方面的大规模资本投资，以及能源和其他自然资源的管理（现在比以前更重视），来促进经济增长。因此，许多联邦项目与各州和地方的项目一样，都关注发展目标。但是此类对发展的重视往往也要求一定程度上实现社会关系的公平。中央政府的税收、福利、住房、卫生和教育政策都基于平等和再分配问题，这些问题通常与经济的稳定和增长问题同等重要。中央政府之所以投入再分配目标，部分原因是因为它拥有控制外界环境对国家经济影响的权力。其中，最重要的是签发护照和签证的权力。几乎所有发达工业化国家近年来都通过行使这些权力来严格限制移民。尽管相关移民控制法律在道德上有让人诟病之处，但如果没有这些法律，许多来自欠发达国家的移民将蜂拥至这些发达国家，让发达国家的薪酬系统、社会福利体系不堪重负。越南“船民”可以作为一个深刻案例，用来说明富裕国家自由派公民所面临的困境。

移民控制至关重要，另外，各国政府也需要控制资本、商品和服务的全球流动，以保护其经济免受全球力量的影响。关税、进出口配额、国家货币、汇率控制以及债务融资能力，是一个中央政府用以增强其不受外部力量影响的自主权的权力之一。并非所有国家都能同等有效地使用这些工具。美国尤其幸运，因为外汇储备占其经济活动总量不到10%。经济上对外部依赖性强的小型经济体很难决定自己的行为。但是，除了那些规模非常小、对外依赖性非常强的经济体（也许香港地区是这种经济体的极端案例）之外，所有经济体的对外渗透性都不如地方政府。[1]

如果在相对开放、多元的政体中，政府有再分配的能力，那么各个政党为了争取民众支持，有动机将少数高收入群体的收入向多数低收入群体进行再分配。尽管再分配政策的激增可能是偶然现象，是为了应对外部影响，如20世纪30年代的大萧条和60年代黑

[1] 更大的自主权允许更大程度上实现从富裕人口到贫困人口的社会资源再分配。然而，即使在一个完全自给自足的经济环境中，仍然需要在效率和平等之间权衡。急遽累进的过高税率，无法为过于复杂的福利制度提供资金，这可能会削弱资本形成的动力。但是，为了确保社会拥有稳定、健康和有能力的劳动人口，最低标准的福利制度似乎是必要的。这些都是极具争议的问题，超出了我们的分析范围（见奥康纳1973年）。但是对地方再分配的一套限制因素，并不构成对中央政府决策的限制：在国家层面，当接受救济人群涌入且让社会福利系统不堪重负时，纳税人不能轻易逃到其他司法管辖区。在这方面，联邦政府比地方政府更有能力再分配货物和服务。

人不满情绪的爆发，但工业社会的竞争性政治周期性地给中央政府的政策带来这种再分配压力。

一旦一项政策颁布，一个机构就应运而生，负责执行该政策的政府官员就会产生一种重大使命感，从而忠心耿耿地落实该政策。作为政府的一部分，该机构有合法的立场要求长期得到一定比例的国家预算（有时比例可能提高）。该机构为了保证项目的持续存在，会寻求项目所服务的相关组织的支持，这些组织代表该机构在国会、其他行政部门、新闻媒体和广大公众中四方游说。

因此，国家政策承载着发展和再分配目标的多种组合。当国家主要关注经济增长时，推出的项目通常都是发展性的。当倾向再分配的政治力量上台时，政府就支持制定再分配性或配置性的项目。在晦暗不明的情况下，政府制定的其他政策定位可能更复杂。但是，总的来说，国家层面的再分配导向大于地方层面。

中央和地方政治的差异

由于地方政府和中央政府的利益不同，两级政府颁布的公共政策的模式也不同。最明显的是，地方政府倾向于依靠鲜明对立的原则来增加收入。而中央政府在很大程度上依赖于税收支付能力原则，这使得再分配合法化，它的大部分收入来自累进所得税、企业所得税和奢侈品消费税。相比之下，地方政府更依赖于受益原则，这使得发展政策合法化，它规定个人应根据他们获得的服务水平纳税。通过这种方式，每个人消费的服务不会超过他为此支出的价格，从而政府可以收回服务生产成本，对政府服务的需求由定价机制决定。如果以平等的名义捍卫支付能力原则，受益原则的效率标准同样令人信服。

地方政府以牺牲平等为代价追求效率，不是因为地方政策制定者反对平等，而是因为地方政府的运作受到限制。为了保障社区的经济福祉，地方政府必须最大限度地提高上述一般纳税人的收益/税收比。事实上，特别重要的是，那些对当地经济做出的贡献不成比例的纳税人的收益/税收比要与竞争地区的同类个人的收益/税收比相当。如果根据居民的支付能力征税，高收入居民的收益/税收比将特别低；如果居民根据获得的服务水平纳税，一般纳税人的收益/税收比将会增加。

尽管宪法及其他法律的限制使得地方政府无法严格适用受益原则，但地方政府被允许征收用户税，这与受益原则非常接近。然而，地方政府在征收用户税方面面临诸多障碍。在许多情况下，很难准确确定政府服务的受益者。另外，政府服务不能精准地向某些个人提供服务，而只能面向所有居民。事实上，这就是这些服务成为政府职能的部分原因。即使收取用户税可行，也存在其他限制。法院就已经裁定，如果要征收用户税，收费不得超过提供服务所需的金额。所提供的服务通常经过司法部门的苛刻定义。最后，用户税不能像财产税、所得税和销售税一样能从联邦所得税中扣除。因此，这种增加地方收入的特殊形式并没有像地方税收那样得到联邦政府的补贴。

但是，尽管地方政府受到一些限制，不能将受益原则应用于所有的税收征收中，但它们似乎比州政府或联邦政府更依赖这一原则。从表 4.1 中可以看出，在过去的 20 年里，用户税占地方政府总收入 1/4 以上，而只占州政府的 12%，联邦政府的 6%。的确，许多地方没有充分利用用户税，因此它们没有完全实现法律要求允许的受益原则。例如，奥克兰政府根据先例或邻近社区的实践决定用户税水平的高低，以这个价格水平征收，不一定能完全收回成本。美国政府间关系咨询委员会甚至特别提到“地方用户税的财政重要性日益重要”，并敦促“在能确定特定政府服务的具体受益者的情况下，将用户税作为一项长效机制，以促成当地收入结构的多样化。”但是，即使用户税的潜力还没有充分挖掘出来，地方政府对用户税的过度和持续依赖仍然值得注意。

用户税即使得到充分利用，也只能产生有限的财政收入。因此，大多数地方的收入不是来自用户税，而是来自其他税收。如表4.1所示，财产税已成为地方政府的特权。虽然地方政府越来越依赖州和联邦政府的政府间转移支付，减少了对地方税收的依赖，甚至各州的收入也不再依赖财产税，但是，财产税仍然是地方收入的重要来源，其重要性至今丝毫没有减弱。从1957—1972年，财产税占地方收入比例仅下降了4%（从58%下降到54%）。

值得注意的是，1972年从地方税收中获得的财政收入仍然有82%来自财产税。[1]

地方政府对财产税的依赖一直是经济学家争论的焦点。批评者声称，（1）它是无价格弹性的收入，（2）它是对一种特定类型的经济商品的附加税，（3）它对低收入群体的征税不成比例。然而，最近的分析反驳了这些批评。对于财产税不会随着通货膨胀或经济增长而增加的论点，辩护者声称，在战后时期，财产税的收入增长迅速。对于财产税是一种抑制住房消费的消费税的论点，辩护者又声称，地方政府之间财产税的差额由财产所有者承担，而不一定由那些消费该财产的个人承担，此外，有理由认为财产税与其说是消

[1] 未包括地方从使用费和政府间拨款中获得的收入。

表 4.1　地方、州和联邦政府收入来源，不包括政府间转移支付（百分比分布）

收入来源	地方				州				联邦			
	1957	1962	1967	1973	1957	1962	1967	1973	1957	1962	1967	1973
用户税[a]	28.3	26.4	26.3	26.1	16.5	12.8	13.9	12.4	7.9	7.0	6.6	5.8
财产税	58.0	58.3	56.7	54.1	2.3	2.1	1.8	1.4				
所得税	0.9	1.0	2.1	3.0	7.5	9.1	10.5	16.1	40.9	42.8	38.1	41.7
公司所得税	…	…	…	…	4.8	4.3	4.8	5.6	24.3	19.3	21.0	14.6
销售税，总收入[a]	5.5	5.1	4.8	6.4	45.8	43.7	42.8	40.3	12.8	12.6	9.8	8.0
死亡、礼物、其他	0.5	2.0	2.0	1.8	4.3	7.2	6.5	5.4	2.1	2.6	2.4	2.6
杂项（政府一般收入）	4.9	5.2	6.0	6.4	3.3	3.1	3.6	3.9	2.0	2.2	3.2	3.1
保险	2.0	2.0	2.1	2.2	15.5	17.6	16.1	15.1	10.0	13.6	18.9	24.3
总计（%）	100.0	100.0	100.0	100.0	100.0	100.0	100.0	100.0	100.0	100.0	100.0	100.0
总计（百万美元）	21 357	31 598	44 419	81 216	20 728	30 117	46 794	97 108	87 066	106 441	161 351	247 849

[a]本章此表及其后表格的来源和其他注释来自彼得森 1979a。

费税，不如说是资本税。[1] 认为财产税是累退税的观点基于这一结论，即财产税主要是由消费者承担的消费税。由于这一结论所依据的许多假设已受到质疑，现在更保守的说法是，财产税基本根据收入按比例征收，既没有正面的再分配效应，也没有负面的再分配效应。

经济学家之间的这些争论对那些研究税收政策规范性理论的人具有重要意义。然而，这些争论没有为地方政府为何一直依赖财产税提供令人满意的解释。不管反对财产税的理由是什么，相对于所得税或销售税而言，地方政府仍然偏爱财产税，这仅仅是因为被征收财产税的产品的不可替代性。寻找被征收财产税的物品的替代品非常困难。比如，销售税鼓励居民购买管辖区外的产品。对一个地区内的利润征税会促使企业去其他地方逐利。对当地居民收入征税会刺激居民到其他地方就业。相比之下，财产税是对不可移动的土地及其附属建筑征税，这些物品难以迁移到新地方。此类物品的用户为了避税，必须承受永久性物理迁移的巨大成本。当然，财产税不利于社区吸引新投资，但在地方政府看来，财产税所带来的不利后果是后话，先解决眼前的问题再说。因此，传统财产税仍然是地方财政政策的基本组成部分，一时兴起的新式销售税和所得税发

[1] 这里不是讨论所有相关论点的地方。首先，人们必须区分经济体系各部分共有的财产税部分和不同地方管辖区的财产税部分。差别征税的部分完全由财产所有者承担，因为税收差别的资本化价值将反映在财产的市场价格中。经济体系各部分共有的税收部分本身必须细分为土地税和对建筑物和设施的征税。土地税由土地所有者承担。对建筑物和设施的征税是由消费者承担的消费税还是资本税取决于对一个经济体中资本供应的有限限度的假设。这些问题内策尔在 1966 年中讨论过。

展空间有限，还不足以成为地方收入的重要来源。

地方政府基本上不直接对地方企业的利润征税。事实上，美国统计普查甚至没有一个针对企业直接交纳地方税的单独分类。其原因不难发现。根据传统的经济理论，公司所得税是消费者购买某一产品时支付的消费税，该产品的附加税金额等于公司所得税金额。但是，只有在整个独立经济体系中统一征收公司所得税，公司所得税才具备适用性。如果地方政府差别征收此税，并通过提高产品价格将其转嫁给消费者，受影响的产品与低税收地区的企业销售的产品相比，将处于不利的竞争位置。高税收地区的企业将被市场淘汰。所以，很少有地方政府会自寻死路，杀死那些会下金蛋的老母鸡。

地方政府征收的其他税收很少是累进的，有时是完全累退的。与针对奢侈品的联邦消费税不同，州销售税的征收对象是占低收入居民日常支出比例相对较高的物品。那些把部分收入储蓄起来的个人（可能富人的储蓄更多）的收入没有被征税。州和地方政府更青睐把销售税作为收入来源，而不是累进所得税。1973 年，不仅各州政府 40%的收入来自销售税，地方政府也有 6.4%的收入来自销售税。相比之下，所得税占联邦收入的 42%，而仅占各州收入的 16%，占地方收入的 3%。此外，就在为数不多征收所得税的地方，其所得税也通常不具备联邦所得税的累进特征。相反，就州税和地方税而言，普遍做法是采用统一税率。

我们且不必说，是不是因为地方政府偏爱地方商业精英而更倾向于征收递减税。城市的官员必须维护该城市的经济利益本身就是一个充分的理由。地方税收政策越是根据支付能力原则制定，所征收的税收和所获得的收益的关系就越分裂，税收政策对社区经济福祉的负面影响就越大。另一方面，比例税结构或（甚至）递减税结构更接近于受益原则，如果应用该原则，最能推动当地经济的发展。

很明显，地方政府越来越依赖州政府和联邦政府的政府间转移支付。如表 4.2 所示，政府间转移支付占地方收入的百分比从 1957 年的 26.1%增加到 1973 年的 37.1%。当然，来自社区以外的拨款及补贴符合该社区的经济利益。这样，地方政府就为了尽可能多地获得州和联邦资源而相互竞争。但地方服务所需资金的来源越来越多地来自州和联邦政府收入的趋势，这不能简单地归因于地方政府希望让其他地方为其买单。因为地方政府这种想法一直都有。相反，政府间转移支付作用的增加，是与对地方政府承担更多再分配作用的期望随之而来的。

表 4.2　地方收入的地方来源和政府间转移支付来源组成(百分比分布)

	1957	1962	1967	1973
地方资源	73.9	73.0	68.8	62.9
政府间转让支付	26.1	27.0	31.3	37.1
总计（%）	100.0	100.0	100.1	100.0
总计（百万美元）	28 896	43 278	64 608	129 082

联邦税收政策众所周知，所以只需简单提及它们与地方着重受益原则的区别。首先，如表 4.1 所示，所得税占联邦政府收入的 40%以上，相比之下，所得税占州政府收入的 16%，地方政府收入的 3%。与州和地方所得税相比，联邦所得税更多是累进税制。其次，只有联邦政府的大量收入来自对企业利润的直接征税。值得注意的是，公司所得税在联邦政府收入中的比例从 1957 年的 24%稳步

下降到1973年的14%。现在，对资本外逃到海外的担心束缚国家税收政策的手脚，这种情况在20年前几乎不存在，那时美国在世界经济的霸主地位比今天更盛。但是联邦政府仍然是能够直接对公司利润征税的一级政府。再次，奢侈品消费税占联邦政府收入比例不高，这与各州对销售税的严重依赖形成鲜明对比。根据受益原则征收的联邦税是社会保障税，它在联邦收入中所占的比例越来越大。如果世界经济一体化继续加强，中央政府将越来越无法控制资本流动，人们可能预期政府对这种相对递减的税收的依赖会越来越大。但至少在目前，毫无疑问，联邦税收体系比各州和地方的税收体系更具再分配性。

总之，联邦系统的税收结构是高度分化的。人们找不到所谓的大理石蛋糕收入来源策略，能让各级政府同样地选择所有税收形式。当然各种税收形式会有一些重叠，但直接的政府间比较揭示了各级政府税收政策的不同侧重点。一般来说，地方政府最强调受益原则，它们非常偏爱用户税和其他递减形式的税收。联邦政府最有可能根据支付能力原则征税。尽管各州介于两者之间，但它们都有地方政府的许多特征。

三个政策领域

三级政府的支出政策也存在结构性差异。一方面，地方政府比中央政府更有效地履行配置职能，因为权力下放地方使得公共服务的供应与对其多变的需求之间更加匹配。公民迁移到配置政策最符合他们需求曲线的社区。另一方面，再分配是国家的职能。地方社区参与再分配越多，普通纳税人的边际收益/税收比就下降得越多，地方经济遭受的损失就越大。可以预料，州政府政策介于两者之间。最后，发展政策将是各级政府的共同责任。例如，通过财政和货币政策稳定经济，这是一项最重要的发展活动，也是国家的特权。如果地方社区也试图如此行事，其活动产生的任何积极影响将很快流失到其他区域，而产生的债务利息将仍然由该社区承担，成为自己的负担。但其他发展政策可能会对地方产生更具体的后果，在这些情况下，地方政府能够投入自己的资源。修建公路和分配公用事业服务就是两个显然易见的案例。对特定类型的发展政策承担责任的政府级别取决于该政策涟漪效应的程度。

如表 4.3 所示，政府政策的财政责任模式与这些假设基本一致。再分配政策一直是联邦政府的财政责任。即使在 20 世纪 60 年代初，美国国内预算的 47%用于再分配目的，在“伟大社会计划”之后，这一比例上升到 55%以上。相比之下，在 1962 年，地方收入用于再分配目的的比例仅为 12.9%。值得注意的是，即使在民权运动及其对地方服务供应系统的影响发生 10 年后，这一比例仍增长不到 1%。1973 年，该州用于再分配项目的资金略低于其预算的 35%，高于地方的比例，但低于联邦政府的比例。

表 4.4 提供了一种分析各级政府之间财政责任划分的替代方法。在该表中，数据是按行排列的百分比，而不是按列排列的百分比。该表不是反映各级政府用于某项政府活动的总资源的百分比，而是反映各级政府用于某项特定活动的所有支出的百分比。数字以这种方式呈现更加醒目。1962 年地方对再分配的贡献不仅未超过 10%，而且从那时起就开始下降。另一方面，再次证明，联邦政府的作用越来越重要。联邦政府承担福利政策和医疗保健事业的政治压力越来越大，这种模式很可能会持续下去。随着美国成为一个日益一体化的政治经济体，再分配职能最后很可能完全由联邦政府承担。

表 4.3 政府自有资源财政支出(根据职能分布)

职能	地方			州			联邦[a]		
	1962	1967	1973	1962	1967	1973	1962	1967	1973
再分配									
福利	2.5	2.5	2.0	6.2	6.4	11.2	12.2	11.9	12.6
卫生事业和医院	6.1	6.7	8.4	7.4	7.2	6.2	3.3	3.7	3.5
住房	2.4	1.5	0.9	0.2	0.2	0.4	1.5	1.9	3.4
社会保险	1.9	2.2	2.3	14.4	9.4	17.0	29.7	34.0	35.6
小计	12.9	12.9	13.8	28.2	23.2	34.8	46.7	51.5	55.1
配置									
市政管理	26.8	26.4	28.5	12.4	12.9	8.4	4.6	4.5	3.8
发展									
公用事业	13.2	13.1	11.1						
邮政							7.0	7.2	5.1
交通	8.1	6.6	5.7	17.8	16.0	11.3	6.2	5.8	4.2
自然资源	1.1	1.1	0.7	2.9	3.5	2.3	19.3	9.9	7.8
小计	22.4	20.8	17.5	20.7	19.5	13.6	32.5	22.9	17.1
利息	4.1	4.4	5.6	2.2	2.3	2.7	12.3	12.1	9.9
教育	33.4	35.2	34.2	33.6	39.5	38.4	3.2	7.2	8.2
其他	0.4	0.3	0.4	3.0	2.6	2.2	0.8	1.8	5.8
总计(%)	100.0	100.0	100.0	100.0	100.0	100.0	100.0	100.0	99.9
总计(百万美元)	33 591	45 853	77 886	29 356	45 288	89 504	58 960	86 852	186 172

[a]仅指国内。

表 4.4 政府自有财政资源的支出(根据政府级别分布)

职能	地方			州			联邦政府			总计		
	1962	1967	1973	1962	1967	1973	1962	1967	1973	1962	1967	1973
再分配												
福利	8.5	7.8	4.3	18.4	20.1	28.7	73.1	72.1	67.2	100.0	100.0	100.0
卫生事业和医院	33.2	32.2	35.4	35.2	34.0	29.6	31.6	33.8	35.0	100.0	100.0	100.0
住房	46.7	29.3	9.7	2.5	3.8	4.5	50.7	66.9	85.8	100.0	100.0	100.0
社会保险	2.9	2.9	2.2	18.9	12.3	18.2	78.1	84.8	79.6	100.0	100.0	100.0
小计	10.8	9.7	7.4	20.6	17.2	21.5	68.6	73.2	71.1	100.0	100.0	100.0
配置												
市政管理发展	58.7	55.4	60.2	23.7	26.6	20.4	17.5	17.8	19.4	100.0	100.0	100.0
邮政							100.0	100.0	100.0	100.0	100.0	100.0
公用事业	100.0	100.0	100.0							100.0	100.0	100.0
交通	23.3	19.7	20.1	45.1	47.3	45.0	31.6	33.0	34.9	100.0	100.0	100.0
自然资源	3.0	4.7	3.3	6.7	14.9	12.0	90.3	80.4	84.7	100.0	100.0	100.0
小计	23.0	24.9	23.8	18.5	23.1	21.0	58.5	52.0	55.2	100.0	100.0	100.0
利息	14.9	14.8	17.2	6.9	7.6	9.6	78.2	77.6	73.2	100.0	100.0	100.0
教育	48.9	40.0	34.9	43.0	44.4	45.0	8.1	15.6	20.0	100.0	100.0	100.0
其他	8.6	5.4	2.2	60.1	41.1	15.3	31.3	53.5	82.5	100.0	100.0	100.0

配置职能显然是地方政府的职责范围。社区所有成员所依赖的市政管理服务都由地方政府提供和出资。如表 4.3 所示，1973 年地方政府收入的 28%以上用于这一目的。州政府承担辅助作用，州政府用于这一目的的收入比例不到地方政府的一半。与此同时，联邦政府几乎不承担配置职能。[1]

发展职能基本上是三级政府同等关注的问题，它们都将大约 20%的收入用于这些活动。一旦考虑到国债利息支付，联邦政府在促进经济生产率发展方面的作用就比这些数字反映出来的要大。既然联邦政府通过其财政政策以承担管理国民经济的责任，而国债利息在很大程度上是因这一责任而产生的，因此它们可能被认为是联邦政府履行发展职能的成本。[2]

用于发展目的的地方支出大部分花在市政公用事业。由于客户为服务付费，成本和收益能大部分被计入价格结构。地方政府最能胜任的便是这种发展职能。

在表 4.3 和表 4.4 中我分别对教育进行了分类，因为这一政府职能的分类特别困难。在第五章中，我试图说明教育政策的影响稍微具有再分配的性质，但是其再分配性质似乎比福利、住房或卫生政策领域的影响要小得多。因此，教育的财政责任由三级政府共同承担。地方政府向地方学校投入大量资源。1973 年，地方政府全

---

[1] 我们已经将一般控制支出包括在政府的管理服务中，它占联邦配置活动支出的 3.8%。

[2] 州和地方政府赤字支出没有联邦赤字支出的反周期效应（汉森和佩洛夫 1944 年；夏普 1965 年；小拉夫斯 1965 年）。因此，将地方利息支出归类为发展政策支出是不合适的，除非这个债务融资的项目由地方政府“自行支付”。

部支出的34%用于教育目的，如果教育是高度再分配的公共政策，地方如此投入似乎不太合理（见表4.3）。然而，在1962—1973年的10年间，州和联邦一直面临着加大学校教育投入的压力，事实上，联邦国内教育预算的百分比从3.2%增加到8.2%。当我们审视表4.4中各行的百分比数据时，可以看到联邦政府的作用越来越明显。1962年，地方政府支付了近一半的公共教育费用，而到了1973年，这个比例下降到1/3强。与此同时，联邦政府支出比例从8%增加到20%。值得注意的是，教育部门资金来源的这一变化恰恰发生在教育部门再分配压力最大的时候。

联邦政府在教育中日益重要的作用主要是通过政府间转移支付系统来实现的。不仅在教育领域，政府间转移支付是再分配政策的产物。表4.5报告了从联邦和州政府到地方政府的政府间收入政策的预算分配情况。各州将大部分政府间资金用于教育目的。但是联邦政府的主要作用是资助各州和地方的再分配支出。即使在1973年，在尼克松政府确立分税制之后，各州和地方收到的政府间收入的40%被指定专门用于再分配职能。之所以当年未指定收入增加，主要是因为牺牲了用于发展和教育目的的资金，而不是作为再分配活动的替代。

表4.5 州和联邦政府的政府间支出（百分比分布）

职　能	州			联　邦		
	1962	1967	1973	1962	1967	1973
再分配						
福利	16.3	15.2	18.4	31.6	28.2	29.0
卫生事业和医院	1.8	1.6	2.1	2.2	2.7	4.2

续　表

职　能	州			联　邦		
	1962	1967	1973	1962	1967	1973
房屋	0.3	0.4	0.4	4.1	4.5	5.1
社会保险				6.0	3.8	1.9
小计	18.4	17.1	20.9	43.9	39.2	40.2
配置						
市政管理				0.9	0.9	2.1
发展						
交通	12.2	9.9	7.4	36.3	27.4	13.2
自然资源	0.2	0.2	0.2	1.8	1.6	1.6
小计	12.4	10.1	7.6	38.1	29.0	14.8
教育	59.4	62.2	57.1	15.1	26.1	20.1
其他和未指定的	9.7	10.6	14.4	2.0	4.9	22.0
总计（%）	100.0	100.0	100.0	100.0	100.0	100.0
总计（百万美元）	10 906	19 056	40 822	7 735	15 027	41 666

在美国联邦系统中，资助公共政策的责任并不是随意在各级政府中分配。相反，中央政府和地方政府承担不同的职能责任，并具有典型的特征。地方政府根据社区需要分配服务，在溢出效应不大的地方，开展发展活动以促进地方经济发展。除了对国家总体经济增长和具有广泛影响的发展政策负有责任外，联邦政府还承担着再分配的主要责任。

政府间合作与冲突

鉴于联邦政府和地方政府之间的结构性差异，当联邦系统中，有必要共同行动的政府间项目运营方式不一时，具体情况取决于它们是发展性的还是再分配性的。如果在联邦层面是发展政策，并且地方和联邦目标重叠，相关政策将在合作和和睦团结的氛围下执行。但如果中央政府追求更具再分配性的目标，这就很可能与地方政府的目标相冲突。国家对公平的重视将与地方对经济效益的重视互相冲突。因此，落实该国家方案的过程将更加复杂。

《国防教育法》（NDEA）第三编和《初等和中等教育法》（ESEA）第一编的目标和行政安排就体现了发展计划和再分配计划之间的此类差异。在1958年人造卫星发射后不久构思的《国防教育法》第三编是发展政策，可能只对地方经济产生积极影响，而同时对教育公平贡献甚微。根据《国防教育法》第三编，联邦资金用于加强数学、科学和外语等科目的教学水平，而这些课程正是地方社区中重视学习、重视升学率的中产阶级的利益所在。随着地方学校服务质量的提高，社区拥有更多的资源来说服高收入家庭和新产业迁入并留在社区。此外，由于各州、地方与联邦的出资比例是1∶1，因此财政资源最雄厚的社区最具备利用该方案的优势。

1965年民权运动最高潮时通过的《初等和中等教育法》第一编的关注点正好相反。资金由国会通过并由教育办公室落实，以用于低收入家庭学习困难的儿童。在许多方面，该项目极大地促进了教育公平，但它对当地经济却产生了负面的影响。除了从长远来看可以减少社区的社会不稳定之外，该项目并没有为富裕的中产阶级家庭提供特别的资源，而这些家庭对当地商业活动和社区税收基础的贡献又非常重要。假设在某一地方，该项目能成功地为低收入人群提供优质服务，它只会使社区对其他地方的低收入家庭更具吸引力，吸引家庭迁移到该社区。 由地方社区负责实现国家目标，只会损害地方的经济状况。

这两个项目的目标不同，实施方式也不同。 就发展政策《国防教育法》第三编而言，联邦与地方的伙伴关系是合作和互为支援的典范。 尽管法律要求在同一项目，各州、地方与联邦的出资比例是 1∶1，但在一年内，除亚利桑那州外，其他各州都经过表决，同意参与该项目。 教育办公室选择在 49 个州之间分配资金，而对该法案的目的几乎没有提供任何指导性意见。 在制定计划时，州政府只需“列出支付地方项目的优先事项，并说明当地项目的种类以及将资助的设备标准”。 由于国家标准和优先事项没有明确界定，各州的计划“大多停留在无聊和笼统的描述上……一些人说，标准实际上达到了项目的要求”。 事实上，最后只是由一家私人出版社制作一份目录，列出它认为肯定有资格获得州和联邦补助的设备。 简而言之，“联邦政府的援助**不仅**不受联邦控制，**而且**也没有来自华盛顿的科学指导和建议”。

根据《国防教育法》第三编分配支出并落实各计划之后，教育办公室几乎没有对其资源的使用方式进行监测。 各州仅就资金和项目报告了《国防教育法》第三编的科学课程活动；他们没有被要求证明这些资金如何改善科学教育。 对项目影响的评估实际上不存在。 然而，这些方案的“缺陷”并未受到政治关注。 该方案在联邦和地方两级政府都很受欢迎，随着该方案的扩展，联邦政府在教育中的作用也得到加强。

再分配方案《初等和中等教育法》第一编的实施选择了一条截然不同的路。 虽然所有州从一开始就渴望参与该方案，但这可能是因为该项立法没有提出资金配备的要求。 在项目运作的头六个月，教育办公室遵循以往的做法，很少对资金分配方式给予指导性意见。但是在第一年年底之前，教育办公室越来越关注各州的项目与《初等和中等教育法》第一编中规定的目标之间的巨大差异。为了更好地实现该法的再分配目标，教育办公室开始限制校舍结构修葺、新设备及其他硬件的支出资金；要求资金集中在招收大量来自低收入家庭儿童的学校，并规定这些学校应将这笔资金用于存在学习缺陷的儿童。它还要求地方教育当局建立家长咨询委员会，以参与项目开发。最重要的是，它坚持将南方农村执行种族隔离的学区排除在教育服务资金受益者之外。

教育办公室在确保州和地方遵守以上及其他众多管理《初等和中等教育法》第一编资金分配的行政条例方面取得的成功，大家褒贬不一。在最初的几年里，教育办公室工作人员不足，地方学区的绩效数据差强人意，在第一编所要求的监督角色方面的经验很有限，而且教育办公室与州和地方一级的学校专业人员一直保持友好的关系，不愿意得罪人。因此，教育办公室发现很难阻止地方对第一编的优先事项进行修改。在美国的许多地方，根据第一编提供的资金分布到整个教育系统，而不是集中在贫困儿童比例高的学校；在其他地方，它们被用来保护实行种族隔离的学校，而不是增强综合教育体验。此外，父母咨询委员会很少成为《初等和中等教育法》第一编决策过程的有效部分。

随着教育办公室及教育部管理该项目的经验越来越丰富，现在教育办公室能够确保资金流入主要由低收入儿童就读的学校。但是，它仍然没有做到根据第一编提供的资金只是发挥补充作用，而本来应由州和地方政府提供主要资金。此外，学区似乎不愿意将资金集中在几所特定的学校，从而最大限度地发挥其影响力。最近，地方学校管理人员开始争取一项不受约束的整笔补助金以取代《初等和中等教育法》。

联邦制与“伟大社会计划”

中央政府和地方政府之间的结构性差异，也有助于解释在实施其他伟大社会计划中遇到的许多困难。这些政策强调对贫困人口和弱势人群的特别援助，显示出中央政府对再分配政策的决心比新政之外的任何时期都要坚定。不幸的是，改革的热情完全偏离了对美国联邦制度合理的结构性理解。相反，人们以为只需联邦政府出钱就可以使联邦制更富“创造性”。林登·约翰逊（Lyndon Johnson）总统改革的狂热支持者企图利用那些理论家的所谓美国联邦制如大理石蛋糕的比喻来证明他们所采用的再分配机制的合理性。有人说：联邦制指受限的中央权力和其他基本上独立于它的权力之间的一种合作和竞争关系。在美国关于各州权力的长期讨论中，人们一直默认权力总量是恒定的，因此，联邦权力的增加则意味各州和/或“人民”的权力的削弱。创造性的联邦制却始于相反的信念，即权力总量——私人和公共、个人和组织的权力——正在迅速扩张。这些人认为应审慎地选择联邦政府权力扩大的范围，这样，联邦政府权力的大幅增加不会侵犯或削弱各州和地方政府的权力。同时，各州和地方政府的权力也会增加。

约翰逊对美国国内社会政策改革的极大热情伴随着州和地方政府执行这些政策的同样热情的承诺。1965 年，国会颁布了 21 项卫生计划、17 项教育计划、15 项经济发展计划、12 项解决城市问题的计划、4 项人力培训计划和 17 项资源开发计划。所有计划都通过联邦政府和一个或多个下级政府之间的联合行动落实。联邦政府向州和地方政府提供的转移支付从 1962 年的 77 亿美元增加到 1973

年的417亿美元。1962年，政府间转移支付占地方政府预算的27%；到1973年，此类转移支付占37.1%。伟大社会计划是联邦计划，由中央部门制定和资助，但由州和地方政府管理和执行。[1]

时间证明“创造性联邦制”终究是一次失败的尝试。许多伟大社会计划的项目实践效果令人失望。在社会关注的很多项目中，并没有预想中其乐融融的合作伙伴关系，相反整个局面冲突、混乱，或者有时贸然放弃原定目标。一些政治学学者没有借助联邦制理论，提出了三个对立的假设来解释伟大社会计划的局限性：（1）地方统治精英的权力，（2）政府间关系的复杂性，以及（3）中央和地方政府的选区的差异。关于各级政府社会计划失败的根本原因，每个假设都提供了一个貌似合理但仍然论据不充分的解释。

地方统治精英

不管在大众眼中还是学术研究中，最为人接受的观点是，“伟大社会计划”的困难与地方统治精英的权力有关。这种解释认为，地方政治由银行家和商人组成的权力结构主导，他们与少数保守的劳工领袖和受他们豢养的政治家一起决定地方的主要政策。[2] 这种解释的更复杂版本并不是声称地方统治精英为地方政府做出每一个决定，只是说他们阻止再分配问题进入地方政治的议程。地方统治精英在地方社区利用其权力，阻止有利于低收入群体和少数族裔的政策进入公众视野。

---

[1] “近些年，联邦政府直接管理的国内项目没有大幅增加，相反由各州和地方政府管理并且由联邦政府提供资金的国内项目增长迅速，这些项目受到联邦政府政策不同程度的控制。”里根1972年，第12页。

[2] 有关这些研究的阅读资料和一般参考书目，请参阅霍利和沃特1968年。

在对巴尔的摩市社区行动计划的研究中，巴赫拉赫（Bachrach）和巴拉茨（Baratz）得以将这一观点直接应用于备受关注的扶贫计划的落实情况。在这项研究中，他们认为巴尔的摩市社区行动政治以“非决策性”为特征。两人的结论是，黑人领导人努力将黑人私下的不满表达出来……也无济于事，一方面是因为他们缺乏实践冲突政治的舞台，毕竟冲突政治与对抗政治截然不同，另一方面是因为他们无法进入关键决策中心。

简而言之，普遍存在的偏见妨碍了黑人领导人有效地动员其潜在选民参与政治行动，从而让黑人将继续被排除在政治体系之外。

为了支持这一结论，他们指出巴尔的摩市缺乏开放居住条例，在公共部门和私人企业就业中歧视黑人，并且严格控制用于扶贫计划的资金。

在某些问题上，巴赫拉赫和巴拉茨无疑是正确的。如果巴尔的摩与其他地方政府相似，就弱势群体的社会经济福利而言，民权运动和扶贫运动并没有显著改变地方公共政策的进程。早先提出的证据显示，地方政府用于再分配的支出仅略有增加，这点似乎没有争议。但是，阻碍实现这一目标的机制似乎不符合“非决策”模式。事实上，研究中的实证材料证明了巴尔的摩领导人对再分配问题的重视和坚持。正如作者指出的：“到1967年底，社区行动办公室（CAA）以其主任为首，全力以赴，这实际上是在公开组织黑人贫困人口采取政治行动。”除非人们愿意接受巴赫拉赫和巴拉茨延伸“非决策”概念的执着，使其与相反的情况相一致。例如，市长要求建立一系列黑人白人双种族特别工作组的决定被贴上“极其有效的非决策”的标签，否则人们很难断然宣称地方统治精英将种族和贫困问题排除在地方政治议程之外。

从根本上说，地方统治精英假说无法解释扶贫计划的显著成就，即地方政治系统做到了向以前的边缘群体开放。尽管这些计划的社会经济影响有限，但它们确实增加了黑人和其他少数族裔参与政治的机会。在社区行动计划“最大的可能参与”这一最重要的方针的指导下，大部分“伟大社会”服务提供计划要求低收入群体和少数族裔代表积极参与审议进程。尽管这些政策因地区和计划而异，但总体上极大地加强了少数族裔组织在扶贫项目中的参与力度，其中不少人开始担任行政领导职位。扶贫计划非常成功地改变了地方政治的议程。少数族裔关切的问题不能说无所不在，但起码成为城市政治生活的日常议题。更重要的是，黑人领袖和代表少数族裔利益的团体成为制定地方政策的制度化谈判过程中的长期性力量。

不幸的是，参与地方政治的机会加大，并没有因此从根本上改变少数族裔和低收入群体的社会经济福祉。但将此归因于地方统治精英的权力的影响只会再次误导贫困问题研究。如果把少数族裔的贫困问题放在地方政治议程就可以解决，那么伟大社会计划必定能终结美国的贫困和种族主义。但是，如果地方政府的职能范围存在固有的限制，即使少数族裔和穷人的“最大的可能”参与政治也不能改变这些限制。

组织复杂性

约翰逊扶贫计划的另一种解释来自对多元政治体系中政治和组织关系的多样性、复杂性和可变性的理解。从这个角度来看，政府间关系不仅仅是联邦官员和地方精英之间的交集；相反，在各级政府（联邦、地区、州和地方）都有许多公共和私人机构，其管辖权互相重叠，客户相互竞争，在执行政府政策的过程中必须考虑这些机构的意见。这些实体中的任何一个都可以作为“否决群体”，阻挠政策的执行，或者至少推迟政策的执行，一直到政策既定目的遭到实质性修改。

美国政治多元化观点在学界颇为流行，普雷斯曼（Pressman）和维尔德夫斯基（Wildavsky）在分析经济发展署的创新计划时，对这些观点富有创见的运用也特别值得我们考虑。该研究详细分析了经济发展署在试图通过资助加州奥克兰市的许多公共改善项目以扩大少数族裔就业机会时遇到的问题。项目开始时大家抱有很高的期望，预计会有庞大的预算支出，联邦和地方官员都表现出合作的态度，但在此之后，经济发展署的计划因多次拖延而受挫；既定目标也未取得实质进展。普雷斯曼和维尔德夫斯基不仅就这个具体问题进行了深入而富有卓见的探讨，而且也试图解释这个计划及其他伟大社会计划之所以失败的共同原因：

首先，这个看似简单的计划实际上非常复杂，涉及众多参与者、众声喧哗，在决策道路上需要解决一个又一个的问题。鉴于这些特点，设计者希望加紧完成计划的可能性，甚至只是完成计划的可能性，都明显减少了。

因此，"伟大社会"的问题是多元政治体系中，有众多参与者影响政策的政府项目所共同面对的问题。分歧必须通过协商解决，计划只能推迟，政策必须不停修改。解决办法是要么制定更简单的计划，排除联邦政府对社会经济关系的干预，要么只能接受计划的长期拖延和重大修改是不可避免的现实。

虽然他们的案例研究做得深刻且充满活力，但最终论点切入得太深。普雷斯曼和维尔德夫斯基的论点适用所有的政府计划，而没有充分解释"伟大社会"再分配计划遇到的特殊问题。首先，复杂性不是约翰逊政府扶贫计划独有的特征。许多具有联邦系统一般性特征的项目——例如，公路、河流和港口、土地开垦和机场建设——同样复杂，但是都可以纳入联邦系统现有政治进程。在这些情况下，联邦和地方的目标非常相似，无论他们在特定情况下遇到什么问题，一般来说，各方都不会轻易放弃。事实上，地方政府竞相争夺这些项目的资源。所以，复杂性不足以解释地方参与扶贫计划的犹豫心态。

其次，普雷斯曼和维尔德夫斯基认为计划失败是因为参与者对那些复杂问题有不同的观点，这充其量是一个非常浅层的理论陈述。在这方面，普雷斯曼和维尔德夫斯基类似于联邦制大理石蛋糕论的拥趸，他们发现各方关系过于复杂，而无法从中找出形成复杂性的关键因素。例如，尽管奥克兰研究中的经验材料非常清楚地表明，联邦政府主要关注再分配（例如雇用少数族裔），而地方政府主要关注获得经济发展援助，但普雷斯曼和维尔德夫斯基没有对这种两级政府之间差异的模式做出一般性解释。

差别选区

选区理论为确定中央政府和地方政府之间的冲突模式提供了可能性。在一般的表述中，选区理论认为政治领导人致力于实现其选民的目标。关于中央政府和地方政府之间的差异，麦康奈尔（McConnell）认为，选区更大的中央政府应该为更广泛和更分散的人群的利益服务。在选区较小的地方政府中，占主导地位的经济利益集团更容易控制政策，而将弱势人群、组织涣散的利益集团排除在决策圈之外。在选区更大的政府中，因为各强大利益集团的相互制衡和建立不同利益同盟的需要，弱势、广泛和分散的群体才有生存空间，甚至贫困人群也可以发出自己的声音。

选区分析传统理论可以对下面“伟大社会”计划的经典失败案

例，做出令人信服的解释。德西克（Derthick）在其对1967年末启动的“城市新城”项目的研究中，详细记录了这个项目的整个过程。该项目最初计划通过低成本分配联邦政府的剩余土地，为贫困人群提供低收入住房，但最终一无所获。德西克花了一个章节，给出深思熟虑的总结，强调了国家和地方政府在价值承诺上的差异，然后认为这种差异与各自选区不同有关，在共同承担的项目中，联邦政府和地方政府都具有一个政治职能：在界定公共行动的目标和应对价值、利益和意见的差异两方面发挥作用。联邦政府脱离了具体的、地方的冲突，能够更好地表达理想主义和进步的目标。而地方政府深植于这些冲突之中，能够更好地回应活跃的政治利益的实际偏好。

虽然德西克正确区分了中央政府和地方政府的不同价值承诺，但她没有确切地说明地方选区产生不同于中央政策的需求的机制。例如，在德西克的案例研究中，利益集团和选区压力非但没有限制政策的选择，反而因其缺席而引人注目。尽管一些地方官员可能已经预料到低收入住房项目会遭到反对，但即使是这种假设的反对意见也无法解释大城市市长的立场，因为他们可能也期望得到人口基数很大的低收入人群和少数族裔选民的支持。

选区论点最适宜解释地方对国家政策的不同反应。但是德西克、普雷斯曼和维尔德夫斯基、巴赫拉赫和巴拉茨（Baratz）以及其他研究者看到的是国家目标和地方目标之间的一致性，包括那些选民完全有理由支持再分配计划的城区。即使在贫困人口占大多数的选区，约翰逊政府的政策目标经常也受到当地政府的阻挠。

新联邦制理论

地方统治精英的权力、政府间关系的复杂性以及中央和地方政府选区的不同，都被用来解释“伟大社会计划”在联邦系统内实行时所面临的重重困难。尽管三个假设都发现了地方政府对再分配政策的抗拒，但没有一个能充分地解释这一现象。这三个假设的问题在于，它们都是关于个人、群体和组织之间关系的理论。受政治行为理论和联邦制大理石蛋糕之喻的影响，这三种方法都试图从联邦、州和地方层面各要素之间的关系来解释政府机构的结构差异。而我提供了另一种研究联邦制的方法，它确定了区分中央政府和地方政府的结构特征，然后将这些结构特征与政府间政策形成过程联系起来。

迄今为止，本书只介绍了联邦制理论的某些简单要素。为了突出联邦制理论的基本特征，研究者已经作了许多对比研究。再分配政策和发展政策之间的巨大差异已经无须赘述，我已经强调了中央政府和地方政府定位的基本差异。一个全面的分析必须至少考虑到两者之间的过渡地带。第五章就从这个方向展开讨论。当对中心城市及其郊区腹地作对比研究时，地方政府之间的某些差异也被考虑在内。与此同时，我认为一项政策特别难以从整体上概括。在不同的时间和地点，它可能是再分配的、发展的或配置的。政策的影响因执行该政策的政府背景而异。难怪很少有政策问题像学校教育的影响一样受到学界如此多的关注。

第五章

城市、郊区及其学校

地方政府并不是千篇一律的。一些地方政府有能力谋求自己的经济利益；另一些地方政府则受到一定约束，这限制了其发展自己经济基础的效率。地方政府之间的这些差异在涉及重要政策的每个领域都存在，但在地方的学校运营中表现得尤为突出。学校教育是地方政府所有活动中最昂贵的支出，它与这个社区的很多家庭（也许是大部分家庭）的生活休戚相关。一个城市的学校运营会很大程度地影响社区的繁荣。同时，教育系统的结构影响着社会教育机会的平等。

这两个目标有点相互矛盾。如前所述，地方政府对经济增长感兴趣，而不愿意对再分配进行投入。由此引发的后果对教育具有特别意义。首先，美国人特别重视教育机会平等。远在欧洲国家之前，美国就发展出一套成熟的初等、中等和高等教育体系。虽然美国在社会保障和健康保险的供给方面落后于其他工业国家，但一直到现在，美国国家提供的教育服务比世界上其他任何国家都充足，资金也更充裕。据说，美国人对机会平等的重视甚于结果平等。其次，美国人重视地方投资和控制教育系统。如表4.4所示，在大多数欧洲国家，学校主要由中央政府提供资金，而在美国，80%的教育经费来自州和地方政府。事实上，表4.4的数字包括高等教育支出，夸大了联邦对初等和中等教育的援助金额；中小学教育是地方政府的特权。具有讽刺意味的是，学校教育——据说是美国人人平等信仰的最好例证——在很大程度上是由最不具备再分配能力的一级政府提供的。

如前所述，学校教育不一定是再分配政策。事实上，人们可以看到，学校系统分配教育服务的方式非常契合城市经济利益，以至于人们习惯把它归类到发展政策。想一想，在一种学校教育制度里，家庭以同等市场价值交换教育服务。因为家庭愿意支付学费，也因为提供学校教育的人愿意接受学费作为回报，这种交易就增加了社区的净效用。每个人都比没有这种交易的时候过得更好，这正是发展政策的定义。按照帕累托的观点，人们也可以把这样的系统称之为高效的教育系统。在这个高效的系统中，那些为学校服务出资最多的个人得到的收益最多。[1]

---

[1] 高效学校系统的定义假定，除了那些承担教育费用的个人能得到回报之外，社会没有从这种教育系统中得到任何回报。它假定没有涟漪效应或邻里效应，否则将证明公共教育补贴是合理的。尽管一些教育经济学家认为这种涟漪效应可能存在，但他们所提出的证据是可疑的。个人接受更多更优质的教育，获得相应文凭，这使得他们能跨越阶层，从事更体面的职业，获得更丰厚的薪酬。从整体上看，我们不能断定社会生产力的增长更多地依靠人力资源投资，而不是实物资本。根据效率标准，只有社会收益大于个人因其教育投资获得的收益，公共补贴教育才具备合理性。

通过人力再培训以减少贫困的工作说明了这一点。尽管我们可以证明，接受过这类培训项目的个人可能会摆脱失业，至少在短期内增加收入，但他们的就业是以其他人的失业为代价的，除非此类培训项目以某种方式提高了整体劳动力市场的就业率。如果做不到这一（转下页）

另一方面，再分配学校系统平等对待任何特定年龄组的所有儿童（也许除了残疾人）。无论家庭收入、社会地位或对地方税收的贡献如何，每个儿童都获得相同的教育福利。

简而言之，学校教育服务到底倾向于发展政策还是再分配政策，这取决于学校教育福利多大程度上按服务付费比例分配还是平等分配给社区所有成员。

双重教育体系的出现

现在有一些证据表明，在大都市地区可能已经出现了双重教育体系。中心城市的教育服务可以适当按再分配政策提供。而在市郊，学校教育的组织方式可以有利于发展目标的实现。这种双重制度所追求的社会目标的不平衡，可能是当前城市出现危机的原因之一，并阻碍市中心遵循平等原则的学校系统向郊区扩展。

郊区的发展政策

在美国郊区，互相竞争的学区提供一系列不同质量、侧重点和价格的教育服务。有经济能力且对高质量（高成本）教育感兴趣或有有效需求的个人，愿意去名校云集的社区居住。那些没有有效需求的个人（也就是说，对高成本教育不太感兴趣或者收入较低的个人）会选择在大都市不那么排外的地方居住。最底层是“问题”郊区，在那里，学校福利和购买或租赁房屋的成本都要低得多。税率也因地区而异，取决于人均应税财富和对学校教育的有效需求。总的来说，这个系统虽然远远没有达到蒂布特理想的完美效率，但其

（接上页）点，这只是一个“抢座位游戏（参加者随音乐绕一圈椅子走，音乐一停就抢椅子坐，但参加者总是比椅子多）”的游戏。即使公共补贴教育能提高生产力，游戏中座位增加，也不能证明公共补贴效率高，除非社会收益大于支付培训费用的个人所获得的收益总和。

分配的福利大致与支付福利的税款一致。

两种不同的研究传统都提出一些证据，使人们相信郊区教育福利的分配大致符合对它们的经济需求。第一个传统强调地方资助的学区之间支出的巨大差异。例如，迈纳（Miner）在一份全国样本中发现，各学区在州和地方资源支出方面的变异系数为0.72。此外，迈纳和其他研究人员都发现，这些差异与州和地方的财政能力密切相关。最近，格拉布（Grubb）和米切尔森（Michelson）证明，从1955—1968年，州与州之间的不平等状态相对稳定。即使联邦政府加大对教育的投入，对于缩小州与州之间的差异，恐怕也收效甚微。此外，在他们调查的所有15个州中，州内学区之间存在着明显的不平等。

地区间支出的变化也与家庭财政能力的变化有关。收入较高的人群往往生活在支出较大的地区，因此，对教育有效需求更高的个人获得更多的教育福利（根据支出数据衡量）。1960年的一份家庭调查结果表明，家庭支付的财产税随着收入的增加而增加，获得的教育福利也随之增加。这些数据没有提供受调查家庭中每个儿童的确切支出金额的信息；相反，它假设这些儿童得到的资源分配与他们所在地区的普通儿童相同。因此，这些数据对家庭收入和教育福利相关程度的解释可能偏于保守。它们还是能清楚地表明，地区之间支出的巨大差异造成了不同收入群体之间教育支出的差异。

这些数据是在全国范围内收集的。关于郊区的特有模式的证据仅适用于特定的大都市地区。在早期的一项研究中，赫希（Hirsch）发现，当地财产价值的变化是环圣路易斯大都会中心城市学校支出的最重要决定因素。萨克斯和赫尔穆特在对克利夫兰郊区的调查中发现，社区的个人财富与其支出正相关。对芝加哥和加利福尼亚州圣克拉拉郊区的研究也发现，人均收入和财产价值是支出的重要决定因素。总体而言，那些拥有更多经济资源的郊区社区能为社区内的儿童教育提供更好的物质条件。按照学生人均支出来衡量，纳税更多的个人获得的教育福利更多。

教育服务研究的第二个传统是给出郊区家庭对地方学校系统提供的产品重视程度的信息。首先，这项研究表明，通过语言能力测试衡量的教育福利在市场上有价值。两项独立研究（一项在新泽西郊区，另一项在洛杉矶地区），都表明随着语言能力测试成绩的提高，社区财产价值攀升。在这两项研究中，许多其他影响财产价值的因素，如家庭规模和年龄、社区对就业中心的可达性、社区税率和（最重要的）家庭收入中位数，都在多元回归分析中得到控制。考虑到对家庭收入的控制，人们无法解释这一发现，理由是高资产价值的社区的儿童在考试中表现良好。显然，教育服务的消费者认为学校确实会影响儿童的成绩水平，他们非常认可儿童能学习更多知识的学校。

这一研究传统中还有第二个发现，它更清楚地表明郊区学校系统在促进当地经济发展方面相当有效。当用教育支出水平而不是测试成绩来衡量教育福利时，学校服务继续对财产价值产生正面效应。在新泽西州、伊利诺伊州、马萨诸塞州和加利福尼亚州的郊区社区中，有研究者已经发现，教育支出对财产价值有明显的正面效应。在所有研究中，即使在引入了对家庭收入中位数、税率以及家庭年龄和规模的控制之后，调查结果仍然成立。

教育支出对财产价值有正面效应，因为消费者认为教育资金投入与教育成就之间存在某种相关。诚然，资源的利用对于促进经济增长似乎并不十分有效。在大多数研究中，增加教育支出的正面效应仅仅抵消了增加地方税对财产价值的负面效应。此外，教育支出对财产价值的效应一般不如语言能力测试分数的效应显著，这表明教育投入和产出之间存在一定的损耗。但是即使有了这些限定因素，也有足够的证据证明郊区教育系统促进了当地经济的发展。郊区也许还没有接近蒂布特理想的完美高效的公共产品分配系统，但至少市场力量的反应似乎是消费者重视郊区政府提供的学校服务。

中心城市的再分配政策

如果说郊区学校执行发展政策，那么大都市教育双重体系中的中心城市学校则更倾向于再分配政策。大城市的学校系统属于由中心教育委员会管理的单一大学区，该委员会将大部分权力下放给高度集权的官员。这些官员经常以效率为名，在中心城市各社区学校之间严格遵循平等和公平的原则分配资源。

他们之所以这么做，部分原因是为了教育改革，部分原因是为了增强自己的权力。大城市的教育局局长以普适性原则去配置稀缺学校资源。所有学校都配置相似的师生比例、教室规模、教科书/学生比例、课外设施和用品，等等。校长、社区团体、政治人物和校董事会对变化和多样性的要求带来了某种政治压力。平均分配学校资源的原则可以保护有关官员免受这些压力，这样他们有借口以每个学生都得到平等和公平的对待为自己辩护。此类原则所带来的某种效率可能会受到会计师的赞赏，但教育局局长的这种效率与经济学家所说的帕累托最优效率毫无共同之处。相反，它有助于确保中心城市的教育服务供应比几乎任何社区权力理论预期的更平等。

目前关于大城市学校系统分配政策的系统研究并不太多，但是研究结果惊人的一致。伯克黑德（Burkhead）发现，在亚特兰大和芝加哥，教育资源平均分配到每个学校，而每个学校也服务于所有收入群体，因此每个学生的支出、教师/学生比、教学用品支出和其他大多数资源分配大致相等。

卡茨曼（Katzman）将他在波士顿的研究结果与伯克黑德的研究结果进行比较，最后总结道："波士顿、亚特兰大和芝加哥这三个城市的生均支出分配惊人的相似。"利维（Levy）、梅尔斯纳（Meltsner）和维尔德夫斯基三人发现加利福尼亚奥克兰的教育资源分配也大致相等。然而，在这种情况下有一种趋势就是，最贫穷和最富裕社区的学校都能得到额外的资源。如果这四个分别来自美国四个不同地区的城市都具有一定代表性，那么卡茨曼的结论无疑是正确的，即大城市比众多自治郊区能更有效地缩小教育机会的差距。

这种模式的一个例外情况是中心城市社区学校之间教师工资的差异。伯克黑德、欧文、格拉布和米切尔森都发现，教师工资的这种差异之所以存在，是因为"允许教学经验丰富的教师自行选择学校，这样有经验的（和收入最高的）教师集中在白人中产阶级学校"。然而，几乎没有证据表明，在教师入职四五年之后，学生成绩与教学经验正相关。如果这是中心城市将优质学校资源向高纳税社区倾斜的主要机制，那么他们就选择了根据纳税情况调整教育服务质量的一种效率最低的机制。相比之下，郊区的工资差距使得更富裕的郊区能够吸纳新入职的优秀教师。但是，即使考虑到中心城市社区之间教师工资的差异，城市内部的差异也与城市之间的差异不匹配。用欧文的话来说，"中心城市工资支出的收入弹性大约是一些城市间教育支出弹性估计值的一半"。这可以作为一个粗略的衡量标准去判断"大城市教育系统集中管理制度多大程度上缓解基于收入差异的教育不平等现象"。

中心城市能够提供平等的教育资源，是建立在大城市经济发展基础之上的。在中心城市，为学校教育纳税更多的个人可能不会因此获得更大的收益；而生活在中心城市的富裕家庭正在补贴其贫困邻居的教育。

郊区与中心城市的差异：来自语言能力数据的证据

如果中心城市系统和郊区学校系统之间的这些差异显著，那么这些差异可能是影响儿童语言能力测试成绩的决定因素。事实上，评估学校教育系统多大程度上是执行发展政策的方法之一就是，确定儿童在语言能力测试中的成绩与家庭支付儿童学校教育费用金额之间的关系强度。如果这个学校系统的目标是发展性的，那么儿童语言能力测试成绩和家庭支付教育服务的费用之间是相关的。此外，为教育服务支出较高的家庭的儿童和较低的家庭的儿童之间的成绩差异随着上学时间的增长而稳步增加。如果这个系统的目标是再分配性的，那么语言能力测试成绩与家庭背景的联系就很弱，就算儿童最初语言能力的差异与家庭背景特征有联系，这种差异也会随着时间的推移而稳步下降。

科尔曼研究

对美国教育办公室在詹姆斯·科尔曼（James Coleman）指导下收集的数据（以下简称科尔曼研究）的细致分析结果，揭示了1965年美国北部各州的学校教育系统只是略具再分配性质。表5.1取自科尔曼研究，仅显示北部各州6、9和12年级的黑人和白人学生的数据，因为收集的南部各州儿童、其他少数族裔儿童和年幼儿童数据质量较低。该表报告了科尔曼研究的主要发现：（1）家庭背景特征对各年级的语言能力成绩都有很大影响，（2）学校和教师特征的影响最小；也就是说，除了与儿童的家庭背景有联合效应之外，学校和教师特征的效应甚微。

表 5.1　根据家庭背景和学校特点的言语成绩差异百分比

	年级 6	年级 9	年级 12
家庭背景（包括单独产生的效应以及与学校变量一起产生的联合效应）			
黑人（北方）	9.51	7.68	7.53
白人（北方）	14.10	16.49	14.28
教师和学校特征（一旦家庭背景特征得到控制，差异就得到唯一解释）			
黑人（北方）	2.66	3.32	6.68
白人（北方）	2.02	2.06	3.16

资料来源：科尔曼等人 1966，表 3.221.3 和 3.25.3。

对这张表给出的一般性解释是学校并不重要。但是对表 5.1 的理解面临着以下困难，即它对所采用的统计技术的确切含义没有厘定清楚。在解释这样的表格时，重要的是要记住，在多元回归分析中，解释因变量的差异（在本案例中因变量是语言能力）包括三个方面：（1）唯一归因于自变量 a（家庭背景）的差异；（2）唯一归因于自变量 b（教师和学校特征）的差异；和（3）只能归因于它们的联合效应或重叠效应的差异。表 5.1 如同科尔曼报告中的所有表格一样，数据只分为两个分析部分，而不是三个。第 1 行和第 2 行包含关于上述（1）和（3）的复合信息；他们将家庭背景的唯一效应与家庭背景和学校的联合效应结合起来。第 3 行和第 4 行提供了关于（2）的信息；这种效应只归因于教师和学校的特点。

当以这种方式进行分析时，由学校特征唯一解释的差异量是衡量学校教育对儿童语言能力影响的一个很差的尺度。任何与家庭背景效应重叠的学校教育效应都完全归因于家庭，而不是学校。这种重叠效应可能相当大。例如，教师很可能对来自中产阶级家庭的儿童更亲切；与这些儿童互动的过程对老师和学生来说都更有助益；这些互动往往越积极就越能得到增强。工人阶级的儿童可能会出现相反的情况。

尽管这种截然不同的模式可能存在于中产阶级和工人阶级家庭背景，但在科尔曼自己的分析中，它们并没有表现为学校效应。相反，这些学校效应只会增加家庭背景和语言能力之间的相关性。因为所有重叠效应都被视为家庭效应，而有可能学校效应被错误地认为是完全非学校效应的结果。

尽管表 5.1 中的科尔曼数据很少介绍学校对儿童语言能力的整体影响，但这些数据还是包含有价值的信息。首先，家庭背景和语言能力之间的关系告诉我们，教育福利的分配水平大致与家庭的学校教育支出一致。虽然科尔曼没有直接提供父母为儿童教育缴纳税款的信息，但家庭背景变量（是能相当准确地反映家庭社会地位的指标）大致相当于家庭为学校教育缴纳的税款。其次，唯一归因于学校特征的差异额提供了分析学校教育再分配影响的另一个指标。任何与家庭背景不重叠的学校教育效应都可能是再分配的。如果学校系统将资源从高于普通纳税人水平家庭的儿童转移到经济条件较差家庭的儿童身上，这就很可能导致学校教育效应显著，而与家庭背景特征无关。表 5.1 显示，在 6 个样本的 5 个样本中，唯一归罪教师和其他学校特征的效应占语言能力差异的不到 4%。从这些结果可以得出结论，学校对教育机会平等的影响很小。学校教育的所有再分配影响似乎都非常有限。

对科尔曼研究中黑人儿童和白人儿童差异的再思考

如果中心城市学校强调再分配，郊区学校强调发展，那么在科尔曼关于家庭和学校对语言能力效应的研究中，这两种教育体系之间的差异应该是显而易见的。在关于科尔曼研究的已发表文献中，没有直接研究中心城市和郊区学校系统的差异效应，也不可能获得科尔曼研究数据进行再分析。[1] 但是，我们可以对黑人儿童和白人儿童进行比较。因为在科尔曼的样本中，北方各州只有32%的白人儿童上中心城市的学校，而79%的黑人儿童上中心城市的学校，所以我们可以根据黑人儿童和白人儿童之间的差异性发现，推断出城市和郊区之间的差异。如果中心城市和郊区之间存在差异，这些差异应该反映在黑人和白人之间不同的相关模式上。

首先，有人假设黑人儿童家庭背景变量和教育成就的相关程度比白人儿童家庭背景变量和教育成就的相关程度更弱。由于白人儿童在郊区学校上学，而郊区学校遵从发展性目标，这样学校可能会强化现有社会阶层差异。另外，由于黑人儿童参加更加平等的教育

[1] 国家教育统计中心负责维护这一具有历史意义的档案资源，他们告诉我，他们有权将信息分发给新泽西州普林斯顿的教育考试服务中心。非官方但明显可靠的消息来源声称，国家教育统计中心只是“丢失”了磁带拷贝，而且没有尽力获取新的拷贝。美国教育考试服务中心解释说，国家教育统计中心现在不吝向相关学者推荐的磁带，计算机已经不“可读”。多年来，没有人使用过他们的磁带，事实上磁带只包含原始预分析状态的信息，其质量非常糟糕，不堪检索。我联系过多名引用过科尔曼研究成果的学者。尽管没有人有义务帮助我，但他们都比国家教育统计中心尽力。但是，尽管我已经得到了许多“线索”，并对这些线索进行完整追踪，我仍然没有得到一份可用的研究报告。

体系，社会阶层对他们的教育成就的影响将会减弱。与这些预期一致，表5.1事实上表明，家庭背景差异对黑人儿童教育成就的差异的影响比对白人儿童教育成就的差异的影响小。

其次，有人假设由学校因素对黑人儿童教育成就的差异的影响比对白人儿童教育成就的差异的影响大。在学校制度政治更具再分配性的地方，学校教育的唯一效应将会更大。表5.1中的结果也支持第二个假设；在所有三个年级水平上，学校教育对黑人的唯一效应都大于白人。这一假设得到表5.2的进一步支持，表5.2提供了四个家庭背景特征中每一个特征的非标准化回归系数，这些特征是社会经济阶层的最佳测量标准。我提出了未标准化的回归系数，因为它们允许对每个家庭背景变量进行跨种族群体和年级水平的直接比较。[1] 当进行这些比较时，很明显，每个年级水平的家庭背景特征对白人儿童的教育成就的效应比黑人儿童更大。

表5.2 控制四组学校的变量时，四个家庭背景变量的回归系数

家庭背景特征	黑人儿童			白人儿童		
	年级 6	年级 9	年级 12	年级 6	年级 9	年级 12
阅读材料	1.4[a]	1.6[a]	1.0	2.7[a]	3.2[a]	5.0[a]
经济福祉	2.2[a]	1.0	0.6	2.8[a]	1.6	-0.1
结构完整性	0.6	1.1[a]	0.7	1.2[a]	1.9[a]	0.7
教育	1.0[a]	1.3[a]	2.4[a]	2.4[a]	3.7[a]	3.2[a]

资料来源：史密斯1972，表12。a在0.05水平具有统计学意义。

[1] 然而，这种形式的数据不足以对四种家庭背景特征的相对重要性进行任何比较。

另一项调查结果也支持这一观点，即郊区的学校教育体系不如中心城市的学校教育体系具有再分配性。在追求发展政策的学校系统中，随着时间的推移，家庭背景特征成为越来越有力的解释变量，而在再分配系统中，家庭背景和教育成就之间的相关性稳步下降。再次研究表 5.1，这次我们注意到儿童在学校期间的历时变化。对于黑人儿童来说，家庭背景变量在 6 年级影响也相对较弱，在 9 年级和 12 年级下降得更厉害。与此同时，唯一归因于学校和教师变量的重要性随着时间的推移而增加。对白人儿童来说，家庭背景因素仍然很重要，事实上，它们的重要性甚至略有增加。表 5.2 的数据揭示出相同的模式。到 12 年级时，只有一个家庭背景变量对黑人儿童具有统计学意义，而对白人儿童来说，两个家庭变量对年龄最大的学生比年龄最小的学生更重要。

在目前的数据中，因变量是学生成绩的变异总量。这个总量可以分成两部分以进行分析：任何一所学校学生成绩的变异量；学校之间的变异量。正是这第二个方面，即学校之间的变异，或者是科尔曼（Coleman）所说的学校之间的变异，与郊区学校和中心城市学校之间差异的分析相关程度最高。因此，对这一假设的最佳证明方式是检验家庭背景因素对学生成绩的学校间差异的影响。

幸运的是，已公布的数据显示，家庭背景因素导致了学校间黑人儿童和白人儿童成绩的差异。如表 5.3 所示，数据有力地证实了这一假设。对于白人儿童来说，家庭背景特征很大程度上可以解释学校间的差异。

表 5.3 北方各州白人和黑人家庭背景特征所占的学校间变异的百分比

	年级 6	年级 9	年级 12
白人儿童	54.2	65.9	64.1
黑人儿童	37.1	31.3	30.2

资料来源：史密斯 1972，表 7。

此变异量随着时间的推移而增加。由于他们就读于符合发展政策的郊区学校，因此阶层差异增加。对于黑人来说，学校间的变异量要小得多，而且随着儿童年级的上升，变异量也在下降。由于他们就读于实行再分配政策的中心城市学校，所以最初就不大的阶级差异逐渐消失。

结论

郊区城镇足够小，因此地方政府经常可以做出各自努力以最大化社区财产的价值。既然社区规模有限，它们可以调整当地政策，以适应相对少数居民的特殊偏好。通过分区法，地方政府甚至可以从所有居民那里获得大致同等的税收，从而最大限度地减少居民间收益/税收比的差异。如果地方政府愿意，这些郊区中最优质的位置可以吸引大都市地区最具生产力的元素。郊区社区甚至可以剔出虽然能带来经济收益但扰民的商业活动，向其居民提供幽静的花园式住宅，这在大都市地区是一个弥足珍贵的所在。它们可以向所有居民提供高质量的公共服务，而没有任何居民的收益/税收比会处于特别不利的情况，因为所有居民为此类服务支付的费用大致相同。再分配被保持在最低限度。

中心城市没有能力执行这样的专属分区政策；对它们来说，保持其经济基础是一个非常紧迫的问题。然而，中心城市所服务的居民如此庞大多样，以至于它们只能采取相当程度的再分配政策。在某种程度上，服务供应可以在不同的社区之间有所差异，这样那些支出更多的富人得到的服务更多。但是中心城市分配资源的能力受到限制。首先，宪法规定要求政府以几乎相同的方式服务于处于相似情况下的公民。如果因居民所缴纳税款的巨大差异而提供同样巨大差异的公共服务，那么有可能违反宪法。然而，郊区政府被分成众多小型、相互竞争的部分，可以提供不同水平的服务，而这些服务就不会和宪法抵触。其次，标准化是大城市提供大规模服务的特征。部分原因是政府部门遵从普适性标准，另一部分原因是政府部门希望保护自己免受政治压力，还有部分原因是政府部门要达到一定的行政效率，就必须要求在其管辖区内实施标准的运作程序，所以中心城市往往在其管辖区内提供同等的服务。服务的一致性决定自然只能选择再分配政策，而选择再分配政策最后又对城市的经济利益造成损害。相比之下，人们可以看到，郊区有多个行政管辖区，每个行政管辖区都有自己的政策，在不同的层面为不同的人群提供服务。服务交付的再分配再次保持在一个非常低的水平。

本章的论证以教育政策为例，教育政策是地方政府所提供的服务中规模最大、成本最高的。另外，在地方政府的政策效果方面，有关教育政策的数据质量（尽管仍不完善）最高。教育政策这些发现可能也可以推广到众多政策领域。中心城市学校的特点可能也是中心城市消防部门、卫生部门、娱乐项目、公园和街道维护项目的特点。当然，居民从这些服务中获得的福利会有一些不平等。纳税更多的高收入群体可能会获得更多的福利。他们的街道可能更干净，公园地理位置可能更方便、维护得更好，垃圾处理也可能更有效、频率更高。但是，即使中心城市提供的服务存在不平等，但还是有一些再分配政策。因为服务供应的一致性倾向，所以中心城市政府不能对服务进行精细的调整，不能以在郊区看起来非常可行的方式，将居民收到的福利与支付的税款挂钩。因此，在常规服务的日常运作中，与郊区相比，中心城市更不具备追求经济利益的条件。

曾经，城市和郊区之间的这些差异微不足道。以前由于城市位于水路和铁路运输网络的重要节点，所以它们垄断了该地区最有价值的土地。无论城市和郊区地方税收和支出政策存在什么差异，在城市地理位置如此重要的情况下，这些差异都显得微不足道。规模大、实力强劲的城市利用其地理位置产生的巨大财富，提供远远超过偏远社区的公共服务水平。如第三章所示，再分配政策是那些拥有相对较多经济资源的地方政府的特权。在世纪之交，甚至直到第二次世界大战，中心城市具有一边倒的比较优势，以至于它们可以忽略郊区的冲击，而郊区现在已经找到了逃避再分配成本的方法。

第二次世界大战后交通和通信系统的变化挑战了中心城市的主导地位。交通系统不再固定不变，街道和高速公路现在或多或少以公平的方式连接着大都市地区的几乎所有空间，没有哪个社区能像中心城市以前那样垄断着位置关键的土地。大都市地区内部以及它们之间的社区间竞争水平已经大大提高。政府如何提高社区的经济福祉变得更加重要。

中心城市对其经济和自然环境的这些变化应对缓慢。它们的政策是以前繁荣时代的产物，而如今只是在慢慢适应竞争更激烈的环境。曾经奢侈的再分配政策越来越难以维系。城市开始剥离这些最显眼的功能，并请求联邦政府的援助。与此同时，人口从中心城市向外迁移的过程仍在继续，因为居民们一直在寻找能让他们的纳税物有所值的地方。我的一个医生朋友最近搬到威斯康星的一个小镇，他说：“在这里我不介意交税，因为你可以看到你交纳的税金都有回报。”

City

Limits

第三篇

城市极限和城市政治

第六章
地方政治中的政党和团体

根据对地方政治的传统理解，一般认为政党竞争和团体压力既是国家政治的特点，也是地方政治的特点。在这一解释框架内，城市似乎难以合理谨慎地评估其长期经济利益，从而制定符合这些利益的政策。尤其是在中心城市，符合城市经济利益的政策似乎与大多数工人、少数族裔和贫困人群的再分配需求相反，因此，来自内部的政治压力有可能会妨碍城市经济增长问题得到应有的关注。这种观点有点高看了政党和利益集团的作用。许多像奥克兰这样的城市，都“对选举过程兴趣乏然，也没有政党和相关团体的参与”。虽然这些模式有例外情况，但对国家和地方政治的比较分析显示，两者的确有显著的差异。与国家政治相比，地方政治一般不适用压力集团[1]模式。地方政治通常波澜不惊，其政治领导人可以理性地、全局地关注整个城市的长远利益的发展。正如地方政策受到城市利益的限制一样，地方的政治进程也受到限制。

[1] 译者注：压力集团即向政府和公众施加影响的团体。

受限城市中的政党和无党派

国家政治中的政党

在大多数工业化社会的国家政治中，政党是选民和执政者之间重要的联系纽带。作为政党间权力竞争的副产品，政党负责宣传政策提案，寻求公众支持，在必要时推动或修改它们的计划，并聚集必要的权力落实其计划中最符合民意的内容。当两个或更多的政党要争夺选民的支持时，他们必须在乎公众的意见。这些政党可能试图改变公众的想法，或者他们可能只会对选民的意见做出他们认为必要的最低限度的政策让步，但不能完全忽视选民的态度。如果一个政党选择完全忽视选民，对手会乘虚而入，竭力博取公众好感，取而代之。

政党之间的竞争并不能确保公众意见在政府决策过程中得到完美的表达。所谓完美的表达只存在于一个信息完整、具有完全确定性的乌托邦世界。在现实世界中，选民对待政治问题的态度非常草率随意，因此，政治领导人很大程度上可以根据自己的判断制定政策。即使那些有意讨好公众的领导人也可能常常不知道公众真正想要什么。所以，正是在信息不完整和未来不确定的世界里，政党才提供其最有价值的功能。政党年复一年地在相同的标签下提供面目相似的候选人，大大简化了选民的选择。瓦尔迪默·奥兰多·基（V. O. Key）对这一点理解颇深，他认为，正是因为总是那几个拥有大致相同的理念、意识形态和支持基础的政党相互竞争，所以选民无需很多信息去判断哪方最能反映他的利益和观点。如果一个工人知道民主党人关心失业问题甚于通货膨胀，一个商人知道共和党人更倾向于降低社会服务成本，那么他们都不需要在乎国会辩论中的辗转起伏，就能在选举日做出合理的选择。这样，几个固定政党之间的定期竞争，一次又一次的选举，构建并稳定政治关系，有利于选民对公共政策的影响。

但是，高估政党竞争赋予选民对公共政策的控制能力是错误的。许多公共政策是由少数政府人员和利益团体领导人协商讨论的结果，这些讨论内容只会吸引到非常专业的媒体的兴趣。其他政策是在国家危急时刻制定的，这时领导人急需找到可行的解决办法，只在解释他们的选择时才留意选民意见。当然，认为政党政治完全无关紧要的观点同样很草率。福利制度（Welfare State）[1]在20世纪30年代及其后大规模扩张，其内容延伸到向劳动人口提供住房、福利和教育等服务，民主党也一跃成为多数党。共和党人和民主党人都对种族相关问题上的公众压力很敏感。

虽然政党竞争能让选民对国家政策施加一定的影响力，但我们不接受任何假设政党竞争自动产生的正向功能（Eufunctional Theory）[2]理论。全国性政党是在国家处于危机和冲突时刻建立起来的伟大制度。尽管政党可以将公民和政府之间的联系常规化，但其诞生总是伴随着痛苦。政党在战争与和平、萧条与复苏、种族与宗教、经济增长和社会平等重大问题中诞生或消亡。在法国和德国，每当战争或经济萧条引起宪法危机时，政党系统都会进行重组。在英国，只有当自由党因爱尔兰问题及第一次世界大战结束时工会会员和工人阶级意识增强而分裂时，工党才有机会取而代之。即使在政局相对平缓的美国，当代的政党结构也是经历重大历史危

[1] 译者注：由政府向有需要的人提供各种免费服务的制度，如医疗、失业救济金、对老人的照顾等。

[2] 译者注：正向功能是那些有助于一个特定体系的适应或调整的可以观察的结果；负向功能是不利于体系的适应或调整的可以观察到的结果。

机塑造而成：建立共和制的内战；工业化的区域冲突加上 1893 年的萧条，使民主党在三分之一个世纪里又一蹶不振；20 世纪 30 年代的大萧条，民主党支持工会和福利制度，再次崛起；最近的种族冲突和国际冲突不仅使全国选举再次出现两党竞争的局面，而且有可能再次重组政党制度的社会基础。

政党与地方政治

如果说，重大事件造就大型全国性政党，那么地方政治影响力受限，不可能发生同样的情况。地方政党不会因为国外的军事损失或国内的经济灾难而受到责难，毕竟，他们没有指挥军队的权力，也没有控制（或可能控制）经济变革走向的能力。不太被人注意到的一点是，地方政党不能永久性地解决种族冲突，缓和宗教矛盾，或将工会纳入其政治经济结构。尽管某些地方政治领导人可能尝试在其管辖区内解决此类问题，但只有中央政府才有能力制定长期性的解决方案，当然，中央政治领导人可能因其选择享受荣耀，也可能要承担相应的责任。1966—1973 年，美国最大城市纽约市长约翰·林赛（John Lindsay）的著名案例说明了地方问题对党派关系的影响有限。约翰·林赛当选共和党议员后，他试图抛弃该党在纽约市的传统选民基础，建立一个严重依赖黑人和波多黎各人的选举联盟。他支持对警察部门进行民事审查，给予少数族裔精英对联邦扶贫基金和模范城市[1]基金的自行决定权，下放城市学校系统的权力，并为改善少数族裔住房条件而努力。本来他还企图在这场危机

[1] 译者注：1966 年住房与城市发展局（HUD），出台了“模范城市（Model Cities）”计划，把提高中心区的人口素质放在与中心区物质更新同等重要的地位上。

中重组这个城市的政党体系，结果，他所领导的政府在危机中四分五裂。然而，他的努力对两党在全国或地方上的方向几乎没有影响，对选民意见的影响更小。最后，林赛别无选择，只能更换门庭。[1]

这个案例很有启发性，因为就当时纽约社会背景而言，确实是地方建立新政党制度的良机。此时许多能剧烈影响政治局面的元素已经具备：大都市；行事高调的政治领袖；种族和宗教问题；直接影响民生的罢工、抵制和激烈对抗，以及短期内动荡的选举活动。然而在林赛离职之后，纽约的政党制度和以前并无什么不同。一般情况下，其他地方的政治形势远不如当时的纽约引人关注；通常确实乏善可陈。因为城市几乎无法选择执行何种政策，所以其党派政治生活是一维的，是对国家层面政治斗争的无力反映，如我们通常所理解的那样，没有所谓党派的稳固性。

这一点对地方政治进程产生几个后果：

首先，全国性政党主导着地方政治体系。在大多数地方，占据地方政府职位的政党是在全国政治形势中举足轻重，赢得选民支持的政党。在英国，大多数当选为地方官员的议员是工党、保守党和自由党的候选人；虽然在最近几年里，纳税人团体赢得了一些选举，民族主义政党也取得了一些成功，但他们在几乎所有的社区中仍然是边缘力量。在欧洲大陆，全国性政党几乎完全掌握地方事务中的主导权。在美国的一些城市，地方选票上允许有政党标签，获胜的候选人几乎总是共和党人或民主党人。

一个地方政党要想获得足够的威望挑战全国性政党，它就必须

[1] 贝卢斯和大卫对林赛执掌纽约的政治形势进行了细致全面的评估。

利用地方上的危机事件，从而在社区的某些关键地区培养对自己忠诚的选民。在某些情况下，地方政治可能具备相当的重要性，以至于选民可能暂时将其对全国性政党的忠诚放置一边。例如，罗伯特·达尔（Robert Dahl）报告说，在纽黑文，意大利裔投共和党的票，只是因为他们的世仇爱尔兰裔控制了当地的民主党。值得注意的是，尽管意大利裔在纽黑文一直拥护共和党，而其他地方的意大利裔一般都支持艾尔·史密斯（Al Smith）和富兰克林·罗斯福（Franklin Roosevelt）的民主党，该党一直被认为对自由主义天主教移民态度更友好。最近，在加里（印第安纳州）和底特律的市政竞选中，选民选择忽略党派认同，因为候选人来自不同的种族背景。然而，即使这些带有明显地方政治特色的案例，也能证明全国政治态势很容易渗透到地方上来。事实证明，共和党人在纽黑文很难成为一股持续强大的政治力量，因为支持他们的意大利裔发现，在国家层面上，意大利裔的利益和文化得到了民主党更明确的支持。如果不是罗斯福在美国加入第二次世界大战前夕“背后”捅了墨索里尼一刀，共和党在纽黑文的地位可能早就衰落了。现在黑人选民和民主党之间的联系可能比以前任何时候都密切。总的来说，地方政府不用处理战争与和平、经济萧条与复苏、外国盟友和移民控制等可能动摇党派的根本忠诚度的紧迫问题。因此，地方政党几乎总是全国性政党认同的衍生物。

其次，因为全国性政党主导着地方政治，人们发现，只要一个地方的地理边界内不包括全国的典型人口，就有强烈的地方一党制倾向。“南部各州（Solid South）”[1]是最著名的历史案例。最

[1] 译者注：传统上认为是一贯在选举中支持民主党的美国南部各州。

近，民主党主导的中心城市和共和党主导的郊区之间的分裂已经成为战后东部和中西部地方政治局面的一个长期性因素。因为在全国层面上，民主党在很大程度上依赖于种族和宗教少数群体的政治忠诚，所以只要是这些少数群体人口集中的地方，民主党都主宰着当地的政治舞台。在农村和郊区，白人新教徒占绝大多数，在这些地方通常一直由共和党掌握着控制权。

再次，地方选举结果很大程度上取决于公众对全国性政党的看法。人们可以在英国找到这种模式的最佳证据，在英国，一个政党全国性的胜利几乎总是能在地方上反映出来。在英国地方选举中，选民根据候选人所属的全国性政党决定支持哪个候选人。在一些社区，一个紧迫的地方问题，如全面教育或提高地方税率，或出售地方议会房屋，将影响一个政党的胜算。一个特别受欢迎的地方名人将会因为他对本地选区的竭力扶助，或者因为他对社区福利的热切关心为广大选民所知，而获得更多的选票。但是由于地方党派受国家政治主题主导，这些因素不会掀起多大风浪。[1]

弗莱彻（Fletcher）向我们展示，英国地方政客很难逆全国潮流而动。在他分析的14个选区中，从1962—1964年，超过一半的摇摆选区在所有选区的中值摆动的2.5%以内，3/4的选区在中值的5%以内。此外，在弗莱彻调查的数地地方选举中，根据盖洛普民意测验所得数据，地方选举平均值摆动落在全国性政党民意波动的1%之内。换句话说，该政党在全国的影响和在城市及选区的影响并无二致。地方政客对自己的命运几乎没有个人控制权。

---

[1] 这一段及接下来的三段紧紧跟随彼得森和坎特1977年提出的论点。感谢保罗·坎特允许我在这里使用这一材料。

在美国，全国性政党在过去几十年对地方的影响力已经式微。但是英国的全国性政党能量依然强大，在全国占优势的政党在地方上的优势也很明显。詹姆斯·布赖斯（James Bryce）在近一个世纪前就看出：

> 可以认为，州选举中每一次实力较量预示着全国性选举也是类似结果……事实上，从整个选举机制的运作来看，州选举就好像只是联邦选举的一个分支。然而，州议会面对的几乎所有问题都与全国性政党的宗旨毫无瓜葛……普通美国选民对各州事务关心甚少。普通选民以优秀党员身份自诩，在选举中为自己的政党投上一票，当他们的政党获胜时，为之欢欣雀跃……国家政治是普通选民首先关心的问题，他们对下届总统大选尤其热衷。

在某些情况下，布赖斯的分析具有持续的相关性。在党派性强的地方选举中，全国和地方选举趋势明显趋同。国会选举总是党派之争，在整个20世纪，与地方选区的影响相比，全国性影响显得日愈重要。如果地方政治像国会选举一样具有党派性，那么今天布赖斯对地方政治的评估可能比以往都更具说服力。

部分是因为地方政党非常依赖全国分区，地方层面的党派政治已经相当程度上失去它曾经的合法性。借用布赖斯曾经提出的论点，在70%的人口超过两万五千人的城市中，改革力量在选举中已经战胜各大政党。在大多数地方，地方政治是无党派政治。

在这些无党派城市，地方选民和地方政府官员之间的联系进一步削弱。首先，无党派选举的投票率低于党派选举。可以明显看出，如果各大政党不参与某地要职的竞选，选民对此类竞选就兴趣索然，参与热情不高。 而且选民投票率下降现象在整个城市也表现不一，主要集中在工人聚居区。 无党派政治动员机构，如媒体、利益集团、朋友和邻居、竞选组织等，在动员收入更高、受教育程度更高的选民方面非常有效。 因此，共和党人在无党派选举中的表现可能比在党派选举中的表现好得多。 如果候选人没有政党标签，许多在全国选举中选择民主党候选人的选民会投票给那些在公众中政党关系辨识度不高的共和党候选人。 相反的情况较少发生，因此，更保守的政党有政治优势。 另有一些证据表明，商会及其他商人协会、中产阶级利益集团和立场倾向企业的保守媒体对无党派城市的决策过程影响很大。

无党派政治不仅仅意味保守，它也经常成为无争议的政治。 一般而言，在政党间竞争中现任官员败选的可能性较低。 如果没有党派标签，对于选民来说，候选人之间的一个明显区别就是现任和挑战者之争。 如果没有其他参照条件，选民更看重经验。 为了抵消现任的优势，挑战者当然需要通过竞选活动让公众记得他们的名字。 在西雅图，一位挑战者就成功地击败现任，他刊登了一则众人瞩目的广告，广告上该候选人正在跑着追赶公共汽车，标题是“兰迪 · 拉威尔正在竞选议员”，要在此类选举中取胜，最可靠的办法就是控制大量的财政资源并得到有声望的团体的支持，如市政联盟或全市发行的报纸。 如果一个人希望对政府的工作产生某种程度的公众影响，政党间的竞争不可代替。

简而言之，地方政治有其局限性。 地方的议题还不足以催生自己的党派政治生活。 因此，全国性政党很容易消除任何纳税人协会、良好政府联盟或其他只寻求地方权力的独立团体的影响。 对于全国性政党的选民来说，他们的忠诚在各自政党的举国胜利或失败中得到巩固，全国性政党仅凭这一点，就能在地方选举中赢得压倒性的支持。但这些地方政党是一维的，只是全国之争的反映。近一个世纪前，改革派把建立无党派的选举政治制度视为解决这个问题的答案。他们认为如果地方议题的力量不足以产生独立于全国性政党体系的地方政党，那么应该禁止所有政党。这样选民将能够关注当地的政治问题，选择最符合当地社区利益的候选人。这个解决方案很有吸引力，但人们发现没有政党，选民就失去了表达他们需求和愿望的关键机制。

地方政治是无团体政治

自托克维尔（Tocqueville）之后，许多人认为地方政治是民主的源泉。在社会基层，人们可以最容易地聚集在一起，直接就与社会直接相关的问题采取行动。在基层，问题目标明确，背景清楚明了，政府领导为选民所认识，双方沟通便利。地方政府贴近人民，也容易受他们的影响。

公民对地方政府的这样那样的要求让人想起新英格兰市镇会议的画面，在那里，市民聚集在一处，决定与他们休戚相关的事情。但是现在的地方社区规模通常很大，公民被非政治性事务分散了注意力，以至无法通过这种公民直接参与的形式来实现公共决策。大型中心城市的地方政府所管理的人口比许多民族国家都多，甚至小型郊区社区的人口也有数万人，所以很难实现吸纳整个社区成年人的政治参与模式。所以，即使在地方政治中，公民参与也必须由政治团体组织，这些团体必须作为其选民的代表。否则，大部分人口根本不可能参与地方决策过程。如果这样的话，那么普通民众就不会像基层民主热心分子期望的一样，对地方政策产生很大影响。

团体与国家政治

繁复的民主理论承认正式政治团体作为连接公众舆论与公共政策的渠道的重要性。因此，当代民主理论认为团体在政治生活中具有一定作用，重要性仅次于政党。民主理论认为，政党特别关注选举的胜利和对权力的追求；因此，他们的代表职能仅限于汇集、平衡或响应公民的要求。而政治团体具有相当的灵活性和独特性，能够表达公民的需求，以督促政党和政治家处理好公民共同面对的问题。

团体理论的经验基础主要来自国家政治层面。在美国，正式政治团体的巨大影响随处可见。华盛顿正式注册的游说组织数以千计；政治团体为竞选活动提供大量政治献金；他们的代言人经常在国会作证；各种团体几乎对所有正在讨论的政策问题发表公开意见；国会议员通常需要关注他们的同盟团体的意见；各团体在行政部门的咨询委员会都有相应的代表；这些团体的领导人很多也在权威的董事会和委员会中担任重要职务；有人认为这些团体领导人经常导致总统的重要政策提案遭到重大修改或推翻。除了少数人认为一小撮权力精英策划了重要的国家政策之外，学术界的辩论很少质疑政治团体的影响。相反，争论的焦点是这些团体在代表还是破坏公众的利益。

团体与地方政治

在地方一级政府，正式团体在政策制定中的作用要小得多。尽管可以找出团体影响地方政策的许多案例，但总体而言，它们的影响不像有关团体理论研究所宣称的那样大。用大卫·卡普托（David Caputo）的话来说，“团体很少会对[地方]决策过程产生重大和持续的影响”。 10 年前，班菲尔德和威尔逊对地方议题的争议表达了很多相同的意见：“民间团体一般不能有效地实现其既定目标。”他们总结了早先一项研究的结果，认为民间团体处境尴尬；他们对政治家没有影响力，因为政治家不知道这些团体真正想要什么。

在一些问题上，这些团体完全没有立场，好像与世无争。 在另外一些问题上，他们选择了立场，但使用了无效的策略。

对日常决策的研究也证实正式团体的影响有限。 例如，几乎没有证据表明团体在地方预算过程中发挥了很大作用。 根据一项研究，决策者很少遭遇到团体的压力，当他们遇到此类压力时，政府官员一般以一句“城市根本没有满足这些要求的必要资源”就可以打发。 在另一项研究中，一名地方官员报告说，当各种团体在公开听证会上提出要求时，他和他的同事要么提前知道这些人的立场，要么不管公众说什么或做什么，一口回绝……只要祭出缺乏资金这个借口，或者坚持认为这是一项特殊的立法，对整个城市没有真正的好处，就可以挡下任何要求。

伍德对无党派郊区的研究也发现，正式团体对政策的影响很小；决策是由城市管理者和专业官僚做出的。“政治团体之间的冲突和关系必是潮流暗涌。”[1]对特定政策领域的研究反映存在相似的模式。 加德纳（Gardiner）对地方警察部门交通管制政策的研究

---

[1] 伍德 1958 年，第 186 页；另见第 161—166 页。 奥克兰缺乏有组织的政治利益集团，以至于当一群学生试图结成联盟时，他们发现没有人可以联合。 普雷斯曼 1972 年，第 513—514 页。

发现警察专员[1]的政策偏好是相关政策变化的主要动因。 公众或团体的影响似乎微不足道。 警察局长官报告说，安全委员会的努力“对司机和他们都没有影响”。 同样，德西克说，地方福利政策的变化不能“反映出政治团体所表达的社区价值的差异，而是取决于政府的行政自由裁量权”。 罗伯特 · 达尔确实声称在纽黑文发现了团体的重大影响力，但他关于基层团体影响的证据主要来自一个案例研究，在该案例中，白人业主能够将黑人排挤在他们的社区之外。 其实，这个案例可能更多与纽黑文的种族关系状况有关，而不能反映团体在相关政策问题上的影响力。 雷蒙德 · 沃尔芬格（Raymond Wolfinger）在纽黑文城市改造项目的研究中，对决策过程进行了更详细、更精确、更周密的剖析。 他总结说：“市长在政策制定、驱动和操纵利益集团方面发挥了主导作用。 最重要的是，城市改造政策源于他的个人抱负，而不是私人团体推动的结果。”

对大众参与地方政治情况的研究也证实了团体影响力其实很低。 一方面，毫无疑问，地方选举的选民参与率低于全国选举。当然，各级选举之间选民参与率有很大的差异，确切的百分比取决于是以登记选民还是以整个成年人口为基础。 但是无论采取什么测量标准，从国家到地方的下降趋势是明显的。 在总统选举中，选民投票率高达 60%，而在与总统选举时间错开的地方选举中，只有略

[1] 译者注：警察局长是美国警察局所授予的最高衔别，但并不是警察局最高领导人，市长直接任命的警察专员（Police Commissioner）才是最高领导人，在警察专员之下，还有第一副专员（First Deputy Commissioner）和副专员（Deputy Commissioner）。

多于30%的成年人在一般选举中投票。[1] 在1972—1974年，在17个城市中，市长选举的登记选民平均投票率为58%，大大低于1972年这些城市总统选举的72.2%。[2] 尽管调查对象一般有向采访者夸大其投票行为的倾向，但是只有47%的全国样本声称他们一直在地方选举中投票，而72%的样本声称他们总在全国选举中投票。公民在地方层面的其他参政指标也能得出类似的结果。维尔德夫斯基曾采访俄亥俄州奥柏林的居民，问他们是否非常关心国家、州和地方政治的发展。受访人群中，有87%的人关心国家政治，但分别只有61%和65%的人关心州和地方政治。有关全国调查报告声称，与地方政治相比，公民更关注国家和国际政治。[3]

影响公民参与的条件

曾几何时，研究政治团体的学者认为，只要讨论对公民重要的政策，公民就会参与政治争辩，自发地组成团体。但是曼瑟·奥尔森（Mancur Olson）和詹姆斯·威尔逊的研究表明，团体的形成是一个具有不确定性、问题重重的政治过程，总为“搭便车”（free rider）[4]问题所困扰。有人可能会认为，公民只是出于私利的考

---

[1] 阿尔福德和李1968年，第803页。厄洛和普鲁伊特1973年，第380页，“在82个湾区城市中，只有大约三分之一的合格选民在议会选举中投票”。

[2] 卡拉利1977年，第338页；根据表15-1计算的数据。在1948—1952年期间，在十八个城市中，成年人在总统选举中的投票比例平均为59%，而在市长选举中的投票比例平均为41%。根据班菲尔德和威尔逊1963年的数据计算，第225页。

[3] 在卡拉利1977年的著作第339页引用了这些调查。

[4] 译者注：搭便车是一种动机，是在由众多成员分享收益的集体中每一个成员都存在的尽可能少付出的动机。

虑，就会很自然地组成团体。如果政府的行为对某一部分人的福利产生不利影响，或者某一部分人希望政府的改革给他们带来好处，那么，这时公民在政治上结合起来似乎是很自然的事。但事实证明，个人的自我利益朝着完全相反的方向发展。一个人针对政府行为的政治活动，几乎不可能改变其所获得的利益。有可能一个人什么都不做，这种改变也会发生，也有可能一个人经过艰苦卓绝的努力，却一无所获。大多数人凭直觉就能理解这一点。老话说："你不能对抗市政厅。"还有人说："卷入你无能为力的事情没有意义。"[1]

我举一个假设的例子以阐明这一点。市民可能会觉得他们社区的卫生服务远远不能满足要求。街道不能得到经常打扫，即使打扫，也不是很细致。此外，不能定期、及时地收集垃圾。由于不知道收集垃圾的具体时间，市民就无法为垃圾车的到来提前做好准备。因此，该社区的居民都心怀不满，而且如果采取行动，所有的人都能从中受益。人们可能会预期一个政治团体会应运而生，但是问题没那么简单。街道清扫和垃圾收集服务可能由两个不同的政府机构提供。一方面，每个人可能曾经奋起抵抗来自政治家或邻里团体的政治压力；每个行业的工人都可能有自己的工会，工会必须就影响就业条件的问题征求工人的意见。大多数邻居怀疑如果他们真的成立一个政治团体，能有什么作为。但另一方面，如果他们静观时变，情况可能会好转。比如，如果新市长任命更有魄力的部门领导，或者向媒体投诉，都可能会慢慢改变现状。如果其他邻居竭力向市政厅反映，市政厅也对他们的要求做出回应，那么那些坐享其成的人也将从中受益。考虑到所有这些因素，大多数人通常会选择

[1] 引用了德西克 1968 年的著作第 255 页的一位地方政府官员的话。

等待。除非某些事件激励社区或者一些热心公益的市民挺身而出，否则这个问题可能会无限期耽搁下去。

总之，有两个基本因素影响着团体形成并影响政府行动的可能性。首先，该政策对团体利益的影响越大，团体活动就越有可能发生。所有团体理论研究都接受这一观点。其次，同样重要的是，团体行动改变公共政策的可能性越大，团体形成的可能性就越大。在奥尔森等人的研究之前，后一观点一直没有得到足够的重视。正如我们将看到的，这两个因素对地方政治的政治团体的动员力量都不如对国家政治的大。

公共政策的重要性

最重要的公共政策由中央政府决定。首先，中央政府决定国家将处于和平还是战争状态，军事备战的成本和程度，以及选择哪些国家成为盟友。因此，和平团体、国防承包商、他们雇用的工会、退伍军人团体和爱国协会都主要对国家政策感兴趣。其次，中央政府决定全国性财政和货币政策，这些政策影响国家经济增长水平、通货膨胀率和失业率。它还决定与其他国家的贸易政策，包括进口关税、对外信贷的控制、货币汇率、国内货币兑换外币的条件、出口补贴、外国劳工的移民条件以及对海外利润征税的方法。所有这些政策都极大地影响着商界和工会运动的广泛利益。同时，这些政策影响特定行业和公司的特殊利益。因此，首都华盛顿不仅集结了一些像美国商会和劳联—产联这样群众基础广泛的团体，还聚集代表石油、纺织品、钢铁、糖等行业的专业团体。

相比之下，地方一级的利害关系是次要的。但是，即使撇开任何特定政策问题对任何团体的实质重要性不谈，地方政府结构也有一个基本要素降低了地方公共政策的重要性：任何受地方公共政策伤害的个人或群体都可以选择"退出"，迁移到另一个地区。地方政治与国家政治不同，个人遇到问题总是可以在"抗争"或"迁移"之间做出选择。毫无疑问，"退出"某一地方政府管辖区的选择的存在造成了国家和地方政府两级公民参与模式之间的差异。

行使团体影响力的限制因素

有些人可能会认为，虽然地方问题处于次要地位，但地方政治空间小，公民的影响力也就相应增大。[1] 人们认为可以在基层找到民主，因为人们觉得他们的努力可以有所作为。这一论点看似合理，但如果仔细审查，其实站不住脚。首先，城市环境中的地方政府不对如此小规模的人口负责，如果汇集两三个地方的力量，影响力会更大。其次，地方政治进程的结构阻碍了团体的形成。事实表明，政党不像在全国层面上那样，为公民接触地方领导人提供同样的机会。最后，公民参与和团体影响力受到以下因素的阻碍：(1) 地方政府开展业务的封闭式程序；(2) 新闻媒体在地方政治中的作用更加有限；(3) 地方政客的抱负较小；以及 (4) 在地方政治中较少使用投票方式进行决策。

封闭式决策程序

在国家政治中，政策形成过程涉及多方参与者，并且一般受到公众的大力监督。在总统建议立法之前，联邦政府或白宫工作

---

[1] 奥尔森1968年指出，即使不能形成大群体，也能形成小群体，因为在小群体中，每个人都有可能注意到自己对群体行为的贡献如何影响他人的行为，因此更容易集结力量。但是参与者之间这种人际关系的显著性只有在非常小的群体中才有可能，正如这里所说的，在非常小的社区中也是如此。在大多数地方，地方政府管辖的人口成千上万、几十万甚至几百万，他们形成的群体太大，不适用于奥尔森的小群体理论。

人员会先与知情的外界人士和受影响的利益集团商议。即使在行政部门内部，各种机构也承担代表特定团体的责任。总统的建议一经宣布，立即广而告之，大众媒体和专业新闻媒体都会分析其优势和局限。对于大多数立法提案而言，这仅仅是一个复杂而漫长的决策过程的开始。法案必须通过国会两院复杂的小组委员会和委员会结构的审议，任何可能涉及的拨款必须在一个相当独立的立法程序中进行。委员会举行公开听证会，国会辩论过程保存在国会记录中，大多数利益团体都有时间与他们的选民沟通，由此产生的利益冲突记录在唱名表决中，各团体和选民都可以审查这些记录。

国家立法程序方面的专家可能会怀疑以上段落摘自高中公民教育课本。这些专家太熟悉这些现象：总统决策时，喜欢匿名在白宫工作人员后面；小组委员会主席具备取消不讨好的立法主张的能力；议会在程序性投票中掩盖实质性问题的伎俩；以及会议委员会在秘密会议中能够轻松地重建立法，使其不再反映众议院或参议院的意愿。秘密、惊奇和虚假陈述是各级政府决策不可或缺的一部分，公众参与国家决策的形式和实质之间存在很大的差距。

但是，当充分考虑这些差距时，国家和地方两级程序民主形式之间的差异仍然值得强调。在华盛顿，国会会议、委员会会议、监管听证会，甚至行政部门内的许多会议都向公众开放，正式宣布会议结果，而且，一般情况下，此类会议出席人数也符合要求。在地方政治中，事务委员会和议会会议秘密举行，或者有时不向公众宣布。事务委员会和议会在讨论影响人事或土地使用之类特别重要的议题时，通常会召开行政会议。当公开召开行政会议时，这些会议通常只专注于日常议题，一致通过某些决定，以及正式批准已经秘密协商好的问题。此外，地方政府公共机构的会议记录很少记录在案，即使有记录，一般公众也无法接触到。公共机构很少举行公开听证会，任何记录只能由政府人员查阅。在开放度上，此类记录远远不及国会议事录或提交给国会委员会的官方证词。会议议程很少公布，正在审议的政府文件在通过之前也不会传达到外界手中。决策机构是一院制，对立法的二读和三读[1]要求也与国会立法不一样。而在华盛顿，复杂的决策过程使得各团体拥有充足的机会来收集关于拟议立法状况的信息，甚至改变某项立法的部分内容，很明显，这些过程在地方层面不存在。[2]

地方政治中的新闻界

国家政治和地方政治的差异在新闻媒体的作用方面表现最为明显。每天数百名记者在报道白宫、国会两院和众多委员会的活动，各部门和监管机构的工作情况以及重要的司法事件。重要的政策举措至少会被专业新闻媒体报道，可能会吸引《华盛顿邮报》和《纽

---

[1] 译者注：议长接到委员会的审议报告后，要向全院大会宣读经委员会修订的法案全文，这就是二读，获得通过则编入相应的议程。三读就是对法案进行最后的文字修改后向全员大会宣读，并进行最后表决。

[2] 对地方决策过程的经典描述见于维迪奇和本斯曼1958年的著作第109—114页。另外，请参阅彼得森1976年对芝加哥学校董事会决策过程的描述，第五章。吉特尔1973年的著作第213页，发现"甚至在纽约市，公共参与学校政策制定受到缺乏公开决策、公众缺乏关于大多数问题的信息以及参与手段不足等条件的限制"。普雷斯曼1972年的著作第516页写道，"市议会的大多数决定都是在开会前的'特别工作会议'上做出的，尽管许多公民团体和媒体对此类会议的保密性提出了质疑"。

约时报》之类知名出版物的注意。除了每日新闻节目之外，电视和广播正在发展自己的深度报道能力。很明显，水门事件后，调查性报道开始更加流行。一些批评者说，媒体影响力日盛，以至于许多诚挚、精明能干的人都不愿意担任公职。还有一些批评者表示，面对权威，媒体战战兢兢，只能采取安全的中间立场，并因害怕危及线人而拒绝批评政府。但毫无疑问，在华盛顿，我们发现各媒体精英正在绞尽脑汁寻找大新闻。如果我们相信报纸评论的真实性，那么新闻自由是我们自由的保证。但是，即使我们对新闻媒体向公民提供有用信息的能力持怀疑态度，我们也很难想象没有全国性新闻媒体全力以赴的有力监督，公众能多大程度上控制公共政策。

与全国性媒体对国家政治无处不在的报道相比，地方媒体的作用似乎特别不起眼。首先，新闻媒体没有同样的动机来审查地方公共政策。例如，地方报纸之间的竞争远不如全国性报纸之间的竞争激烈。在许多小型社区，可能只有一份周报或日报，它严重依赖新闻通讯社和当地的宣传材料。即使是大城市通常也只有一家报纸，没有竞争对手，也就没有试图获得“内幕新闻”报道的动力。其次，通常全国性新闻占据地方报纸头条并成为卖点，因此，地方报纸知道，照搬全国性新闻通讯社的新闻，比承担高昂现场采访成本以制作精良地方报道更重要。其他人注意到“切实报道地方政府和市民事务的成本很高，读者回报，最终广告收益通常却很低”。再次，地方报纸一般致力于宣传本地，因为它们知道自己能从地方的繁荣和发展中受益。喋喋不休地谈论当地的缺点、调查肮脏的政治内幕、揭露恶心的丑闻以及强调政府效率低下，只会为竞争城市提供现成的文件材料，这些城市可能会发现这些信息可以用来吸引工人和企业的流入。尽管在大城市，新闻媒体会通过揭露当地丑闻，以推销报纸或向政府施加影响力，但在中等城市，报纸似乎更注重报道当地成功的一面：如当地学生获得奖学金，代表城市赢得运动比赛，新公共设施的开放，以及经济扩张的各种迹象。城市的报纸知道，建立信心是地方繁荣的必要条件，因此它们“必须向外界展示一个良好的城市形象”，谨慎地使用揭露社会问题的能力。

除了它们温和报道当地政治的动机之外，地方新闻媒体也根本没有全国性新闻通讯社、广播公司或覆盖全国观众的大型报纸和杂志所拥有的资源。新闻媒体的固定成本很高。中等城市的报纸收集和解读复杂新闻报道所需的资源和全国性新闻通讯社一样多，但前者读者少，也没有广告收入以收回成本。因此，除了最大的几个城市的报纸之外，几乎所有城市的报纸都没有配备一定数量的专业新闻记者。大多数报纸只能雇佣为数不多的几个记者，这些记者的报道内容跨度很大，可以从犯罪故事到学校、从金融到住房等问题。所以，这些记者只能依赖政府机构的官方消息以及决策过程当事人的意见。更确切地说，记者几乎没有时间进行调查性报道。由于资源有限，当地报纸无法阻止他们最优秀的记者利用当地经验作为跳板，去报道全国性新闻和国际新闻。

政治家的抱负

政治家在国家和地方政治生涯的差异影响公民参与和团体形成的机会。在国家政治层面中，许多政治家急切地寻求连任。总统之位的角逐非常激烈，只要宪法允许，所有人都想在那个椭圆形办公室能待多久就待多久。肯尼迪（Kennedy）、约翰逊、汉弗莱（Humphrey）、尼克松（Nixon）、卡特（Carter）、福特（Ford）、里根（Reagan），甚至巴里·戈德华特（Barry Goldwater）和乔治·麦戈文（George McGovern）都是野心勃勃的人，他们精心设计竞选计划，穷尽一切办法，以求在大选中获胜。国会议员也越来越职业，为了保住自己的议员席位辗转腾挪。

地方政客没有那么大的政治企图，不像联邦官员要么保持现任职位，要么继续往上晋升。用肯尼斯·普鲁伊特（Kenneth Prewitt）的话来说，地方政客就好像是政府志愿者，往往从最初履职开始，经历一次又一次连任，中间也几乎没有竞争对手，最后从这个岗位自愿退休。地方政治的某些结构性特征让有抱负的地方官员不会恋栈。

第一，实际经济报酬相对有限。在华盛顿，国会议员可以通过为自己的国会选区服务，而过上相对体面的物质生活。他们的工资除了不如那些工资最高的专业性职位之外，与其他职位相比，还是很有竞争力的。职务额外津贴也很可观：有大量工作人员协助其工作、有宽敞明亮的办公室、有国会山平价的特权服务，能报销邮资和差旅费，还有很多机会通过演讲和写作增加收入。地方政治家经常提供无偿服务，或者只拿少量的部分工资，因此要维持体面的生活，必须有其他个人收入作为补充。市议会议员几乎没有任何工作人员或办公场所，也很少有机会获得其他具有一定经济价值的附带利益。

第二，华盛顿的政治家被迫全职投身于政治事业，为了维持自己的职业生涯，连任是他们始终关注的问题。一个政治家从家乡来到华盛顿，就实实在在地说明其职位对他的影响。一般来说，地方政治家认为他的主业最重要，而公职位列之后。因为他不需要离开家乡和社区去履行他的政治职能，所以，不管他是否留任，以前的朋友圈继续构建他的大部分社交生活。因此，和国会议员不一样，地方政治家就算离开公共生活，也不会经历其个人和社会生活上的困扰。

第三，对很多人而言，在地方政府就职所带来的心理满足感可能无法与担任中央政府职务的心理满足感相提并论。与名流推杯换盏、出访其他国家、成为大众媒体的热点话题，或者感觉自己在重大决策中举足轻重，这些机会地方政治家只能艳羡而已。当然，当地政要有可能接见外宾，当地新闻节目也有可能报道他们的观点。对一部分人来说，体验一下大人物的幻觉，也别管舞台多小，可能已经足够了。总的来说，对于地方政治家来说，其政治职位的精神回报，通常比全国性政治家要少，当然，从该职位上退下来的精神成本也少些。

第四，即使雄心勃勃的地方政治家，其政治发展空间也必然有限。虽然对于某些人而言，在市政府任职也可能平步青云，但大多数地方官员很难得到这样的机会。即使是大城市的市长要想竞选州长或参议员的职位，难度也都非常大。很明显，那些有这样的企图的政客，对当地社区团体的反应更加积极。最著名的例子是约翰·林赛和理查德·李（Richard Lee）。林赛一直觊觎参议员和总统之职，所以，这可能让他不得不面对纽约众多团体的压力。雷蒙德·沃尔芬格对纽黑文政治的精彩描述揭示了李的仕途野心如何塑造了纽黑文政坛。其他例子不胜枚举，比如，底特律的卡瓦纳（Cavanagh）、费城的克拉克和迪尔沃思（Dilworth）、明尼阿波利斯的汉弗莱和纳夫塔林（Naftalin）、波士顿的怀特（White）、西雅图的乌尔曼（Ullman）、洛杉矶的约克（York）和旧金山的阿利托（Alioto）。但是，除了克拉克和汉弗莱之外，这些精明的政治家没有一个能够摆脱大城市政治对民选官员的约束。经过全面考察后，沃尔芬格发现“在市级政府任职是一条无望的晋升途径”。面对事实，大多数市长只能安然接受现状。难怪普鲁伊特得出结论，志愿劳动服务现象“无疑在地方比州更普遍，在州比国家更普遍”。

由于地方政治家没有全国性政治家那么大的抱负，他们也就没有同样的动机与选民和团体建立沟通机制。与此同时，试图影响地方决策的团体有很深的挫败感，因为政客们可能根本不在乎他们的意见。此外，当团体和官员之间出现沟通障碍时，团体形成的可能性就会降低。

民意测验和内部简讯

联邦政府越来越多地使用科学民意测验和不太正式的选民意见抽样调查，以监测公众意见。在全国范围内，民意测验已经成为一项重要的政治事务。不仅有盖洛普和哈里斯这样的独立民调公司会定期抽样调查公众对候选人、重要议题和当前问题的看法，而且重要的全国性政治家，尤其是在选举年的时候，也建立自己的民意调查组织。许多关于总统竞选的报道证明了政治家对民意测验结果的重视。竞选风格、议题选择和竞选资源的集中投入点都受到随机选择的部分公众的意见的影响。即使在两次选举之间，民意测验也会影响联邦政府的政治进程。除此之外，它们能改变总统与国会和利益集团谈判时的力量消长，影响立法通过的难度，并影响反对党的政治策略。

除了科学民意测验外，许多联邦官员还收集不太正式的公众抽样调查意见。大多数国会议员都掌握他们发给许多选民的内部简讯，在这些内部简讯中，他们鼓励选民表达自己的观点。国会议员做了大量社会工作，这使得他们与很多选民保持定期联系，而且至少部分社会工作触及与政策相关的重点议题。国会的免费寄件特权、国会议员可利用的庞大行政人员资源以及对选民需求的专业关注，都促进了公民和民选官员之间这种形式的交流。

这些要素大多在地方层面缺失。在人口相对较少的城市，民意测验成本几乎和在整个美国一样高。但是，全国性民意测验的成本可以由拥有全国受众的民意测验组织承担，也可以由拥有全国选民的候选人承担，因此，地方民意测验的成本往往高得令人望而却步。的确，有一些报纸对全州选民进行民意测验，也有一些地方候选人自己也做科学民意测验，为竞选活动做准备。但这种做法仅限于地方重要职位的候选人，即便如此，也没有全国性选举政治那样完整和精细。大多数地方民选官员根本没有科学的方法来判断当地的公众舆论。他们也不具备国会议员那种不太正式的民意抽样调查方法。没有免费寄件特权，没有大量行政人员，也没有资源来开展社会工作，大多数地方民选官员只能使用老式办法来监测公众的意见。我们要知道现代科学政治工具已经极大地推动了国家政治生活的民主化，但无论这些工具在国家层面上影响如何，它们在地方政治中的影响力都要小得多。

总之，地方层面公民参与的结构不利于发挥团体影响。地方政府事务的处理方式更隐秘，新闻媒体报道没有广度，也不重视当地重要议题，地方政治家对连任的野心更小，地方官员也没有必要的资源来评估公众舆论的状况。所有这些因素导致政府官员与其选民隔离开来。因此，特定公民参与行为或团体压力会引起官方积极回应的可能性就会减少。因此，个人不太可能参与地方政治，也不太可能形成团体。

结论

公民参与地方政治的程度较低可以理解为公众对自身所处的环境结构的理性反应。在许多情况下，在国家政治层面能促进公众政治参与的条件在地方明显缺失。大多数时候，政党不会制造冲突，议题没有迫切性，候选人也不会那么热切地想竞选公职。关于地方问题的信息很难从报纸上获得，地方官员的决策在不为人所知的环境中做出。利益集团找不到动员群众参与政治的理由。

地方政治压力不大带来两个后果，这两个后果都有利于地方政府追求城市利益。

首先，工人、少数族裔、失业者和贫困人群特别依赖正式参与和沟通渠道机制。正如许多人所说的那样，选举、政党、工会和团体活动是普通公民制衡少数显贵的特权的主要途径。如果没有这些途径，那么，很有可能只有巨商富贾、社会名流和达官贵人才能接触到政府决策者。

在某种程度上，地方政治削弱了民众施加压力的能力，这就允许地方政府适当考虑城市的经济利益。一个或另一个显贵的利益可能有时与整个城市的经济利益背道而驰，但弱势群体的利益却始终与城市经济生产政策相冲突。因此，地方政府通过将地方层面的民众政治参与保持在最低限度，避免因来自民众的巨大压力而制定违背城市经济利益的政策。

其次，在政治压力较低的地方，非正式沟通渠道取代了正式沟通渠道。在这些渠道中，重要的政治资源是技术专长、说服力和理智的能力，而选举惩罚（Electoral Retribution）只会起适得其反的作用。在这种关系下，那些推动某项政策的人必须说明该政策如何与整个城市的经济利益相一致。在这方面，值得考虑理性和说服力在地方政治中的作用。如果说是这些因素在推动一项政策的形成，那么这也通常意味着理性本身不如政治家的修辞技巧、社会声望或所拥有的特权重要。尽管这一问题从未经过系统研究，但当城市的整体经济利益影响政策选择时，理性分析本身很可能影响政策结果。如果某一政策能被证明可以促进城市经济利益的长远发展，它被采纳的机会就会增加。说服决策者的方法有很多：进行令人信服的论证，摆出有价值的事实，通常情况下，提出一个理由充分的案例，就能保证拟议的立法能产生预期的结果。

最后，中央政治和地方政治模式之间的全面比较研究不能视为对地方政治的全面研究。在随后的章节中，我们将指出地方公共政策三个不同领域中政治实践的显著差异。在第七章中，我们将看到，就发展政治而言，地方政治的“权力精英”理论最有说服力，但是即使在这个领域，我们也必须有保留地接受权力结构理论。第八章将说明配置政治是团体冲突和谈判的多元政治，政治机器和城市改革者之间的竞争在一些社区形成了主要的分歧。在第九章中，再分配政治被证明是非议题政治。要充分理解地方政治的多样性和复杂性，这三个领域之间的差异必须牢记在心。然而，这种差异本身必须在我们刚刚提供的整体背景下理解。由于政党和团体生活在地方层面的作用较小，人们可以在这三个政策领域发现明显不同的政策形成模式。

第七章
发展政治

公共政策构建政治关系。政府的行为影响团体形成的模式、联盟形成的方式、接触决策者的渠道以及传达给决策者的需求范围。埃克斯坦（Eckstein）在对英国医学协会的颇有影响力的研究中首次提出了这些观点。他表明，正如医生会影响卫生政策一样，政府对卫生服务部门的干预也改变了利益集团的活动方式。其他学者，包括非常著名的西奥多·洛维（Theodore Lowi），试图通过说明这种利害攸关的公共政策类型如何影响政治进程的组织方式，进一步拓展埃克斯坦的观点。在接下来的三章中，我将沿着洛维的思路，分别辨析三个政策领域的不同政治进程。但是，我的分类原则不同于洛维的分类原则，即特别适用于地方政治。

三种政策类型

如第二部分所示，我们可以根据政策对城市经济利益的影响进行有效分类。我认为每一种政策类型都是由一系列不同的社会和经济因素决定的，并且由不同级别的政府政策执行，不同级别政府执行政策时也各有特点。在接下来的三章中，我将论证每一种政策类型与以下不同的团体形成和公民参与模式的关系。

发展政策是那些有助于城市经济福祉的政策。落实发展提案有望产生经济效益，以夯实社区财政资源。此类政策甚至可能促进社区的发展和扩张。制定各种计划，以吸引外来企业、发展社区交通系统或改变城市贫困地区的经济状况是发展政策的典型特征。此类政策通常经过高度集中的决策过程制定，有享有声望的企业界人士和专业人士参与。[1] 城市内部的冲突往往很少，决策过程往往一直持续到项目臻于完善，政策在地方受到广泛和持续的支持。如果有任何团体反对，该团体不太可能获得太多支持；只有通过诉讼，它才有可能推迟或预先阻止政府的行动。如果有更权威的反对力量出现，它一般来自地方政治体系之外的机构或组织，也许是与之有竞争的城市、联邦机构，或者试图在与该城市的谈判中获得更有利条件的私人公司。

配置政策对城市利益只有边际效应和不可预测的影响。这些政策只是借助一套或另一套标准在居民中分配地方资源，其中任何一套标准似乎都符合该地区经济繁荣的利益。[2] 尽管从城市外部的有利角度来看，这些问题很小，但该城市居民可能会觉得事关重大。大量的谈判和竞争可能随之而来，最后的结果是竞争各方达成一个妥协方案。每个团体都会宣称他们的提议符合整个城市的利益，但就这一点而言，实际上其他的众多备选提议或多或少也都有合理之处。

再分配政策虽然对社区的经济增长有负面影响，但仍能获得一

[1] 当“权力精英”研究从社会计量分析转向对地方问题和政策形成的研究时，它往往集中于发展政策问题。

[2] 班菲尔德非常重视的区位决策是配置政治一个众所周知的例子，班菲尔德 1961 年。

些政治支持，因为这些计划旨在服务于社会弱势群体。[1] 仅从人道主义立场考虑，就有理由进行某种程度的再分配。此外，考虑到中心城市有大量低收入居民，在政治上，再分配计划在这些地方很受欢迎。因此，再分配政策是地方需要经常面对的公共政策，即使这些政策可能带来负面的经济后果。但是因为再分配政策通常与城市的经济利益不一致，支持者会发现其提议很难获得支持。

有两个因素限定了公共政策和政治进程之间的关系。首先，只有决策者认识到政策的经济后果（比如中期后果），公民参与和团体形成才会受到影响。我们要做的区分不能适用于那些对城市产生无法预测的积极或消极后果的政策。然而，我们有理由假设，决策者起码能够认识到中短期内他们的政策可能带来什么样的后果。大多数政治领导人都相当精明能干，掌握了比较全面的信息。对政策预期进行偏差案例分析很有价值，但如果这些预期能假定那些被委以治理地方重任的官员具备一定程度的智慧和理性，那么我们对政策制定过程的归纳可能更准确些。

其次，这些是政策类型之间的分析性区别。城市政治议程上的任何特定提案都可能包含发展性要素、再分配性要素和纯粹配置性要素。例如，旨在促进城市发展和经济增长的发展政策具有配置性要素。建立工业园区的提议可能会引发关于其确切位置的配置政治问题。在这种情况下，为了解释政策和政治进程之间的关系，人们

---

[1] 在一些情况下，再分配政策没有出现倒退现象，但是对当地经济产生积极影响。例如，在缺乏非熟练劳动力的地方，当地政府可能会为非熟练工人提供补贴住房，以吸引他们进入当地劳动力市场。具有积极经济效益的再分配实例很少，所以在分析中不予考虑。

需要分析围绕建立工业园区的决策的政治活动和围绕将工业园区建在特定区域的决策的政治活动的区别。

考虑到这些保留意见，三个政策领域中公民参与模式的差异非常鲜明。第八章和第九章讨论了配置政治和再分配政治问题。本章的其余部分仅限于具体说明发展政治，其分析立足三个研究传统：对独立机构的研究；社区权力研究；城市更新的政治分析。通过综合他们的研究，我们可以发现发展政治的关键特征。

独立发展机构

地方主流政治机构之外的团体和实体被赋予承担发展政策责任的频率可以说明发展政治的共识程度。在小型社区，商会和地方政府机构一样，能够指导发展项目。例如，在威廉姆斯和阿德里安研究的四个城市中，“有两个城市的工业发展由非政府机构负责”，商会比市议会承担更多的领导责任。在大城市和大都市地区，重要的发展政策在独立机构指导之下。最著名的例子是纽约港务局和三区大桥和隧道管理局，这两个实体对纽约地区的交通和其他增长战略影响最大。其他城市也有类似的机构。波士顿有马萨诸塞州收费公路管理局、马萨诸塞州港务局和波士顿重建局；奥克兰和西雅图也有它们的港务局，旧金山有发展局。此外，州高速公路部门自己就是权力机构，经常做出影响大都市地区发展的重要决定。

这些独立权力机构能自治的秘密在于它们能自筹资金。从这些机构的决策者的角度来看，它们的目标是提供“由用户付费的交通设施……以满足该地区现有的或可预测的需求”。这些机构经指定，可以收取通行费、汽油税和执照税等费用，因此它们有可靠的收入来源，能承担发展政策，不受一般的政治限制。这样，它们把自己的钱投资于可能产生最大回报的项目。纽约港务局局长曾经非常坦率、明确地阐述了这些独立机构的目标：

> 这种权力机构利用公共设施，自力更生，自负盈亏；这样它们可以避免政治干预、官僚主义和繁文缛节等诸多弊端。这种管理标准是治理有方的私营公司所采用的管理标准，应适用于此类权力机构的责任和义务。

这些独立机构像私人公司一样运作，它们认为没有必要公开讨论与其相关的决策。因为发展自筹资金项目能促进社区生产力发展，符合城市的利益，所以这里容不下团体之间争执不休，团体冲突那是另一个政策领域的特征。因此，“多年来，马萨诸塞港务局在下午召开每月例会之前，一直以闭门会议的方式处理业务。如果存在任何激烈争执或存在董事会成员希望不为外界所知的任何有争议的问题，可以在闭门会议上解决”。

罗伯特·摩西（Robert Moses）是最能把独立权力机构的潜力发挥得淋漓尽致的人。即使人们对罗伯特·卡洛（Robert Caro）偏颇而不失魅力的“权力经纪”说不予理会，但罗伯特·摩西的故事揭示了当发展政策至关重要时，权力是如何集中的。罗伯特·摩西的权力和威望不断攀升的源泉来自那些使用他控制之下的隧道和桥梁的个人所支付的通行费。只要他的资源不断扩大，他的政治影响力也随之扩大。由于对高速公路的经济需求不断增长，罗伯特·摩西可以秘密操作，行事干脆利落，赢得每任纽约市长的青睐，并建立了一个规模惊人的政治网络。罗伯特·卡洛认为，罗伯特·摩西通过滥用职权、无情攻击对手以及以改革的名义使用坦曼尼协会

（Tammany Hall）[1]策略，从而一步步走向权力的巅峰。罗伯特·摩西当然犯了上述罪过，但这些伎俩并不是他权力的源泉。罗伯特·摩西权力的秘密在于他控制了美国最大城市的最大自筹公共收入来源。如果罗伯特·摩西不是纽约交通系统建成过程的关键人物，他永远不会拥有这样巨大的影响力。

20 世纪 60 年代中期，在罗伯特·摩西职业生涯晚期，他越来越遭到社区和环保团体的反对，其经济发展战略也受到质疑。在波士顿、芝加哥、旧金山及许多其他城市，反对公路扩建的声音也开始占据明显的上风。传统上以协商决策过程为特征的发展政策开始引发更具政治性的辩论。造成这些变化的因素既有暂时性的，也有长期性的。也许，民权运动所催生的许多团体和组织只是暂时性因素，在这一时期，这些团体和组织对地方政府的诸多方面提出了挑战。10 年后，这些组织大都失去了生命力。从长远来看，交通运输在美国经济中的地位变迁所带来的影响更为重要。日益复杂的公路系统所产生的经济效益变得越来越微不足道。随着高速公路扩张的经济动机减弱，那些与高速公路规划者的目标相冲突的环保人士或其他势力，在政治上的优势也越来越大。公路问题可能正在从发展领域滑入配置领域，公路政治可能在未来呈现出不同的特征。

但是，尽管随着能源资源日愈紧张，公路政治问题可能会变得更加复杂，但几十年来，公路政治可以作为发展政策有力的例证，证明制定发展政策的责任可以下放给高度自治的独立机构。当政策目标明确、实现手段相当具体时，这种权力下放产生的效果最明

[1] 坦曼尼协会指 19 世纪和 20 世纪初期操纵美国纽约市政界的腐败政治组织。

显。在其他情况下，发展政策的影响是多方面的，涉及许多管辖区，因此必须建立非正式的权力网络和影响力网络来实现这一目标。要理解这些过程，我们必须借助于社区权力的研究成果。

社区权力结构

弗洛伊德·亨特（Floyd Hunter）、米勒（Miller）及其他众多学者在社区权力研究中都采用了声望研究法，在发展政治研究上成绩卓著，却鲜为人所接受。他们的研究别有趣味，因为他们的研究方法很容易辨识在发展政治中最活跃的人群，也因为他们的案例研究典型地取自发展政策领域。在这一领域，他们通常发现企业家最活跃；地方决策过程封闭，由内部经协商达成一致意见；积极参与发展政治的个人在社区其他成员心中享有相当高的声望。那些采用这种方法的学者试图将他们的发现推及地方政治各个方面，所以招致学界的严肃批评，这些批评意见也未得到正视。因此，他们那些细微，但却真正具有价值的贡献没有得到大家的充分承认。

事实上，学术界现在几乎没有重要的派别还重视亨特及其追随者的研究。对大多数城市学家来说，这些研究只具有一定的历史意义，之所以还有意义，只是因为它们将研究重点从正式政府机构转移到更广泛的权力和民主问题。人们普遍认为亨特所采用的方法不足以解释权力的分配模式。亨特只发现社区最杰出的某些居民因权力而享有盛誉；他没能研究他们影响力的实际作用方式。波尔斯比、沃尔芬格及其他人的批判性工作不仅让多元主义者相信他们应该采用决策研究法，也让新精英城市学家和马克思主义城市学家都相信声望研究法存在严重缺陷。他们在探求“权力的另一面”的真实时，同时抛弃了决策研究法和声望研究法。正如波尔斯比最近谈到他早先对声望派的批评时所说：“我认为……［声望研究法和］社区权力分层理论论据的不足，已经是公认的事实。”

波尔斯比对亨特的许多批评非常在理。 亨特的研究方式比较随意；他的写作风格飘浮不定，有社会学的故弄玄虚，也有新闻业的哗众取宠；他的推论并不能被其调查结果所证实。 等到尘埃落定，现在我们可以认识到亨特和其他声望派学者所做出的实质性贡献。如果暂且抛开亨特的推论，而专注于他的调查结果，以及这一传统下其他人的调查结果，我们会注意到一定程度的规律性，只依赖方法论是无法解释这种规律性的。

他们最经得起考验的调查结果是，社区商界精英经常被熟稔当地政坛的人士提名为社区委员会的重要成员。 其他类型的个人也能得到这样的认可：市长、工会领导、社会知名的捐助人，或者在州或联邦政府人脉极广的地方政治家。 这份名单可能五花八门，但实业家、金融家和大型企业的董事都是常客。

为什么我们每次列出这样的名单时，都是这样的结果？ 无论是声望派学者对这个问题的回答，还是他们的批评者给出的解释，都不能令人信服。 亨特自己的解释是，名单上的人是为社区做出重大决策的实权派。 他们聚在一起、统筹大局，然后让他们的“马仔”具体落实政策细节。 亨特接着讲述了一些轶事，以证明他的推论，但这些轶事其实很难证明他的推论。 正如其他人所指出的，他的推论不太可能正确。 大企业家不可能在所有问题上都能团结一致，他们没有时间审查地方政府面临的所有政策问题，其他参与者也可能对涉及自己利益的政策有一定影响力。 如果说声望派学者的错误在于他们对调查结果做出了过多阐释，那么他们的批评者声称声望派学者根本没有提供关于地方政治的有用信息，也是错误的。 尽管亨特和其他人可能已经收集了一些有关地方政治中各种潜在参与者声望的信息，但他们并没有解释权力的实际关系。如果名单上的个人确实参与政治事务，他们可能会具有一定的影响力，但是有人说，这一信息并无价值，因为大多数人不参加大多数政治辩论。[1]

在我看来，这个论点和亨特的论点一样极端。虽然这个名单不能完全解释权力，但是并不意味着它没有提供任何信息。个人在社会系统中的声望不能凭空建立；一个人必定有过人之处才能让那些熟稔当地政坛的人士承认他的政治地位。在棒球运动中，一名伟大的投手通常享有与之匹配的声望。尽管这个投手可能在某一天离开赛场，但他的声望还是与其在球场的能力有关。政治游戏也是如此。虽然政治不像棒球赢输泾渭分明，但它也不是过家家的游戏。一位有影响力的社会名流可能无法在每次政治冲突中达成所愿，除非他能对某些政策施加影响，否则他不太可能长期维持自己的声望。

如果声望研究法不能说明影响力之间的关系，而且我们接受决策研究法对社区权力分配进行准确分析而得的多元论点，那么声望研究法发现的个人名单和决策者的名单实际上不会有重叠。即使是在俄亥俄州奥柏林市这样一个只有 3 603 名 25 岁以上居民的小社区，任何个人随机出现在社区最有影响力个人前 43 名名单上的概率也只有 0.012%。但是在一项同时使用这两种方法的研究中，一个享有权力声望的个人出现在决策者名单上的可能性大约是 1/2。也就是说，声望派学者认为如果某人具有一定影响力，那么他实际参与决策的可能性就增加了 40 倍（或者更准确地说，增加了 41.6 倍）。

---

[1] “针对声望派学者的问题的答案有很多解释，但在有关政策形成的具体实例得到认真研究之前，这些解释都无关紧要。”波尔斯比 1963 年，第 64 页。

如果我们知道表 7.1 中四个单元格中每一个单元格的人数，那么就能够较准确地描绘“现实情况”和权力声望之间的密切关系。诚然，权力和声望是连续的维度，而不能简单地使用二分法，这个四联表就像社会科学中的大多数四联表一样，只能粗略说明实际的社会关系。但是这个四联表还是以浓缩的方式，突出权力—声望等式中的四个要素。左上角的单元格里的“有影响力的人”指有影响力也有声望的人。“不被欣赏的人”指那些参与决策但并不被公认为有影响力的人。“身居高位的人”指那些拥有与其不相配权力声望的人。

表 7.1　声誉与“现实情况”的关系

声望权力	“真正”能行使权力的人	
	高	低
高	有影响力的人（22）	身居高位的人（21）
低	不被欣赏的人（86）	无足轻重的人（3 474）

“无足轻重的人”的人既没有影响力，也没有声望。

虽然关于声望和现实情况的对比研究很少，我们从中得到的信息不足以编制这个四联表，但借助维尔德夫斯基对奥柏林市的详尽研究，可以实现这一目的。既然维尔德夫斯基对声望研究法持批评态度，因此，我们可以非常肯定，他没有必要篡改自己的数据，用得到的结果去长声望派的威风。在研究了引起奥柏林政治讨论的所有问题后，维尔德夫斯基发现，被社区积极分子提名为有影响力的 22 个人实际上成功地参与了决策。[1] 另外 21 个人只是“身居高位的

[1] 这个数字是被社区积极分子提名的参与决策的房地产业、水资源业和教育界等行业精英的总数。根据表 83 第 I 列中的数据计算的数字，维尔德夫斯基 1964 年，第 313 页。

人”，他们有权力声望，但实际上并没有参与决策。[1] 维尔德夫斯基的研究非常全面，他找出另外 86 个人，他们要么是主要决策者，要么是次要决策者，但提名有声望的领袖的人认为他们是“不被欣赏的人”。[2] 维尔德夫斯基没有告诉我们那些既没有权力名声，现实中也没有参与决策的“无足轻重的人”的人数，但根据美国人口普查，1960 年有 3 608 名 25 岁及 25 岁以上的成年人生活在该社区内。如果我们减去其他三个类别中列出的 129 个人，剩下的 3 479 个成年人基本处于边缘地位，他们不具有权力声誉和影响力。

如果我们假设维尔德夫斯基的决策研究法准确地描述了奥柏林的权力现实，那么我们可以很容易地计算出声望和现实情况之间的关系。在这种情况下，Q 系数为 0.95。人们发现它们的关系如此密切，以至在大多数社会调查领域，两者可以等同视之。这正是传统声望派学者所做的。当然，如有些批评家所说，虽然说人们对声望派学者批评的激烈程度似乎与其错误的程度并不相称，也不必高估他们的成就。

维尔德夫斯基根据他的信息得出结论，“能带来权力的声望是一个奇怪的复合物：部分是现实，部分是神话；部分是猜测，部分是知识；部分来自行动，部分来自地位；部分来自观察，部分来自假设”。虽然维尔德夫斯基没有具体说明各个部分所占大小，但这段话强烈暗示着，声望几乎同等地建立在神话和现实的基础之上。他

[1] 表 83 第 II 列所列的数字是未参与决策，但被社区积极分子提名的四类精英之一的成员个人总数，维尔德夫斯基 1964 年，第 313 页。

[2] 这些数字是根据表 83 第 III－A 和 III－B 列计算出来的，维尔德夫斯基 1964 年，第 313 页。

这一主张的证据是，运用声望研究法确定的“身居高位的人”的数量与真正的“有影响力的人”的数量大致相同。但是在计算声望研究法的准确性时，我们必须考虑表 7.1 中四个单元格中的所有数字，而不仅仅是顶部两个单元格中的数字。当计算出相应相关系数时，声望和现实情况之间的关系接近统一。声望研究法的批评者自身存在方法论的错误，所以他们严重低估从这一方法所获得的信息的重要性。至少，声望研究法提供了一种比较经济的手段来识别影响政府政策的一部分人。

但是，我们能更精确地解释这一问题吗？对此类名单意义的最切合实际的结论，可能是那些始终与所收集的具体信息接近的结论，这需要注意所提出问题的具体方式。在亨特及此后其他学者的研究中，他们经常以下面的形式提出一个关键问题：“假设一个重大项目摆在社区面前，这个重大项目差不多需要整个社区都认可的一群领导人做出决定。在不考虑你是否认识他们本人的情况下，你会选择哪些人？”请注意，这个问题用于引导提问对象思考对整个城市有益的计划和政策。这些人也指在整个社区非常受尊重的人。尽管研究人员可能运用这些话术对这个问题进行包装，以掩盖他们真正的分析目的（发现社区“权力精英”），但这个问题实际上在要求受访者找出那些最有能力为整个城市的利益制定政策的人。研究人员以这种方式组织问题，邀请受访者思考与发展政治相关的问题。

社区权力结构研究中，对最常讨论的此类政治问题提供了进一步的证据，表明这些研究主要涉及发展政治。在亨特的研究中两个被详细讨论的地方问题是吸引一个国际贸易协会和新产业入驻亚特兰大。舒尔茨（Schulze）对锡波拉市的研究中讨论了城市领导人试图兼并邻近城镇的努力，他们认为该城镇的应课税财富对自己城市的持续繁荣至关重要。在阿格尔（Agger）、古德里奇（Goldrich）和斯旺森（Swanson）对四个城市的研究中，最吸引地方精英的是经济重组和城市改善问题。在另一项研究中，威斯波格市的经济精英参与了市区发展、建立大都市规划机构、机场航站楼设施升级、提议城市出售债券、为停车设施建设筹措资金，以及提议兼并郊区购物中心等问题。

鉴于声望派学者提出问题的具体措辞，以及他们所谓的“权力精英”喜欢参与的问题种类，我们可以很合理地推断出，这些研究主要是对发展政治的分析。在这个框架内，企业家在权力精英中占多数，就不奇怪了。这些人知道哪些因素有助于提高社区经济能力，他们拥有充足的财力和其他资源来影响社区。当然，并非所有的企业家都积极参与社区项目；声望研究法的价值在于，它倾向于把那些具有公民意识的个人分离开来。并非巧合的是，这种公民意识最常见于企业家自身利益与城市利益最接近的时候。因此，许多研究发现，银行、商业区零售公司、报纸和家族式企业等商业机构的负责人是发展政治最积极的参与者。

企业家不是社区唯一能为城市发展做出贡献的居民。富裕社会名流、杰出专业人士、政治家，尤其是那些在州和中央政府有人脉关系的政治家，甚至一些热爱社区的工会成员在某些情况下也为公共福利或确保城市资源做出努力。城市的未来越依赖于政府高层的行动，越来越多的政治家开始主导发展政治。例如，在英国，一个社区的繁荣，不仅取决于它与私营企业的关系，而且在它能够受到政府行为影响的地方，可能在很大程度上也取决于它与中央政府的关系。因此，与美国城市相比，政治领导人在英国社区的发展政策中的作用更为突出。

声望研究法没有揭示发展政策的决策过程。他们大部分讨论都围绕着发展政策决策的共识性和隐蔽性。亨特说:“在亚特兰大，地方精英可能对政策决定有个别不满意的情况，但意见大体一致。”“在威斯波格市，”克莱兰（Clelland）和福姆（Form）解释道，“几乎没有证据表明商业巨头、公共领袖和民选官员之间存在基本的价值观差异。”作者认为这与“社区决策被引导到私人领域而不是公共领域的趋势”有关。在锡波拉市，政策是在由非正式友好团体制定，商会官员承担“调查主要经济单位和潜在相关自愿团体的责任”。

在发展领域，这种协商的政策形成模式似乎特别适宜。如果一项政策能够轻易地被证明符合城市利益，那么这项提议不需要公众的支持。相反，为了避免公众的支持迅速增加，因此最好秘密敲定政策的可行性，以免激起公众不实际的希望和期待。事实上，当项目涉及城市外部参与者时，当地的宣传可能会适得其反。地方公众热情高涨，只会导致领导人在引进外部企业，或向联邦机构申请拨款的谈判中处于不利地位。随着公众期望的提高，外部谈判对象提出的条件可能会更加苛刻。

社区权力结构研究提供的信息能帮助我们了解积极参与发展政策的个体种类，而不能准确说明这些个体拥有的权力的大小。即使所有被提名为精英成员的个人共同行动，他们可能仍然无法确保顺利实现目标。尽管有影响力的公民名单能部分解释个人政治资源的等级排序，但与社区内所有其他参与者相比，该方法几乎没有提供关于被提名的个人所拥有的权力大小的信息。更重要的是，这份名单的构成并没有说明这些地方精英如何个人或集体地影响其他地方政府或城市外部私营企业的决策。然而，这些实体往往决定着一个城市的发展前途。能够将统一的权力结构整合在一起的项目往往是那些成功机会很小的项目。一个社区可能会与其他社区争夺重要科学设施的入驻，州际公路系统的接入，或工厂的选址。这就需要地方加强内部合作，最大限度地提高社区对外界的吸引力。但是，尽管社区领导人在这些问题上殚精竭虑，但他们仍然可能在与另一个州或地区内部同样统一的领导层的竞争中败北。

但是，如果他们成功了，他们作为公民领袖，当然声誉日隆。发展政治对那些不关心政治的企业家特别有吸引力，因为如果他们能促成造福整个社区的项目的成功，必能给自己带来晕轮效应（Halo Effect）[1]。能做到这一点的企业家会因其公民责任心而广受尊敬，他的公司被认为是社区的支柱，社区几乎没有什么纷争可以减损他的声望。难怪那些积极参与发展政治的人被公认为是有声望的公民领袖，人们在处理社区面临的重大项目时，会欣然接纳他们为团体的一员。

总之，采用声望研究法的社区权力研究能向我们提示许多关于发展政治的有价值的事情。参与者都是备受尊敬的居民，拥有大量经济资源或在外部政府机构有一定的人脉关系。在大多数情况下，决策者的特殊利益不会与整个社会的利益发生剧烈冲突。在完全确定技术和政治可行性之前，决策者在政策制定过程达成内部的协商一致，但不对广大公众开放。成功实现政策目标将有助于提高决策者的声誉。具体参与者的类型因所涉及的发展政策的类型而异。

---

[1] 译者注：晕轮效应又称“成见效应”“光圈效应”“日晕效应”，指在人际知觉中所形成的以点概面或以偏概全的主观印象。

如果发展政策主要针对私营部门，那么企业家将会深度参与。如果需要的资源掌握在上级政府机构手中，政治领导人的作用至关重要。

尽管这些社区权力研究具有一定启发意义，但它们仍然没有详细说明发展领域的政策形成过程。因为他们对结构性安排比对政治过程更感兴趣，他们的案例研究往往比较粗略。要了解这一领域的决策结构，人们必须转向城市更新的政治研究，城市更新是对衰败的大型中心城市经济发展最系统的规划。

城市更新的政治

詹姆斯·赖克利（James Reichley）曾经写道，费城的新市长理查森·迪尔沃思（Richardson Dilworth）是企业家“得力的仆人，而不是只知卖苦力、低效的奴隶”。他这句话传神地抓住了企业家和地方政治家在发展政策问题上的两种截然不同的态度。在某些情况下，政治家明白什么对企业有益，什么对社区有益。在其他情况下，企业家必须独立于地方政府之外，展开运动以表明他们的项目是维持当地经济所必需的。毫不奇怪，与作为“只知卖苦力、低效的奴隶”相比，政治家作为“得力的仆人”对企业和城市都有益。因此出现一个明显的悖论，当企业的影响力越不明显时，企业却发展得越好。我们回顾两项关于城市更新政治的对比研究，就很容易说明这些观点。

得力的仆人

一项政策符合一个城市的利益并不意味着不费周折就能实现这个政策的目标。首先，每个城市都在与其他城市竞争；如果某一城市的领导人迟迟没有认识到自己城市的利益所在，或者误判实现这些利益的最佳方式，那么，这个城市将会在竞争中输给其他对手。

其次，城市的利益是一种集体利益，一旦它惠及一个居民，即能惠及所有居民。但是集体商品通常供应不足，因为大多数人没有足够的动机为之付出努力。他们等待别人提供现成的商品，这样就可以不劳而获。沃尔芬格（Wolfinger）对纽黑文"发展政治"的精彩研究表明，要获得公众对城市发展的支持，需要那些"得力的仆人"绞尽脑汁，发挥聪明才智。

毫无疑问，城市更新提高了纽黑文的经济生产力。这项政策打开了通往中心城市的交通要道，充分利用市中心的购物中心。根据该政策，在市中心建设停车场，使得市中心街道不再拥堵，让中心城市和郊区居民购物更加方便，并允许建造新的高层公寓，从而为希望住在社区中心附近的中上层居民提供合适的住房。此外，它还保护这座城市最宝贵的资源之一耶鲁大学免受城市病的侵扰。该政策在向地方纳税人提供这些福利的同时，也保证他们缴纳尽可能少的税费。经过披荆斩棘的努力，理查德·李市长设法筹集到与联邦拨款配套的地方资金，从而不会增加地方纳税人的负担。有时，他甚至使用联邦资金支付公共服务，这些公共服务本应该由地方出资。

谁会反对一项既不增加公共开支，又能提高该地区经济生产率的计划呢？很显然，李的政策符合公众的利益，只有那些自身特殊利益受到最直接威胁的个人（例如，没有资格占据城区黄金位置的小企业），才会组织持续的抗议活动。然而市长的任务绝非易事。尤其是在计划推行的头一两年，回报不可预期且不确定，该计划很难获得太多支持。地方企业家不愿意在有可能问题重重又华而不实的计划上浪费时间。地方政治家认为，这种对当地空间经济的大规模重组，可能会打破传统上允许他们从公共服务中获得适度附带利益的政治均衡。 墨守成规的地方官僚只顾守着自己的一亩三分地；他们不想为横跨多个管辖区的项目费心劳力。

经过艰苦卓绝的努力，李市长成功地获得了地方上的必要支持。 他重新雇佣行政人员，他们的职业生涯好坏系于项目的成功与否，他寻求一位开发商的帮助，该开发商希望通过城市更新获得大量财富，他还说服华盛顿的官员相信纽黑文可以成为城市更新计划的模范城市。 李市长甚至设法召集了一群社区领袖，他们可能在任何最有影响力的个人评选名单中得分都很高。 他的城市更新公民行动委员会由中心城市的企业家、金融家、实业家、一流专业人士和一两个工会成员组成。 然而，将这些人召集在一起，成立这个委员会是一个复杂、耗时的过程，需要出神入化的政治驾驭能力。 仅仅招聘委员会主席就花了几个月的时间。

发展政治通常在选举中很受欢迎。 李市长从开始推行城市更新运动后，20 多年来每隔两年就当选一次市长。 正如芝加哥市长理查德 · J. 戴利（Richard J. Daley）经常指出的，“善政政府就是善政政治”。 他在城市发展的成就上仅次于理查德 · 李。 他所谓的善政政府，不是指改革者在使用该词时所想到的无特权政府。戴利指的是符合整个社会利益的政府，一个优先考虑提高经济生产力的政策的政府。 如果这一目标得以成功实现，政治声望将随之而来。 声望、名气和权力纷沓而至，流向那些把城市利益视为自己利益的个人，或者那些有幸拥有与城市利益一致的特殊利益的人。

低效的奴隶

并非每个城市都有幸拥有汲汲于城市经济利益且精明能干的政治领导。 事实上，沃尔芬格对李和戴利表现出的那种领导能力能否在其他城市普遍推广持怀疑态度。如果地方政治家不具备这种政治领导能力，那么通常由热心社区的企业家所领导的私营部门团体就会站出来，要求制定相关发展政策。在费城，就是一个企业家改革团体引发了一场政治变革，使得“得力的仆人”迪尔沃思登上市长宝座。在纽约，城市规划者罗伯特·摩西推动了发展政策的实施，这似乎超出了许多城市市长的能力。但很多学者对加利福尼亚州奥克兰市做了大量研究，并且卓有成效，有充分的证据证明当城市政府只是“低效的奴隶”时，发展政治将处于不利的局面。

在奥克兰，社区经过长时间、断断续续的讨论后，城市更新计划的落实犹豫不决，姗姗来迟。李市长早在 1954 年就忙于整合纽黑文的复兴，并在 1957 年推出第一批项目，而在 1957 年奥克兰才建立一个重建机构并制定了一个初步城市更新计划。到 1966 年，纽黑文人均花费了 790.25 美元的联邦基金（相比之下，所有城市的平均花费为 53.51 美元）；据报道，甚至到 1971 年，奥克兰的“城市重建”计划在吸引中产阶级家庭移居奥克兰市中心的努力上，进展缓慢。

奥克兰在城市更新方面的效率低下主要是由于其碎片化、政治上孱弱的政府系统。该市市长有一套兼职的、主要是礼仪性的职责，市议会是在无党派、不分选区的基础上选举产生的，很少有议员有政治动机去推动雄心勃勃的新项目。相反，市议会只是其他地方发起的方案的跟随者；值得注意的是，它的反应可能是负面的，也可能是支持性的。

由于市政厅没有能力独立开展重建工作，一群商界领袖说服市长任命一个名为奥克兰城市更新公民委员会的特别委员会。这个委员会非常高效，它“迅速成为参与城市更新进程的商界和政府团体的联络点”，委员会成员包括凯撒工业公司的三名代表，西尔斯百货、公平人寿保险公司和富国银行各一名代表。经过几番挫折，其中有一次市议会断然拒绝了他们的初步计划，最后，城市更新公民委员会终于“排除政治家的重重反对”，并于1957年成立了一个重建机构。尽管克服了艰难险阻，城市更新公民委员会在奥克兰从未取得李市长在纽黑文那样的成功。由于奥克兰市政府没有给予这些计划充分的合法性和充足的资源，所以奥克兰的城市更新计划比纽黑文晚得多，获得的联邦资金也少得多，而且计划实施过程中也一直缺乏灵活变通。海斯（Hayes）说，城区的商人原本想成为该计划的主要受益者，但还是未能实现他们最初的目标。

权力与发展政治

那些对奥克兰和纽黑文进行案例研究的研究者对企业在当地城市更新过程中的权力得出了截然不同的结论。在海斯对奥克兰的分析中，城市更新公民委员会由大企业家组成。因为制定的政策是城市更新公民委员会努力的结果，而且地方政府充其量只充当次要角色，海斯认为“整个企业界积极地直接参与发展政治是奥克兰近年来的一个突出特征”。另一方面，沃尔芬格发现在纽黑文，企业利益集团内部分化，在许多情况下影响力甚微。尽管李市长“与企业家和耶鲁大学的联盟”被视为影响结果的一个因素，但李所领导的政府拥有的另外三个也同样重要的“重要优势”：专业技术技能、公关人才、李对政府和政党的控制力。奥克兰企业界的影响力更大，但纽黑文企业界的利益似乎也得到了很好的照顾。李作为纽黑文市长，精明干练，他所领导的城市更新项目大大改善了城市的经济环境，这样，企业家不便也不必插手进来，在西部城市奥克兰，市长和市议会软弱无能；即使发起一个初级城市重建计划，当地企业家也不得不自行组织起来采取政治行动。如果说纽黑文企业家的权力更小，那的确没错，而企业家的相对弱势对李来说却是天赐良机。

研究发展政策时，试图确定某个个人或团体的权力大小即使不会误导人，也可能是毫无意义的。在这个政策领域，整个城市的利益需要得到保护和加强。对城市有利的政策泽被所有居民。城区的企业能从中受益，但渴望更高工资的劳动者，希望房产增值的业主，寻找新工作的失业者，以及寻求连任的政治家也能得偿所愿。似乎那些对发展政策拥有“权力”的人往往是那些为城市所有居民赢得这些利益而付出最多的人。在发展领域，社会控制能力不如说服能力那么必要。激励他人为集体利益做出贡献的领导能力与压制政治异议的领导能力大相径庭。

通常，那些为城市集体福祉做出贡献的人的个别利益，也能从该政策得到回馈。奥克兰的企业家特别积极地支持城市更新计划，因为城市日愈繁荣会给他们带来非常明显的经济利益。李市长大力推进纽黑文城市更新事业的发展，因为他希望在市长任上的成功将有助于自己的仕途更上一层楼。然而，奥克兰企业界行使“影响力”不是以牺牲市长或市议会的权力为代价的，纽黑文政治家行使“影响力”也不是以牺牲市中心企业界的权力为代价的。在发展领域，我们最好不要把权力理解为一种“零和”游戏，即一个人或团体以另一个人或团体为代价赢得胜利。相反，从系统的角度理解权力才更加正确，这是整个社区实现其目标的能力。在这里，我们更需要能够说服他人为共同事业做出贡献的领导能力，而不是将自己的意志强加于他人的能力。

在城市更新政治中，私营部门贡献不小，但公共部门做出的贡献最大。尽管有必要说服私人利益集团参与城市更新工作，但起最大作用还是联邦政府的拨款，希望这些拨款是按照地方社区希望的条件发放。为了实现这一目标，政府官员的政治领导能力通常至关重要。由于联邦机构的运行特点是，它们一般与下级政府机构签订合同并进行谈判，私人利益集团的努力充其量只能部分替代地方政治领导的作用。

结论

发展政治需要保证这些政策有利于整个城市。因此，发展政策往往由独立机构制定和执行，这些机构依靠自己项目自筹资金运作，不受一般政治条件的限制。当这一途径不可行时，政策由有声望的社区领袖以协商的方式制定，他们往往是对经济发展有精深见解的企业家。这些社区领袖有动机参与发展政策的执行，因为政策带来的好处能够雨露均沾，所以决策者的行为不会招致太多批评。这些社区领袖被誉为“热心公益”的社区居民，能给他们带来良好的公共关系。

但是，即使社区中最有影响力的成员经常参与发展政策决策，也并不意味他们努力就可能成功。发展政策通常以牺牲其他社区为代价，只有在与其他社区的竞争中赢得资源，地方领袖才能获得利益。因此，如果政府领导也为政策提供合法性，这通常对社区有很大好处，尤其是在与联邦政府谈判时。政府的权威性是对当地长期投入资源的背书，就相关项目和计划而言，它的行政能力通常比任何私人利益集团的更强大。没有政治领导人的鼎力支持，一个社区可能很难实现有利自身的发展政策。

发展政策的共识性质并不适用每一种情况。除了一些派别和团体可能把各自的利益置于社区利益之上外，在某些情况下，社区领袖可能对社区的首要利益有着根本的分歧。尤其是在较小的社区和郊区，那里的经济和地位利益也许分化严重，社区领袖可能会分裂成“发展”和“不发展”两个派别。一些人关切社区的经济基础，另一些人则认为社区应该抵制城市化，或者试图远离商业和工业中心，独善其身。如果社区没有在首要利益上达成一致，就不可能达成共识，而只会有激烈、敌对的意识形态冲突。但这些模式的例外情况不太可能成为大中型城市政治的特征。只有当紧邻的地区具备维持社区繁荣的经济基础时，社区排他性才是一个可以安全追求的目标。不管城市规模大小，这种选择都不可行，发展政策在很大程度上仍然需要社区一致同意。

第八章
配置政治

我们讨论的城市政治大多数是配置政治。它包含许多互相抵牾的政策，这些政策对城市经济利益的影响错综复杂，理性个人自然对其影响的理解也分歧重重。在这一政策领域，政治谈判影响政策的形成，谈判模式采取了典型的多元化形式。就配置问题而言，人们发现，在那些共同拥护发展政策并一致反对实质性再分配政策的人当中，存在激烈的争议。随着议题的变化，参与者不断寻找新的盟友，联盟形成的模式也在不断变化。政策选择的特点是不同竞争性利益团体之间的妥协，其条件受政治领导人选举中关切的问题影响。

许多政治争议是配置领域的问题。区位政治消耗了城市政治家的大量精力，通常涉及政府资源在城市具体位置的配置。[1] 比如，学校应该选址在哪里？应该优先修建哪条公路？新医院可以建在公用绿地上吗？市政管理构成另外一系列重要的配置问题。

---

[1] 班菲尔德对芝加哥政治影响的研究几乎完全集中在区位问题上，班菲尔德 1961 年。他的研究表明了配置领域政治争议的多样性和复杂性。

哪些街道需要优先清理？ 哪些人行道需要维护？ 垃圾多久收集一次？ 消防站应该设在哪里？ 城市在停车和交通条例方面应该采取什么政策？ 即使琐碎的，对城市的长期利益影响甚微的税收问题也主要是配置问题。 是否应该通过增加水费和污水处理费、收取城市博物馆门票、增加图书馆罚款或略微提高财产税来增加财政收入？

一直在地方备受争议的配置政策与公共部门就业的条款和条件有关。 它们之所以是地方政治的中心议题，一般认为是因为它们涉及公民的切实利益，而且具有区域性。 就业岗位实际上可以不断细分，并分配到社区具体的部分。 控制就业分配的政策在公共服务的不同部门之间以及在公共服务的不同级别之间几乎可以无限变化。 不同的群体可以各安其位，其招聘和晋升政策可以根据该群体的利益而调整。 此外，所带来的收益是完全具体的、实质性的。 这是一种有形的商品，可以相当精确地计算出价值。

区别性和实质性是公共部门利益交换的众所周知的特征。 很少有人意识到，按照某一套标准分配公共就业机会，除了少数例外的情况，对城市的整体经济利益没有任何已知的影响。 当然，原则上，城市需要招聘人才，他们拥有与其工资水平匹配的最合适的技能。 通过这种方式，城市可以以最佳效率运营公共服务，从而最大限度地提高效益/税收比。 一套行之有效的就业政策能促进社区整体生产力的发展。

但是，尽管理论上知道发展型人事政策应该是什么样子，但在现有技术的限制下，我们在人员招聘上不可能达到很高的效率。 即使人事部门和就业顾问现在可以借助精细的分析工具，但社会也不知道应该在地方性法规中规定人才应该具备哪些个人特征，以便为那些公共服务岗位招聘到技能最适合的个人。 有一种思想流派认为，某些教育背景对于从事一项公共服务是必不可少的，例如接受过教学、提供某种社会服务、消防或逮捕罪犯的教育。也有人认为，某些笔试测验的成绩能预测个人在各种公共服务活动中的能力。当然，法律要求一定程度的学校教育水平和起码水平的能力倾向测验成绩，这有助于筛选出完全不合格的人选。但是，有时标准会高出最小值很多，从而排除了那些可能拥有合适专业知识的人才。此外，许多人即使通过了此类考试并满足相关学历要求，仍然不能在工作环境中充分发挥出他们的能力。教育表现和工作表现之间的相关性一直不大，甚至更难证明能力倾向测验成绩和执行公共服务任务的技能之间存在任何关系。[1] 事实上，萨默斯（Summers）和沃尔夫（Wolfed）对教师工作表现的仔细分析表明，教师能力测试成绩和实际课堂效果呈负相关。简而言之，事实证明，地方政府未能制定出一套最优的招聘和晋升政策。各种各样的政策的有效性大致相同，给自由裁量权留下了广阔的空间。

正是这种自由裁量权引发了公共部门就业或利益交换的多层面政治问题，这个问题也常常在政治辩论中被贴上标签。利益交换一直是政治机器派和善政改革派之间争论的中心点，是种族政治的一个表现，是少数族裔群体骚动的焦点。最近，也是地方工会政治的前沿问题。

政治机器派和改革派之争

城市学家强调了政治机器派政治家和城市改革派政治家之间斗

[1] “在大多数职业中，主管的评分与工人的智商得分之间的平均相关系数约为 0.30。不同雇主之间差异很大，在许多情况下，这种相关性实际上是负的。”詹克斯 1972 年，第 186 页。另见伯格 1970 年。

争中固有的阶级冲突。政治机器的力量来自紧邻城市商业和工业中心的低收入少数族裔社区。改革派对住在宜人的郊区、土生土长的中产阶级居民具有吸引力。政治机器派政治家本身通常是工人阶级出身的第二代移民，他们利用自己的政治影响力来提高本身的经济福利。改革派政治家主要由专业人士和开明企业家组成，他们一般是名校毕业生，在社会上与控制选区组织的“粗人”大异其趣。

就两者的实际表现而言，这是对政治机器派政治家和他们的改革派对手相当准确的社会肖像描摹。对建立清廉政府和提高公共服务效率的共同兴趣都掩盖了美国北方各州及他们的新教盟友与大部分天主教移民之间的社会距离。然而，人们不应该把政治机器和改革运动之间的冲突与公开的阶级斗争混为一谈。相反，其中阶级冲突表现得特别低调。双方都没有质疑企业家对私有财产的控制，也没有质疑经济增长对城市福利的至关重要。没有人提出全面社会改革计划。政治机器派只想从经济增长中分一杯羹。他们提出的最具再分配性的政策是向越来越多的领取救济金者分发现金。与此同时，改革派一直在结构改革方面比社会改革方面更成功。尽管一些改革派曾发起反对廉价公寓住房和反儿童饥饿的运动，但他们所取得最持久的市政改革成果只涉及少数的政治和政府创新。

政治机器派和改革派当然在哪些机制最适合城市经济发展上存在分歧。改革派认为，通过无党派、不分选区选举就可以选出捍卫城市首要利益的领导人。尽管政治机器派政治家不太善于表达，但拥护他们的学者认为幕后交易和腐败政治放宽了地方资本投资的法律障碍。但是政治机器派和改革派的差异主要涉及风格和技术上的冲突，两者追求的目标却并无差异。政治机器派和改革派没有就经济繁荣或社会分配问题展开辩论，他们历来在利益交换和腐败问题上存在意见分歧。自1900年以来，纽约市民主党的每一次失败都是反政治腐败运动的结果。几十年来，腐败问题一直是芝加哥政治的中心主题，1924年汤普森（Thompson）严重非法占用公共资金丑闻曝光后，改革派赢得市长选举。腐败和利益交换问题一直主导着旧金山的政治生活，通过对该市政治的全面分析，我们得出结论："在这里，诚实、能力和适应性这三大价值观塑造了城市治理的起源和表现。"用一位当代学者的话来说，19世纪的城市政治就像一个病人，他在床上疼得死去活来，只是靠左右翻身减轻痛苦。

> 病人不时从一剂猛药中获得喘息的机会，例如颁布新宪章，把一帮民选出来的无赖赶下台。然而，现在宪章的弱点暴露无遗……；公民热情消退，让坏人卷土重来。

即使在许多城市实施改革几十年后，这些问题仍然是地方政治的主要问题。热衷利益交换的民主党和改革力量之间的冲突在费城、纽瓦克、加里、圣路易斯、芝加哥、纽约及其他城市引发双方在选举中激烈角逐。尽管结构创新旨在遏制利益交换和腐败问题，但似乎"城市对诚实的追求与结构形式没有明显的联系"。[1]

利益交换和腐败问题主导着地方政治，不是因为地方官员尤其贪赃枉法，而是因为就业问题是地方政府能解决的少数几个问题之一。此类问题一直存在，地方部门可以围绕这个问题表达自己的意见，仅仅是因为就业一直是最突出的配置问题。在相关资质和专业知识至关重要的情况下，政治机器派政治家非常愿意应用这两个标

[1] 这番评论主要针对旧金山，但似乎普遍适用。

准。虽然地方公共卫生服务部门要求有资质的医生接种疫苗，但其实在19世纪末，一些疫苗就已经开始投入使用，帮助消灭一些致命的儿童疾病，甚至坦曼尼协会也承认，党派政治不应与公共服务部门的管理有任何关系。但是，大多数公共服务部门不能像医学领域那样，能精确地事先规定对相关人员雇佣资质的要求。相反，雇佣政治是竞争性政治力量之间的公平游戏。

冲突双方都有理由宣称他们的政策对城市有益。当政治机器把为政党服务作为招募个人加入公共服务部门的主要标准时，他们可能会争辩说，这项政策不仅有利于该政党，也有利于城市政府机构。在复杂且竞争激烈的选区政治进程中，法警、警察、环卫工人或园林工人的出色表现可能是能力的预测指标。此外，只要党派忠诚是雇佣的一个条件，雇员就会对政府机构的宏大目标做出一定的承诺。与此同时，公务员制度使雇员免受党派压力合法化，这使得“解雇最无能的公务员也成了赫拉克勒斯的第十一项任务”。

尽管如此，改革派对政治机器式做法的批评意见也不无道理。公共服务部门的员工因其在政党组织内的工作成绩而得到聘用和晋升的机会，削弱了公共服务部门本身的等级结构。名义上级对其员工行使监督权的能力降低了。此外，政党的组织工作无论表现如何出色，都不一定能胜任地方政府的行政工作，因为在地方政府，书面沟通技能非常重要。

多年来，改革派将其招聘标准用于雇佣城市政府的工作人员，并取得了明显的成绩，人们可能认为，他们的成功足以证明，与政治机器偏好的党派标准相比，以考试和教育背景作为招聘标准能产生更高水平的政府效率。

但是改革派的成功也不能排除其他因素。每当预期自己将在选举中失败时，各政党都支持公务员制度改革；通过这些改革，他们可以让将亲信安插在政府机构内。公共部门雇员也赞赏随着招聘程序日益合理化而带来的任期保障。此外，政党组织开始失去对选民的控制，因为受过更好教育的人群开始依赖报纸、收音机和电视等途径获得投票参考意见。在大城市芝加哥，政治机器仍然控制着大部分公共服务部门的招聘事务，公共服务部门的效率似乎与同等城市相当。事实上，将芝加哥和纽约进行比较，大多数评论家认为芝加哥政府运行效率更高。比较结果并不能证明政治机器比改革后的政府更有效率；许多其他变量也可以解释美国这两个最大城市之间能观察到的任何差异。这个案例只是证明一套招聘方式优于另一套招聘方式是多么困难。

政治机器的发展是由多种因素造成的，包括19世纪美国持续的社会和经济变化；一直延续到1920年的欧洲农民大规模移民；城市政府民主化先于工业化的事实；对社会流动机会的普遍信念；美国文化中弥漫着个人主义而非集体主义的社会思潮。[1] 然而，政治机器派和改革派冲突产生的制度环境有助于强烈关注腐败和利益交换问题的常态化。就业政治在地方政治占据举足轻重的地位，因为它是一个可以在地方层面解决的实际问题。

当将地方政治竞选和辩论与全国性政治竞选和辩论相比较时，这一点就变得尤为明显。虽然腐败问题一直是地方政治的核心问题，但与总统竞选比，就只能退居其次了。即使在19世纪政治机器的全盛时期，全国性辩论也集中在外交事务、经济政策和地区关

[1] 斯蒂芬·大卫和我讨论了影响美国政治中政治机器和改革冲突的其他因素，斯蒂芬·大卫和彼得森1976年，第11—18页。

系等问题上。内战的南北分歧从根本上塑造了党派权力的基础，但当战争记忆开始消散时，关税和货币政策问题成为国家政治的主导问题。随着民粹主义的发展和民主党向布赖恩主义（Bryanism）[1]的转变，自由银币、企业垄断、帝国主义和开发西部自然资源等问题成为美国政治的核心问题。

利益交换和腐败当然是国家政治的一部分。比如，绝望的失业者夺去了詹姆斯·加菲尔德（James Garfield）总统的生命。

震惊世人的丑闻给格兰特（Grant）、克利夫兰（Cleveland）、哈定（Harding）及杜鲁门（Truman）等各届政府造成了相当大的政治损害。但与数十名市长因腐败问题而败选，甚至锒铛入狱形成鲜明对比的是，直至理查德·尼克松（Richard Nixon）总统，才第一次出现联邦政府因涉嫌腐败行为而下台，甚至在随后的选举中被击败。格兰特在后来还再次当选美国总统；克利夫兰（Cleveland）最大的政治灾难是1893年经济大萧条；卡尔文·柯立芝（Calvin Coolidge）轻松克服哈定（Harding）留下的负面遗产；杜鲁门（Truman）的声望仅在朝鲜战争局势变坏后才迅速下降。事实证明，在国家政治中具有决定性的问题一般与阶层分裂和人们对国家长期和平繁荣的要求有关。这些重要的问题主导着国家议程，腐败和利益交换问题虽然一直是全国性选举的重要议题，但除了特别特殊的情况之外，都必然是次要因素。

---

[1] 译者注：布赖恩是民主党的民粹主义总统候选人，他支持自由银币政策，认为，正逐渐成为国际惯例的金本位制应当被废除，根据需求无限制地铸银为币才能有效刺激经济。由充盈货币导致的通货膨胀可以令债权人的财富大幅缩水，从而有效缓解劳工与农民的负债压力。

种族政治

利益交换问题不仅助长了政治机器派和改革派之间的争论，也进一步激化了地方政治中普遍存在的种族争议问题。当然，利益交换问题本身并不会产生持久的地方种族冲突。从欧洲、拉丁美洲、亚洲和南美洲不断涌入的移民是地方种族冲突的另外一个重要原因。但是，随着这些移民逐渐融入现代工业社会，许多人预计种族政治会让位于阶级政治。如果这种观点是正确的，那么在1920年《归化法》终止移民潮之后，种族政治应该已经消失殆尽。

如果政治实践仅仅反映了更大社会内部的不满，那么种族政治的衰落是可以预料的。但是，由于政策影响政治，所以政府做什么，以及政府能够做什么都会影响政治参与的模式。从以下几个方面来说，虽然说各族裔内部在日益分化，但是地方政府结构推进了种族政治问题常态化。首先，地方政府在解决阶级政治问题方面无能为力。地方领导人如果企图围绕各阶级的广泛利益诉求展开竞选，手上可打的牌不多，因而，地方候选人更倾向于经济发展优先于社会再分配。这样，他们就竭力回避可能导致经济倒退的公共政策。关注阶级政治不会给地方政客带来回报，但种族政治就不一样。

在地方层面，种族政治优于阶级政治，这是因为政客们满足各种族的意愿相对容易。在韦伯的分类中，族群是在获得社会认可方面有差别的身份群体。身份较低的群体要求社会其他群体给予他们更大的认可和尊重。各族群希望他们的语言、种族、文化或民族的合法性得到政府行为的确认。地方政治领导人也可以通过多种方式给予这些群体认可，而不会对城市经济状况产生不利影响。公职人员可以允许各族群在各种国家节假日举行游行，以某些种族英雄的名字命名街道和建筑物，参加他们的社区庆祝活动，在某些场景说几句他们的语言，公开享用各族群美食，任命各族群领导人进入市政委员会，给予他们获得公共部门岗位的特殊机会，特别是在这个族群集中的区域，并且最重要的是，推动各族群竞选高级公职。在大多数美国城市，政治候选人在竞选日都会主动地努力赢得某个族群的支持。这样就造成一个结果，族裔认同在地方政治中仍然具有重要的政治意义，甚至对于那些已经在大都会地区生活了两代和三代的移民群体来说也是如此。

就业一直是地方种族政治的重要组成部分，因为“种族团结能让政治家免除就业岗位分配不均的困扰”。政党不必给每一个族群成员政府职位，才能赢得该族群的好感。“偏向少数几个族裔也能得到多数人的认同。”或者，用洛维的话来说，“每一次职务任命都是基于种族或宗教原因……这是在重申该群体成员的身份”。因此，移民群体在市政机构中的代表性成为其在社区政治生活中地位的标志。这方面爱尔兰裔做得非常成功，他们事实上把政府公职作为向上流动的主要渠道。

种族诉求并不是地方政治特有的。联邦政府和全国性政治家也通过类似的手段寻求政治支持。每隔四年我们就会发现参加全国选举的候选人参加种族游行，吃异国食物，讲几句外语。联邦政府也必须首先考虑以种族标准，分配出一定的职位。种族诉求甚至可能在竞争激烈的种族中显得举足轻重。福特（Ford）总统关于波兰是一个自由国家的错误表述及东欧裔支持他们的共产主义政府的暗示；因为以色列问题，总统对犹太人的疑惧的敏感；以及总统候选人对堕胎问题的关注都是全国性竞选中值得注意的观点。像约翰·

F. 肯尼迪（John F. Kennedy）这样来自一个辨识度很高的族群的候选人，对全国选民阵营的影响可能相当大。然而，种族在全国政治中的作用似乎不如在地方政治中重要。总统候选人认为外交政策和经济政策最为重要。种族平衡票是一个引人注目的地方现象。罗伯特·莱恩（Robert Lane）认识到“在真正意义上，种族政治的落脚点在地方社区，而不是国会大厦。事实证明，虽然少数族裔在全国选举中的投票频率通常不高于本地白人新教徒（犹太人除外），有时甚至更低，但他们在地方选举中的投票频率通常更高”。[1]

国家政治和地方政治之间的此类差异与中央政府和地方政府责任的差异相同。政治家对重要国内外问题影响力的大小，决定了相应的政治策略、政治竞选过程和投票行为。但是，当政府责任受到了严格的限制，其政治策略和政治竞选过程会相应地进行调整。候选人专注于那些力所能及的问题。种族认同是地方政治家在不损害城市经济生产力的情况下可以采取的有限的政策之一。因此，由于地方政治家政治上集中于与种族相关的公共政策，所以种族分化的界限得到了强化。即使一个中心城市几乎全部人口都来自工人阶层，政治家还是利用种族问题而不是阶级问题以维持追随者的凝聚力。

少数族群政治

肤色改变了种族政治的特征。少数族群的关注度越高，其群体成员融入社会的过程就更缓慢、更痛苦。就美国黑人而言，被奴役

[1] 圣路易斯的一项研究发现，该市德裔社区77%的居民和南欧、东欧裔80%的居民至少在市政选举中投票过一次，而只有61%的早期殖民者后裔和62%的黑人报告在此类选举中投票过。

的历史给他们留下很深的社会创伤，随后的社会歧视更使得这些创伤无法愈合。因此，少数族群政治采取了比旧形式的种族政治更具敌意的形式。

有两个因素似乎起了作用。首先，有色人种似乎有更强烈的怨愤感和剥夺感。他们对社会变革的要求比过去的种族要求更加全面。尤其是美国黑人，他们是美国城市地区有史以来最激进的少数族裔。尽管暴乱、抵制、静坐和示威等活动标志着黑人作为有组织的政治力量出现，这些行为本身在政治上就令人不安，但这些要求不仅仅是策略问题。其次，更重要的是，这些要求本身影响深远，在地方层面完全不可能实现。这些要求包括实现全面的学校和居住融合、绝对平等，甚至要求公共资源优先分配少数族裔地区，以及向少数族裔分配专项资金以补偿他们过去遭到的不平待遇。黑人也绝大多数支持采取一整套福利措施，如果全部落实这些措施，我们能实现一个可与西欧任何国家相媲美的福利国家：社会化医疗、就业保障、最低收入保障、大规模公共资助住房计划以及各教育水平机会平等。“自由预算”中的这些项目要求对国家财富进行大规模重新分配。这些要求的规模超出了美国政治的主流经验。只有美国黑人感受到的那种特别严重的经济和政治剥夺感才能解释这种更具欧洲特色的激进主义。

这些要求的力量遭到白人以一种极端负面、非常可怕的反应来抵制。如果美国黑人想要种族完全融合，美国白人对黑人的些微动作都会做出防御性反应。社区融合引发了白人外逃。黑人进入公立学校引发私立学校的扩张。当黑人参加竞选以获得一份恩庇政治时，他们就被指控鼓吹反向歧视。只有最温和的黑人政治家才能留下白人选票。在全国范围内，这些黑人的要求几乎要撕裂新政联盟，该联盟已经将民主党推上执政党的宝座。

在当地，少数族裔政治并不像传统的种族政治那样多元化。黑人自己提出再分配要求，以作为他们族群认可主张的一部分，而白人认为黑人即使提出适度的配置要求，其实也是再分配性质的。凡是有益于黑人的东西就被认为损害了白人的利益——事实的确如此。白人认为社区机构象征性的融合是全面种族变革不可避免的过程中的第一步，在一个自我实现的预言中，白人停止使用社区资源。结果是少数族群的需求往往是再分配的，因此超出了地方官员的权力范围。

因此，美国黑人取得的最大胜利在国家政治上。首先，1964年和1965年的《民权法案》打破了制度化种族隔离，剥夺了南方生活方式特有的政治特权。但是联邦政府为美国黑人所做的工作并不局限于重建旧南部邦联的社会关系。大社会计划，包括医疗保险和医疗补助、综合医疗中心、食品券计划、教育弱势群体援助、社区行动计划、人力再培训和就业政策以及社会保障计划扩大化等等，都是在全国范围内的经济、社会机会和资源再分配。这些计划的通过，伴随国家政治改革的活力的迸发，这很大程度上归功于民权运动。尽管这些计划中有许多在地方层面的实施过程中遇到了巨大的障碍，但毫无疑问，国家决策机构对20世纪60年代成长起来的黑人势力十分慎重。

地方官员也会对黑人的要求做出相应反应，但方式大不相同。尽管他们不愿意进行大规模的种族隔离或其他再分配计划，但是黑人的配置需求还是可以轻易满足的。一些街道和学校以著名黑人英雄的名字命名。在许多城市，马丁·路德·金（Martin Luther King）的生日是一个公共假日。现在很多黑人和其他少数族裔代表进入公共委员会，数量几乎与他们的人口成比例。

地方政府对少数族群在公共部门就业的需求反应最为迅速。在民权运动赋予黑人新的权力之前，根深蒂固的种族歧视使他们无法公平获得相应比例的公共部门的工作机会。即使在纽约和芝加哥，黑人获得前所未有的政治参与机会，但哈莱姆区和南区的政治机器只能提供低级服务职位。20 世纪 60 年代，要求各级地方政府增加黑人雇员的压力迅速加大。由于联邦基金允许大幅增加地方管理的各种计划，因此地方政府在这些新岗位上专门招聘少数族裔。社区行动计划、模范城市计划、人力和培训计划以及社区医疗中心的工作人员主要来自少数族裔。与此同时，保守的政府机构推广平权行动计划。虽然官僚机构对任命少数族裔存在一定的抵触，但政府领导人还是逐渐引入种族偏见色彩较轻的新程序。

由于这些创新，公共部门开始开放雇佣黑人雇员。大卫·格林斯通和我将黑人在地方政府的就业情况与整个美国经济中的黑人就业情况进行了比较。我们计算了一个代表指数，如果某一特定职业阶层中地方政府雇用的黑人百分比与该职业阶层中一般的黑人雇用百分比相同，该指数取值为 1.0。高于 1.0 的值表示黑人比例过高；低于 1.0 的值表示黑人比例过低。我们发现，在 1970 年，黑人在当地公共部门的比例普遍过高；所有职业的指数取值为 1.2。我们还发现，比例过高的指数值越大，该职业类别的声望越高。在服务岗位上，黑人在地方政府中比例过低，但是在专业和技术岗位上，黑人比例过高，达到 1.7，在管理和行政岗位上达到 2.5。很可能，黑人在公共部门的比例过高至少部分原因来自直接的政治压力。在对 10 个加州城市的比较研究中，布朗宁（Browning）、马歇尔（Marshall）和塔布（Tabb）证明，随着黑人融入当地政治进程，市政厅雇佣的黑人比例与他们在成年人口中的比例相比显著增加。对印第安纳州加里市的政治分析表明，成功的黑人市长理查德·哈奇（Richard Hatcher）是“用一台黑色政治机器取代了一台白色政治机器”。

弗兰克·汤普森在研究奥克兰政治雇佣问题时问道，“为什么招聘问题……特别引起少数族群的注意呢？”他回答说，“这是少数族群取得最大成果的领域”。他继续说道，少数族裔回避再分配政策提案，因为他们感觉“城市财政能力不如其他级别政府，控制的社会服务也比其他级别政府少”。相比之下，他们对平权行动的要求“不太可能引起强烈反对”。无论少数族裔就业形势的变化是因为这一领域压力特别大（就如汤普森认为的一样），还是因为政府官员响应更积极，又或者两者兼而有之，总之，种族政治在配置和再分配领域似乎有不同的后果。

事实上，政府机构对黑人就业需求的积极响应极大地缓和了美国的种族冲突。城市政治领导人发现，对就业问题积极响应是将黑人纳入地方政治进程的一个宝贵机制，这样不会因为需要进行大规模再分配而牺牲当地经济，这得益于黑人从主张融合的民权要求转向对平权行动和社区参与的权力要求。

城市政府雇员

近年来，就业政治日益成为地方政府直接关心的核心问题。随着政治机器权力在许多城市的式微，往日的种族对抗有所缓解，以及有色人种日益融入地方政治，就业政治在地方政治中的地位日愈重要。城市政府雇员一直是地方政治的积极参与者。与社区的任何其他部分相比，地方政府雇员更直接地受到地方政府官员决定的影响。他们的工资、工作条件、责任甚至职位的存在都取决于当选官员的决定。由于这些原因，公共部门的雇员比私营部门的雇员对政治的参与更深入。

公共部门雇员深度参与政治似乎在国家层面上影响甚微。除了对那些居住在华盛顿特区周边地区的公共部门雇员，以及过去对邮政部门雇员的福利有过关注之外，国会议员和总统似乎都不认为特别关注联邦政府雇员的需求可以获得更大的政治红利。在国家政治中，长期的党派分歧、重大的议题和候选人的个人声望是影响选举结果的主要因素。值得注意的是，政府雇员任命在国家政治中是一个微不足道的因素，没有一项关于全国性投票行为的重要研究发现政府雇员的政治参与率或党派倾向能影响选情。

在地方层面，政府雇员似乎政治影响力更大。一方面原因是，地方政治中选民投票率要低得多，因此为数不多的政府雇员可能会产生重大的政治影响。比如关注度较低的学校董事会选举和学校债券公投。在这种劳动密集型的公共服务部门中，参与地方选举的公共部门雇员人数非常多。在没有分裂性政治竞选活动的情况下，这些公共部门雇员和他们的家人就可以主宰选举结果。例如，众所周知，任何学校债券公投活动都应该低调进行，投票人员主要是那些对维持健康的学校财政系统最感兴趣的人群。全民投票失败的可能性随着投票率的增加而增加。最近，纽约市建立了一个社区学校董事会系统，董事会成员选举没有按照常规选举时间和地点进行。初选的投票率仅为 14%，教师工会对选举结果有决定性的影响。

市政选举参与度通常在全国选举（投票率为 60%）和关注度最低的选举（投票率可能低至成人人口的 5%）之间。在这种中等参与度的选举中，公职人员可能不会主导选举结果，但是如果他们发起有组织的竞选活动，政治家就需要严阵以待了。洛维实际上认为，在纽约市，公共机构的雇员是“新型政治机器”，他们提供资金，是投票的有生力量，根据一项估计，他们占全部选民的20%。有了这种权力，“大部分较大的政府机构”在瓦格纳（Wagner）那届纽约政府的核心部门都有政治代表。虽然城市政府雇员的选举影响没有得到应有的精细研究，但其他学者粗略研究表明，他们在地方选举中一直是一股不可小觑的力量。威廉姆斯和阿德里安发现，在他们研究的四个城市中，其中一个城市“最强大的政治力量是该城市的城市政府雇员工会”。沃尔芬格报告说，在纽黑文，警察和消防员工会成员“高度政治化”，他们通过谈判能从地方选举中获利颇丰。在洛杉矶，全城政府雇员协会纪律严明，其成员在选区中分布相当均匀，协会领导一声令下，应者云集，是当地政治中的一个重要力量。旧金山宪章改革通过过程一路崎岖，其中一个因素就是市政厅雇员的作用。

在过去10年中，城市政府雇员一直对选举具有一定影响力，现在因具备与地方政府集体谈判的能力，影响力得到进一步加强。1961年肯尼迪（Kennedy）总统使公共部门工会制度合法化，劳联—产联承诺成立地方政府白领雇员的工会。各州禁止城市政府雇员罢工和其他工会活动的法律，已经不再有效地阻止城市政府雇员使用他们的终极武器。全国各地的地方政府都受到过城市政府雇员罢工的影响。利瓦伊（Levi）报告说，城市政府雇员罢工从1958年的14次增加到1970年的386次，参加人数从1 690人增加到168 900人。

有一段时间，公共部门雇员在地方政治中同时拥有经济和政治权力，似乎将把这个议题从配置领域中移除。这些雇员的需求范围如此广泛，权力达到了前所未有的高峰，以至于一些大城市正在达成和解方案，而这些方案只能通过累退的高地方税收来筹措资金。

在一篇关于城市财政危机的早期文章中，皮文（Piven）认为，公共部门雇员利用地方政治领导人的软弱，从而获得超出地方政府经济承受能力的让步。受她的文章影响，一些马克思主义学者开始大谈“国家财政危机”，认为地方政府财政压力是工人和资本家斗争的最前沿。此外，当我发现芝加哥教师工会成功地经过讨价还价，将其成员薪水争取到比其他地方类似情况下的教师工资高出15%—20%时，我开始怀疑，当面对“垃圾无人收集、街道无人巡逻或学校关门等因素引发的直接危机”时，地方领导能否顶住“长期破产的压力”。

从稍微长远一点的角度来看，我首先觉得把这些变化视为一种短暂现象，似乎更准确。现在来看，政府机构处在适应公共部门雇员集体谈判技巧的过渡时期，向他们所做出的让步似乎是自己误判造成的偏差。对集体谈判后果的研究表明，与没有集体谈判的社区相比，集体谈判会给公共部门雇员带来更高的工资，但在大多数情况下，这种差别很小。在最近对61个城市的研究中，克拉克和弗格森（Ferguson）发现城市公共部门有雇员工会的比例和雇员工资水平有中等相关关系，但是他们发现公共部门有雇员工会的比例和公共服务成本之间没有相关性。雇员工资水平和工会之间存在的任何正面联系都被参加工会的雇员比例和地方平均雇用的城市政府雇员人数之间的负面联系所抵消。“城市政府雇员有工会的城市……雇员收入更多但人数更少……城市政府雇员可能有足够的能力来增加他们的报酬，但并不能增加地方政府总支出。”即使在纽约市，财政危机似乎更多是由于长期因素，而不是受20世纪60年代末工会的影响（见第10章）。

城市政府雇员仍然对地方政治有影响力。与联邦雇员相比，城市政府雇员的政治和经济影响力都很大。但行使这一权力可能会集中在配置部门的问题上：招聘和晋升的条件、影响工作条件的具体因素以及长期工作的稳定性。在这类问题上，地方政府可以做一定让步，而不会严重损害城市经济。如果工资、养老金和附加福利仅略高于市场价格，地方政府还能容忍其雇员享有特殊政治权力，毕竟这不会危及政府的长期经济利益。

结论

配置政治永无止境。这是一个持续的、正在蓬勃发展的、潜在爆炸性政治领域，助长了选举竞争，并经常使决策者面临巨大的政治压力。由于许多地方争议都属于配置问题，我在此只能提供一个简明扼要的概述。我重点关注就业问题，这是政治机器和改革的冲突及种族政治和少数族裔政治的核心问题。此外，近年来，城市政府雇员已成为地方政策制定的有力直接参与者。在所有这些方面，就业问题在地方政治中比在国家政治中的政治作用大，这仅仅是因为地方政治强调或者夸大了配置问题的重要性。

就业和其他配置问题的重要性突出了地方政治行动的局限性。发展问题通过协商一致的方式处理，再分配问题很少由地方解决，地方政治只有关注国家政治中似乎微不足道的问题。地方政治好像有点无所事事，这样就业问题和普遍就业条件都引发一场激烈争论。由于大多数公民参与地方事务的程度低于国家事务，所以，来自特定族裔群体或为特定公共机构工作的相对少数的公民群体，可能对地方政府具有与其人口比例不相匹配的政治影响力。他们的影响力通常局限于配置问题，但对于小团体来说，这可能是一个非常有利可图的政治行动领域。

人们普遍认为地方政治就是谈判、妥协、弥合群体分裂以及处理不断变化的政治问题，当然，这种观点并不算错。相反，这种观点描绘和概括出地方政治关系中一些最显而易见的方面。但是，除非人们也认识到城市的利益是如何限制其自行决定权的，否则对地方政治中各群体谈判的理解本身就比较有限。地方上争议的问题只占全国议题中狭小的一部分。即使在我们称之为配置领域的狭小范围内，地方政治也有一种特殊的形式。因为广大公众很少关注地方政治，所以小团体在这些配置问题上的权力尤其强大。

第九章
再分配政治

再分配一般不是地方政府日常运作的重要内容，这个议题在很大程度上被排除在地方政治议程之外。即使中心城市所有地区分配类似服务过程中存在某种再分配现象，即使与贫困地区相比，富裕地区承受再分配服务能力更高（见第三章），即使在最有利的情况下，事实上，操作上并不困难的再分配服务的水平也受到明显的限制。因为再分配政策通常与城市的经济利益不一致，拥护者会发现很难获得支持。这些政策在经济上明显不切实际，即使那些在短期内能从再分配政策中受益的群体一般也不愿意支持这些提议。且不论能带来什么好处，投入一项成功机会渺茫的事业本身就并无意义。这样，再分配政策变成了马修·克伦森（Matthew Crenson）所说的“非政治问题”。再分配政策是一个只会偶然形成议题的政策领域。当问题出现时，那些负责保护城市利益的人会制定相应政治策略，使城市能够避免实施实质性的再分配。

再分配政策：企业可以将再分配政策排除在地方议程之外吗？

看到再分配在地方政治的缺失，一些学者认为，在地方层面，是权力精英将这些问题排除在政治议程之外。经济报复和社会排斥的威胁被认为是妨碍弱势群体行使其言论和组织权利的主要原因，即使在“自由民主国家”也是如此。虽然肯定能举出一些压制弱势群体的例子，但这不太可能是地方政治中再分配问题缺失的主要原因。正是地方政府出资的再分配项目所带来的负面经济后果影响了这个决策领域。

克伦森（Crenson）对空气污染政治的研究是对地方非决策制订的最令人印象深刻的实证分析。尽管他研究的问题在再分配意义上与我们所用的不完全一致，但严格控制污染所引起的负面经济影响给地方决策者造成的问题，与低收入住房项目和其他明显的再分配项目所带来的问题相似。因此，重要的是我们需要思考，克伦森认真审视过的空气污染问题之所以不能成为城市中心议题，是如克伦森所认为的因为工业精英的间接影响，还是如我认为的因为地方决策者受到的结构性限制排除了解决这类政治问题的可能性。

克伦森的研究基于两个独立的数据：（1）20 世纪 50 年代印第安纳州东芝加哥和加里市的政治比较案例研究；（2）以人口从 5 万~7.5 万的 51 个美国城市作为样本，对空气污染作为城市政治问题的决定因素进行分析。克伦森使用标准调查研究技术收集数据。在这两组数据中，克伦森根据手上的证据得出结论，即工业精英是将空气污染问题排除在城市议程之外的推动力量。

克伦森的比较研究表明，东芝加哥关于空气污染的争论比加里激烈和频繁；因此，东芝加哥在1957年通过了一项空气污染法令，对于当时的加里来说，这样的法律是不可想象的。克伦森认为，这两个城市之间的这些差异是以下因素作用的结果：（1）东芝加哥有公开听证会，公民可以在听证会上表达他们对城市的某些不满；（2）东芝加哥政党之间的竞争更激烈；和（3）与加里相比，东芝加哥的制造企业数量更多，而在加里市美国钢铁公司一家独大，主导这个城市的经济。他认为，总的来说，在政治和经济差异很小的城市，强大的工业利益集团可以将空气污染等问题排除在地方政治议程之外。他对51个城市样本数据的分析得出了类似的结果。在空气污染严重的城市，污染成为政治问题与该城市工业的政治影响力负相关。在空气污染不那么严重的城市，工业部门的影响并不会阻碍这个问题进入当地政治议题，但它确实妨碍这个问题在该城市的全面讨论。总之，“制造污染的部门的政治力量阻碍污染问题成为政治问题并妨碍其得到解决”。

虽然克伦森对调查数据的案例研究和分析在许多方面给人留下深刻印象，但克伦森报告的调查结果的主要部分与他自己的结论并不一致。首先，克伦森对调查数据的回归分析不能有力证明他的主要论点。空气污染成为政治问题的程度与社区工业部门的影响力相关时，没有达到显著水平。无论报纸、商会、劳工委员会还是当地政党在空气污染问题上的立场，在受访者看来，实际上都与工业部门的力量无关。克伦森说：“大多数相关关系都是弱相关。”只有当克伦森将他的样本分为高污染城市和低污染城市时，他才发现了中等相关关系，这种情况下可以解释为与工业部门的影响力有关。然而，如表9.1所示，即使这样，相关程度也不高、不稳定，以至于我们最合理的解释似乎是，工业部门的影响力对污染是否成为政治问题没有稳定的影响。

表 9.1 工业影响与空气污染问题,悬浮颗粒物水平的控制

工业对空气污染的影响	量表题项的问题			
	报 纸	商 会	劳工委员会	政 党
高污染城市	−0.34 (18)	−0.23 (18)	0.07 (18)	0.03 (17)
低污染城市	0.05 (27)	0.30 (28)	−0.24 (26)	−0.36 (28)

资料来源：克伦森（Crenson）1971，第 117 页。

同样，人们对克伦森对其案例研究的解释感到困惑。在这一部分的分析中，克伦森强调了与加里相比，东芝加哥工业精英处于相对弱势地位。然而在他的结语中，克伦森写道，东芝加哥是这样实施环保法律：“环保督查员和当地企业家之间的非正式协议保证企业家在空气污染条例颁布前安装的所有设备得到豁免。”尽管该法令似乎在一段时间内对降低空气污染水平产生了积极影响，但“污染下降趋势……在 1962 年又逆转了”。

很显然，这个转折点与东芝加哥的一家工厂采用了一种新型炼钢技术的时间点一致，这种技术产生相对较重的颗粒排放物。换句话说，该条例既没有有效地适用于东芝加哥的现有设施，也没有有效地适用于新设施。总的来说，似乎最终东芝加哥的空气污染问题处理得并不比加里成功。

空气污染控制等政策可能对地方经济产生不利影响，但一般不被视为地方问题。即使污染控制确实成为当地的公共政策，但有研究证明，要有效地实施环保政策，必然危及社区经济福祉。地方政府严格监管工厂污染物，必然会增加当地企业成本，而监管宽松的地方的竞争对手可能无需承担此类成本。同样，在监管更严格的地方的企业将在市场竞争中利益受损。最终，这些企业将被迫搬迁到其他地方或放弃其先前的市场份额。当企业发生亏损或彻底离开社区，社区就会承受着失业率上升、财产价值下降和地方政府收入下降的压力。只要想改善空气质量，必然要付出巨大的经济代价。甚至那些厌恶环境污染的人似乎也明白，面对有效监管环境所带来的成本，地方官员也捉襟见肘。因此，他们将目光投向上级政府的活动上，上级政府的政策能一般公平对待该行业的所有企业。

由于地方政府难以解决空气污染控制等问题，所以这个问题就难以成为一个重大的地方问题。就此而言，克伦森的观点是对的。考虑到企业的确需要承担相应成本这一事实，人们很容易得出结论，政府在污染问题上对企业政治权力缺乏控制。如果这种权力没有在地方政治活动中公开表达出来，人们可能会进一步强调，企业对地方议程具有重要的影响力。然而，地方政府控制空气污染问题能力的有限似乎更适合用地方政府的结构性限制来解释，这种结构性限制对地方政策的限制具有普遍性，束缚了地方政府的手脚。所以，毫不奇怪，只有当州和联邦官员同心协力共同制定全国性标准时，空气污染控制才能真正纳入美国公共政策。克伦森说：“有关污染问题的决策在联邦系统内的政治重心稳步上升……联邦政府在控制污染领域承担了新的责任……因为……下级政府往往无法自己对自己动刀。”

地方企业不是阻碍污染控制成为地方政治问题的唯一政治力量。地方上的其他重要力量也很少希望将污染问题作为一个重要问题看待。由于空气污染控制给地方工业带来了巨大的经济成本，从而也给地方经济带来了巨大的经济成本，因此，即使是最热心环保的人群往往也对此积极性不高。正如我们将看到的，同样的政治被动性也适用于工人阶层组织和政治家所主张的更大范围的再分配问题。

工会

工会是大城市政治中可能提出再分配政策的最有权力的组织。至少自第二次世界大战以来，工会已经在以工人人口为主的大工业城市占据了重要地位。即使美国工会的政治化程度不如欧洲，市长也经常与工会领导人协商，这是其管理城市的例行程序。工会在城市大多数委员会中有自己的代表；许多政务委员会和其他次要民选官员依靠工会资助其竞选活动；城市工会最近开始利用它们罢工的能力，在正常政治进程之外，采取劳工行动使一个城市陷入瘫痪。在许多对工会运动至关重要的问题上，大城市的政治家行动迅速、反应敏捷。

工会也热衷于实现与工人阶级成员有关的再分配政策。尽管工会领导人一般都是所谓保守主义者，但福利制度还是与工会的权力有莫大关系。虽然美国的工会的成立时间晚于欧洲，也没有欧洲那么激进的社会主义倾向，工会还是与民主党结成联盟，在该联盟内为福利、住房、卫生和教育等项目开展运动，并取得很大成功。

工会对再分配目标的追求在国家层面上最为强烈。在大城市政治中，在许多学者看来，工会的要求出奇地狭隘和自私。工会要求城市出台相关法令，规定当地建筑的建造和维护必须使用工会工人。它们成功地取得技术工人职业准入权，从而使其成员能够获得更高的专业服务工资。经过工会的努力，公共部门的工会雇员的工资和福利已经堪比私营部门。但是，地方工会在为非工会雇员争取更高的最低工资的立法方面几乎没有作为，也没有在地方层面积极开展活动，为福利受领人争取更大的福利，为穷人争取低收入住房、更广泛的医疗服务，或者专门针对穷人的福利计划。正如班菲尔德和威尔逊所说，“地方工会领导人通常没有国家工会领导人那么意识形态化”。

在对全国和三个大城市的工会政治的综合分析中，格林斯通详细阐述了国家和地方的差异。格林斯通通过辨析配置政治的多元化利益和福利制度对再分配问题的关注之间的区别，认为参加工会的劳工参与地方选举……反映了对特定工会组织利益的多元关注。

> 洛杉矶的工会在1961年支持保守派现任市长，在1965年对自由派候选人却兴味索然。然而，这些工会代表倾向自由主义的民主党候选人，在州甚至全国党派选举活动中追求福利制度的目标。在底特律和芝加哥也能看出，全国和地方选举中工会行为的差异显而易见……更一般的情况是，参与地方政治的大多数雇员仍然是……相对多元化的非工厂工会……但正如我们所见，大量具有意识形态性的行业工会将其大部分资源投入国家政治。

针对地方工会特有的保守主义现象，有一个解释是他们的选区小。麦康奈尔观察到更普遍的现象，即如果一个选区小且同质，“它最有可能寻求的目标将是狭隘的、特有的、具体的，并且通常是实质性的。如果选区很大且异质，那么它的目标将会比较宏大，有普遍性，有时还很模糊”。从这个角度来看，地方工会的非分配取向是由于地方劳工运动中选区较小而且同质造成的。格林斯通自己这样解释国家和地方的工会政治差异：

> 同质选区在地方政治中比在国家政治中更常见。联邦政府在公民数量和它所涉及的利益种类方面比州和地方要更多样化……在地方政治中，需要满足的利益集团比在国家政治中要少，针对个别利益集团做出特殊安排的可能性相应……增加。

一个补充解释是，大规模再分配政策提案不适宜地方政府。例如，如果在全市范围内提高工人最低工资，可能迫使企业出走。如果用地方资金建造高质量的保障性住房，这项政策不仅必须使用地方税收支付，而且很可能吸引其他地方的低收入家庭涌入该城市。其他再分配政策也有类似的后果。因此，工会反而专注于从地方政府那里获得只有工会成员能受益的特殊利益。工会行为的再分配影响被尽量削弱，几乎不会带来不利的经济后果。

工会要求狭隘的配置利益。但是他们也热情地参与发展政治。一个社区的经济扩张计划通常是在一些工会领导人的参与下制定的。工会支持对迁移到该社区的企业进行补贴，因为这些企业将增加社区就业机会。工会领导人像政治家一样，为社区福利做出贡献，在社区制度化的谈判过程中赢得了尊重。在一个相互尊重和体谅的共识世界里，劳工运动最关心的特殊利益受到保护。在国家政治中造成阶级冲突的再分配需求在地方政治中没有立锥之地。值得注意的是，对城市能力的限制往往对工会领导人有利。在地方和谐友好的气氛中，工会主义者在不牺牲工人合理需求的情况下赢得了社区的尊重。

工人阶层政党组织

严重依赖工人选票的政治组织可能会支持再分配政策。尤其是在工人占人口绝大多数的中心城市，这些政党可能不得不采取再分配方法以解决城市问题，它们这样做的目的仅仅是为了维持工人阶层对它们的支持。当然，这些政党向国家立法机构派出代表，这些代表支持国家大多数政治问题的再分配政策。即使在美国，自新政以来，民主党和共和党在再分配问题上的区别也相当明显。此外，民主党内最支持再分配政策的因素是那些代表城市地区的因素。

在地方层面，这种再分配取向就不那么明显了。在国家政治中支持国家健康保险计划的民主党人不愿意将公共健康服务扩展到城市低收入群体。民主党人投票支持提高全国最低工资水平，却反对提高地方公共部门雇员的工资。在国家层面，支持向贫困儿童教育提供财政援助的民主党人却能接受将这些资金投向地方社区的中产阶级儿童。值得注意的是，对美国州和地方公共政策的系统研究很少发现党派政治差异会对政策产生影响。一旦考虑到社会经济因素，政党之间的权力平衡导致对政策的影响甚微。在对公共政策决定因素的文献综述中，弗里德（Fried）发现“从城市民主的‘负责任的政党政府’模式来看，政党影响力的缺乏可能令人不安”。

地方政策所带来的后果没有明显的党派特征，并不妨碍地方候选人有时也会迎合工人和穷人的需求。出于意识形态的信念或政治上的需要，候选人经常试图与贫困人口和弱势人群保持紧密联系。但当这样做时，他们通常会选择不会产生负面经济后果的政策。他们还有多种策略可供选择。候选人可能会要求制定能促进经济增长，为工人创造更多就业机会的政策。如果呼吁改善住房条件或福利这样的再分配政策，他们将建议由上级政府的财政收入支付这些政策的成本。有时自由派候选人可能会代表贫困人口，提议由地方出资的项目，但不管这些项目多么受欢迎，它们都比较便宜，例如针对年轻人的娱乐项目或针对老年人在非高峰时段的低成本交通费。

即使仅仅具有象征性价值的适度再分配计划也不一定能得到地方官员的支持。20 世纪 60 年代末威斯康星州的开放住房立法就是一个很好的例子。该拟议立法禁止住房市场中的种族歧视。但是这项立法仅仅具有象征意义，这既是因为法院解释的联邦宪法已经禁止此类歧视行为，也是因为在任何特定案件中判断歧视事实确实特别困难。州和地方政府通过的法律既多余又无效。然而密尔沃基市的亨利·梅尔（Henry Maier），一位广受欢迎、精明能干且有着自由主义背景的市长，却无法给予开放住房政策全力支持。这一具有象征意义的民权改革在威斯康星全州范围内提出时，他表示强烈支持，但反对任何只针对密尔沃基市的地方法令。他声称，通过一项周边郊区社区没有类似法律的地方性法规，只会加速白人逃离中心城市。

抗议团体

尽管很少有工会或大城市政治家会提出地方再分配政策，也很少有利益集团提出大型再分配方案，但在 20 世纪 60 年代，民权运动和越南战争在美国催生了一个新的抗议团体。这些团体是地方政治游戏的新参与者，是公民政治参与浪潮的产物，往往得到联邦机构和全国性基金会的资助，这些机构和基金会对地方政策的经济局限性没有任何认知。对他们所引起的政治骚动的分析在以下几个方面具有启发意义：（1）他们的需求与传统的地方政治模式的差异澄清了非再分配性地方问题的典型特征；（2）地方系统对这些需求的反应过程，能说明地方系统处理所述再分配需求的能力范围；（3）这些团体在地方政治中的式微表明了地方再分配政治的脆弱性。

迈克尔·利普斯基（Michael Lipsky）对1964年哈莱姆区集体抗租运动的研究仍然是对抗议政治的开创性分析，他描述的这些事件如何揭示了城市政治的局限性，这值得深究。首先，纽约市集体抗租租户的要求涉及大规模的再分配。他们要求为纽约贫困少数族裔全面提供安置住房或修复现有住房。这些要求可以通过以下方式实现：（1）坚持要求私人房东维护其低收入住房，以符合城市建筑规范的标准；（2）由公众接手私人土地所有者手中的物业，并运用公共资金使物业符合标准；或者（3）为低收入居民建造充足的新住房。租户为了落实其中的一项或多项政策，他们集体扣留房东的租金，直到违反城市建筑规范的行为得到纠正。为了集体抗租运动有效展开，抗租领导人发起宣传攻势，深入到数十万居住条件不符合纽约市相应法规的穷人当中。

其次，考虑到租户追求的再分配目标，这次集体抗租运动相当成功。抗租运动领导人杰西·格雷（Jesse Grey）能够争取到数百名群众参加抗议，这个人数一般比地方政治争议中能动员的积极分子多得多。他得到了大学生和社区外其他志愿者的帮助，这些志愿者发挥各自的技能，负责拉票员、打字员和小册子作者等工作。此外，报纸发现这一主题具有新闻价值，给予集体抗租运动很多免费宣传，后来的维权团体都没能享受到这样优越的待遇。此外，很多市政厅官员都承认集体抗租租户不满情绪的合法性。纽约州自由派市长罗伯特·瓦格纳（Robert Wagner）及他的许多顾问和各部门官员都同情租户们的需求和目标。杰西·格雷（Jesse Grey）还受益于政策制定过程中高度政治化的背景。当时瓦格纳政府任期正接近尾声，众候选人群雄逐鹿，争相为即将到来的选举寻找议题、盟友和自由派的美誉，后来约翰·林赛（John Lindsay）将在这次选举中胜出。贫困的少数族裔人数达数10万之巨，他们的要求很难被忽视。简而言之，当时的地方政治环境对于呼吁再分配的群体来说，算是天时地利。

但即使拥有这些有利政治因素，这场运动最后也没有产生多少实质性成果。主要原因是，完全满足集体抗租租户的要求根本不在纽约市政府的权限之内。首先，纽约市政府没法执行该建筑规范。一方面，这是由于缺乏建筑检查员和建筑部门组织程序造成的，建筑部门没有将检查员资源集中在最需要的领域。另一方面，这些组织因素本身受到这样一个事实的制约，即严格执行该市的建筑规范会导致纽约大多数低收入住房进入破产管理。对许多房东来说，将建筑维护在规范水平会导致物业持有成本上升，远远超出他们获得的租金收益。由于低收入地区的建筑几乎没有资本价值（如果有的话），房东可能会通过不交税而将房产的控制权交给地方政府。许多此类房产已经通过这样的程序被“国有化”。

地方政府接手贫民窟财产也有其自身的困难。为了避免简单地用一个剥削租户的房东来代替另一个剥削租户的房东，城市将不得不修理和修复这些房屋。低收入居民能够承受的租金无法支付重建费用。如果地方政府选择补贴住房，当地纳税人的负担很可能变成天文数字。另一选择是摧毁廉价公寓，建造现代低成本住房，但如果这些都由地方政府出资，也超过它的承受能力。联邦政府资金也有限，无法满足集体抗租租户如此大规模的需求。

在这种情况下，地方政治领导人的任务就是管理冲突。抗租租户的要求不能当即拒绝，除非抗议者严重扰乱公共秩序，否则不能通过惩罚性行动镇压抗议。20 世纪 60 年代初，城市中贫穷的少数族裔，甚至自由主义倾向的中产阶级居民都同情这些再分配需求。全面镇压只会激起更广泛的报复性政治骚动。另一方面，抗租租户的要求无法得到任何实质性的满足。因为这样做会损害城市的经济活力。在这些情况下，政治象征具有非凡的价值。

纽约市政府运用各种各样的政治象征，所有这些象征给人一种在回应抗议的感觉，但同时并不需要实施大量的再分配项目。一些可怕的案件得到了特殊处理。这些事件，尤其是令大众恐慌的事件，为新闻媒体提供许多戏剧性的故事，政府也必须做出一些反应。例如，利用联邦基金建立一个紧急供暖项目，为那些在刺骨寒冬没有供暖的住户提供服务。联邦政府资助的灭鼠项目是对一些啮齿动物咬小孩新闻的反应。从长远的角度上，地方政府成立了一个城市委员会，调查重组负责住房政策的部门的可能性。覆盖低收入地区的新联邦住房计划被大张旗鼓地宣传。

利普斯基的详细分析表明，纽约低收入社区的住房市场基本上没有什么变化。任何到这个城市的游客都会很快发现城市贫民窟依然存在；如果说有什么区别的话，那就是在这些事件发生后的 15 年里，贫民窟的边界扩大了一些。然而，抗议运动本身却平息了。事实证明，要对抗议活动连续保持几个月的参与热情是不可能的事。格雷几乎不可避免地犯了战术错误。报纸记者发现他夸大了集体抗租运动的规模。抗租租户意识到，为了保证自己行为的合法性，他们必须在解决与房东的纠纷的同时，向法院指定的基金支付租金。如果加入抗租运动没有经济激励，他们的持续合作很难维持。与此同时，公众的注意力转移到了其他问题上。通过操纵政治象征，纽约的政治领导人能够最大限度地减少呼声很高的再分配运动的影响。

冲突管理

根据利普斯基和其他修读抗议政治的学生的研究，在再分配要求强烈的地方，我们就可以辨别出地方政治领导人化解这些矛盾所使用的一系列伎俩。这些伎俩可以分为三大类：（1）延迟实质性反应，挫伤要求苛刻的团体的锐气；（2）将再分配问题转化为配置问题；（3）将经济再分配问题转化为政治问题。

延迟策略最方便，也最容易操作。起初，政治领导人只是忽视他们没有资源、无力满足的要求。这些要求看起来非常不合理，使得该团体显得不合法，领导人的动机也变得可疑。政府官员期望其他人也能这样看待这些要求，只能等待良机，蓄势待发。高层官员拒绝接见该团体，不愿意承认该团体已获得公众支持，或不承认存在任何重大问题。但是，如果该团体获得大众支持，或者能够引起公众的注意，或者设法扰乱社区的重要服务，官员就会采用更复杂的拖延策略。他们可能最终会批准接见该团体，有时接见这个团体本身就足以满足它的投诉。仅仅是政府承认投诉的合法性这一点就足以缓解团体的不满。有表达不满的通道，或者能够当面斥责官员的机会，能给这些团体一些满足感。该团体也许在某个地方（比如在市长庄严神圣的办公室）被认可的那一刻，就开始意识到其提议的不现实性。

如果仅仅政治上承认并不能安抚抗议，政府还有其他的延迟手段。建立一个委员会来研究这个问题可能是最常用的策略。既然该团体要求对目前的政策进行重大改革，因此在采取具体措施之前，有必要审慎研究一下这个问题。此外，由于团体自己的提议似乎不切实际，显然必须将此事交给该领域的专业团队。

这种应对方式的突出例子是20世纪60年代末在国家和地方两级政府雨后春笋般出现的许多防暴委员会。这些委员会是在黑人组织抗议数年后才设立的，是在可能威胁政权稳定的暴力氛围中诞生的。简单地忽视黑人社区关心的问题不再是安全的政治策略。政府成立具有广泛代表性的特别委员会，以调查与种族有关的问题，并提出全面的解决方案。这些委员会的工作通常需要几个月到两年才能完成，即使完成，委员会本身并没有权力落实这些方案。但与此同时，政治领导人在没有实际实施经济再分配政策的情况下，可以宣布事情正在取得部分进展。等到委员会报告时，要求改革的压力已经没那么大，最具再分配性的提议可能被搁置一边。

政府只有在极端情况下才会采用更具危险性的延迟策略。抗议团体有时有一定能量，能够通过法外策略获取政府认为至关重要的物质资源。住在为了给主干道让路而需要拆除的房屋里的居民，有时可能会拒绝离开已经被宣布为危房的房产。环境保护组织可能会把自己绑在树上。在这种情况下，政府需要在不牺牲最终目标的情况下，表现自己通情达理的一面，尽力推进谈判。在这种情况下，政府会一面与对方谈判，一面准备强制行动，以防不测。在最极端的情况下，比如说恐怖分子劫机，政府可能会先做出安抚性承诺，为强制行动留出时间；将恐怖组织与公众舆论隔离开来，使得政府可以秘密行动。就地方抗议活动而言，政府一般不做出虚假承诺，而试图说服相关团体采取合作态度。另一方面，这个团体越是脱离公众舆论，政府就越方便掩饰自己的行动，同时执行强制行动。

政府领导的第二个策略是将再分配问题转化为配置问题。当各团体要求在地方层面进行再分配改革时，政府领导人会绞尽脑汁利用各种方法分解这些提议，这样，他们就可以动用现有资源做出一些回应。最有用的一个方法是，对于要求重大变革的团体，先满足他们非常具体的需求，而把整个问题搁置起来。例如，在集体抗租运动中，政府部门优先考虑参与该运动的团体的投诉。为了平息骚乱，政府着力解决特定投诉群体面临的紧迫问题，至于在全市范围内解决不合标准的住房问题，几乎没有考虑。

这个方法很有用，但有时会适得其反。如果投诉解决得太快、太容易，会激励其他人纷纷效仿。例如，当纽约两个社区的团体从青少年犯罪计划中获得社区发展资金时，他们的成功鼓励该市其他地方成立更多类似团体。当福利权利组织的活跃成员获得冬季衣物津贴之类的特殊福利时，这只会鼓励其他福利受领人加入该组织并提出类似要求。

为了避免此类困境，政府机构经常赞助一些实验项目。表面上，这些项目之所以被称为实验项目，是因为政府希望在大面积推广之前，先观察该项目是否会在特定环境下发挥作用。事实上，政府根本没有资源在其整个管辖区内实施该项目，就算这种方法解决某一特定社会问题的效果再好也没有用。但是，通过把该项目冠以实验之名，政府能够对来自某个特定群体的压力做出反应，而不用全面推行该政策，全面推行该政策成本更高。因此，政府很少通过实验设计研究，以确定该政策在处理此类问题上是否有效，并且很少（如果有的话）会推广再分配实验。

这种分解策略的另一种形式是，找出团体领导人并给予他们优厚待遇。如果这种方法行之有效，政府就不需要直接贿赂他们，而是雇佣团体领导人到相关的公共服务岗位，在政策审议中授予他们荣誉职位，或者邀请他们去遥远的地方参加各种会议。这些办法通常认为是“笼络手段”，但也可以理解为向团体领导人提供公共政策分析方面的培训。政府通过让这些领导人自己针对再分配需求制定相应对策，鼓励他们在不一定放弃目标的情况下将其精力投入到更具操作性的方法中。

另一个有用的分解方法是集中精力解决细节问题。政府集中精力解决问题最显而易见的一面，向公众展示行动的决心，而不用牺牲城市更大利益。纽约集体抗租运动中，处理可怕的事件就是一个明显的案例。保持医院急诊室随时有处理病人的能力是另一个案例。虽然医疗服务资源可能分配不均，但需保证在生死攸关的情况下，任何人都可以获得医疗服务。更一般的情况是，地方扶贫计划虽然很难获得充足的福利援助，但几十年来却缓和了人们对更公平地分配财富的要求。

当政府无力对那些要求做出回应时，延迟和分解是它常用的手段。第三种手段不常用，它是将对政府服务再分配的需求转化为对地方权力再分配的需求。只有在长期争执不休之后，政府才会为了应付政治抗议而改变城市的治理结构。因为官员不愿意分享他们的权力，他们只有在受到压力时才会改变治理结构。但是政治变革本身并不一定能提高经济生产力，而经济生产力的提高才是城市长期福利制度之本。因此，政治变革是城市避免经济再分配政策的最后一招。

“向贫困宣战”社区行动计划是政府如何回应弱势少数族裔分享政治权力要求的一个例证。该扶贫立法规定社区居民应有“最大的可能参与”的机会，这成为少数族裔广泛参与各种地方政府项目决策过程的途径。这种参与在某种程度上改变了配置政策；少数族裔获得政府服务的份额增加，他们在这些改革项目招聘新员工时特别受青睐。但是，即使配置决策受到这些政治权力变化的影响，地方政府也很少做出新的再分配承诺。

美国大城市的学校政治是另一个很有启发性的案例，能说明政府如何改变政治形式以迎合抗议者。作为民权运动的副产品，20世纪60年代末的中心城市学校越来越受到黑人领袖和社区团体的监督。学校董事会面临着各种不切实际的再分配要求，包括种族融合的要求、学校经费的大规模增加、教师的重新分配、教育资源的完全均等，甚至补偿性的教育政策（即为低收入地区的学校分配更多的资源）。然而，大多数中心城市的教育委员会并没有屈服于其中最具再分配性的要求，即使黑人在城市投票人口中占很大比例。每一个转移公民权利要求的策略都发挥了作用。抗议团体被忽视了。当这些策略不再有效时，要求研究小组和调查委员会编写相关报告，这些报告一旦完成，要么被教育委员会大幅修订，要么根本不执行。教育董事会设立了实验项目和试点项目，作为对政治压力的让步。它们将学校系统内的责任职位授予社区领袖。但是在一些城市，这些策略效果都不明显，政府官员采取了一个更激进的政策，即将学校管理权力下放给整个城市的社区委员会。在底特律和纽约，这两个城市的政治组织变革得到了充分落实，事实证明，这两个城市在政治冲突基础的重组上的确很成功。社区团体没有要求教育委员会制定大规模再分配政策，而是通过选举地方教育委员会成员来集中精力改善所在地区的学校。这些地方教育委员会资源有限，依赖其他机构筹资，并受到上级政府的政策的制约。尽管配置政策发生了变化，但大量教育服务再分配项目仍然超出了地方教育委员会的经济能力。

结论

因此，对于地方层面的再分配政治而言，公民某些类别的需要和偏好很少能成为有效需求；当成为需求并被表达出来时，也不会得到有力支持；甚至当再分配问题成为重大政治问题时，政府也要通过各种策略预先阻止、拖延和阻止再分配政策的落实。一些人从这些事实中得出结论，认为存在一个强有力的精英阶层将再分配问题剔除出地方政治议程。人们认为，这一精英阶层权力如此强大，以至于那些支持再分配又害怕经济制裁或社会排斥的团体，被劝阻不要让这些议题进入地方政治议题。但是在我们看来，再分配政治议题的缺失一般不是经济精英有组织的压制活动造成的结果。

还有人声称，地方政府机构的结构本身不鼓励地方团体提出再分配议题，这些机构的结构导致地方几乎无力回应再分配需求。就这些方面来说，关于地方政治制度“有倾向性”的说法更有说服力。正如第七章所示，经济增长的提议比呼吁社会再分配的提议更容易进入地方政治议程。此外，发展提议背后经常达成的共识似乎是因为地方政府的结构特点所致，地方政府的结构特点要求它需要从自有资源中筹集收入，并通过私人债券市场交易为资本扩张提供资金。反过来说，正是这样的结构限制限定了地方政府的再分配计划。

但是，即使美国的地方政治系统对再分配问题有偏见，人们也不能从这一事实中归纳出美国整体政治的特征。在地方政治中可能难以实现的目标可以在国家政治中讨价还价。虽然说再分配不是地方政府的适当职能，但并不意味着美国作为一个整体，没有能力进行有价值的再分配。市场经济中的国家政治系统受到资本和信贷国际流动的制约，但制约性不如地方层面严重，因为国家可以控制人口迁移，建立关税壁垒，禁止资本流出国境。所有这些权力使得再分配可能成为联邦政府行动的焦点。再分配在所有国家政治体系中的发展程度有待进一步研究。在地方层面可能会被立即拒绝或通过象征性操纵和战术操纵处理的需求，在国家政治中可能会得到适当考虑。

City

Limits

第四篇

改变城市政策的限制

第十章
纽约是例外个案吗

1975年11月16日，杰拉尔德·福特总统向全国宣布，他将向国会建议通过新的立法，允许联邦政府“向纽约州提供临时最高信贷额度，使其能够为纽约市人民提供与基本市政服务有关的季节性融资”。他说，之所以采取这一非常手段，是因为“在未来几个月里，纽约市将缺乏足够的资金以支付日常运营费用”。这个城市积累了大量短期债务，“私人信贷市场已经对它关上大门”。换句话说，纽约在财政上已经完全破产，就差没正式宣布了，现在只有联邦政府的直接干预才能挽回纽约债权人的投资。

纽约市长达一年的几近公然债务违约最终划上一个戏剧性的句号，这似乎既证实了前几章提出的论点，也对这些论点提出一定质疑。一方面，纽约市的事件突出了限制地方公共政策的经济制约因素。如果这些限制在相当长的一段时间内被系统地忽视，对地方政府的后果简直是灾难性的。另一方面，这些事件让公众对地方政府领导人维护城市经济利益的能力产生怀疑。纽约几近违约的情况似乎表明，地方政府基本上只在应付城市内的短期政治因素，而罔顾它们政策的长期经济影响。

关于纽约财政危机的原因，人们意见不一。许多人都说纽约市所面临的困难是对城市财政资源产生不利影响的长期社会经济发展趋势的结果。大环境的社会和经济变化使得纽约用以支持居民所需服务的资源越来越少。也有一些人则表示，这场财政危机的根源是政治性的。纽约市的财政状况在相对较短的时间内迅速恶化；恶化的原因是因为纽约政治形势在短期内发生重大变化。从某种意义上说，这两种观点都是正确的，因为每种观点都抓住了财政危机的一个维度。然而，这两种观点都有其局限性，因为这两种观点都没有区分影响纽约市总体预算规模变化的因素和影响为预算提供资金所需的短期借贷水平的因素。在随后的分析中，我们表明，短期政治因素是解释20世纪六七十年代纽约债务增加的最有利因素，而长期经济因素是当地支出的总体增长的原因。[1]

长期经济因素

很多人认为，决定纽约财政危机的外部因素是长期社会经济因素和促进郊区发展的国家政策。根据这种观点，新的通信和交通方式允许个人和企业留在人口不太稠密的地区，那里的绿地和空间更大，噪声和污染也不那么严重。纽约市人口向外迁移的趋势可以追溯到第一次世界大战，自第二次世界大战以来，大都市区发展最大的区域一直在中心城市之外。与此同时，随着企业和个人流向更温暖、更干燥的地区，地区之间的经济实力对比也发生了变化。最后，在过去的15年里，小城镇的发展是以大城市的停滞不前为代价的。随着交通系统的改善和电话的普及减少了面对面交流的需求，一些公司发现，距离大城市较远的劣势可以被较低

[1] 芝加哥大学的玛格丽特·韦尔是本章的合著者。

的工资水平、较低的工会组织水平和较小社区中更可靠的雇员等优势所抵消。

其结果是，中产阶级居民和企业从纽约市中心迁移出来，使得这座大都市只对低收入群体具有吸引力。黑人、波多黎各人和其他西班牙语人口蜂拥至纽约，与两三代前的欧洲移民一样，寻找同样的经济机会。黑人、波多黎各人和其他低收入居民百分比的增加有利有弊。虽然他们可以作为一股劳动力大军，充盈纽约庞大的服务业，但伴随这些低收入群体所带来的高犯罪率、脏乱卫生条件和火灾危险，以及对社会服务的更大需求，给该市带来了巨大的成本。

这些社会经济趋势得到了各种公共政策的支持。南方始终存在的种族歧视，以及波多黎各缺乏足够的经济机会，刺激了少数族裔向纽约市迁入。联邦政府大力发展州际公路系统，促进大都市地区住宅、商业和工业向郊区疏散，并改善了小型社区通往大城市的交通条件。联邦住房管理局和退伍军人管理局对新建住房的偏爱以及拒绝向黑人和种族混合社区贷款的做法，进一步导致了中心城市居民的外迁。此外，大型军事和航空基地入驻“阳光地带（sunbelt）”[1]也加快了地区间经济变化的速度。

这些变化对纽约财政政策的影响是渐进、累积的。这样，外部因素对城市经济能力产生极大的负面影响，以至于城市无法支撑其公民所需的市政服务。到最后，财政危机不可避免地发生。

---

[1] 阳光地带（Sunbelt）尤指美国南部从加利福尼亚到佛罗里达之间的地区。

这种观点在纽约最近几任政府领导人中根深蒂固。[1] 国会预算办公室工作人员编写的背景文件也有根有据地表达出这一观点。他们考虑了导致财政危机的更广泛的一些因素，但他们尤其重视那些迫使许多城市“能提供就业机会的工业将其经营基础设施迁出城市的同时，将新一波农村移民融入工业经济”的长期性因素。根据这项研究，“城市的税基增长速度跟不上支出增长的速度”是由于“城市既复杂又难以改变”的因素造成的。

短期政治因素

尽管这种财政危机的“社会经济”论在纽约市官员中很盛行，但在全国范围内，这种观点接受度很低。联邦政府在出手帮助纽约之前，表现出极大的不情愿，它大肆宣扬纽约财政危机的原因在于这个城市领导层的领导不力。[2] 这一政治性解释将危机归因于纽约市 20 世纪 60 年代末的一些变化，这些变化导致公共支出空前增加，以至于市政府再也无力支付账单。这些变化包括政府雇员成立工会、少数族裔对地方政府的要求日益提高、雄心勃勃的政治家约翰·林赛市长轻率的经济政策以及众多州和联邦项目对地方财政的压力。

---

[1] 1975 年 10 月，亚伯拉罕·比姆市长写信给州长休·凯里，称纽约“之所以成就今天的伟大，是因为这个城市配套周全的政府机构，它们不仅服务于纽约市民，也服务于全世界。如果我们保护这些宝贵的资产，我们就必须摆脱我们前几年承受累积的、不公正的负担”。法拉帝 1976 年，第 337 页。

[2] 例如，1975 年 10 月，杰拉尔德·福特说：“纽约市的财政问题转移到联邦政府身上，州政府却不管不顾……美国的其他大多数城市也面临着同样的问题，今天却仍然保持着良好的财政状况。他们没有纽约幸运，他们只能自己加强管理。”法拉帝 1976 年，第 350—351 页。

在关于这场财政危机的最终报告中，纽约临时财政委员会基本赞同这一解释。尽管该委员会注意到不利于纽约的经济趋势，但并不认为纽约已经受制于其无法控制的事件，无力回天。相反，该委员会批评说，“该市政治家的政策和做法一直与显而易见的长期需求相抵牾”。该委员会的观点得到广泛承认，在此有必要引用其详细内容：

> 税收增加幅度超出了经济合理性的范围，导致企业和个人逃离城市；发行的债务超出了市场以有竞争力的利率吸收债务的能力，直至最终完全丧失吸收债务的能力；工资和福利的谈判结果超出了地方政府的财政承受能力，除非通过减少劳动力、削减基本公共服务和降低纽约人民的生活质量才勉强可支。上述每一种情况下，推行对未来具有破坏性的政策显然符合纽约政府官员的短期利益。

尽管这份公开文件没有专门说明将短期利益置于长期需求之前的具体团体和个人，但城市学者的研究可以起拾遗补阙的作用。在一篇关于城市财政危机的早期文章中，皮文指出了一系列众多研究认为至关重要的政治因素：“政治不稳定时期，促使不断有新的团体出现，提出新的要求。在20世纪60年代，当时纽约的政治系统处于特别困窘的境地，无力遏制不断上升的需求。”她认为，“城市黑人人口是始作俑者，他们是有组织的生产者团体……从中收益最大”。例如，在纽约市，“20世纪60年代，公共部门雇员增加了145 000个工作岗位，在约翰·林赛市长就职后，增长率翻了一番”。在纽约市财政危机的全面影响变得明显之后，舍夫特（Shefter）发展并扩展了皮文的分析：“目前纽约市的财政危机首先是一场政治危机。这场财政危机起源于20世纪60年代这座城市所经历的一系列政治变革，这些变革导致市政府支出和负债以爆炸性的速度增长。”舍夫特认为，“20世纪50年代主政纽约的政治家”对财政和预算限制很敏感，仅仅因为他们“特别关注这座城市有纳税意识的中低阶层房主的看法”，因此，城市的支出预算增加。从1953—1960年，支出预算年均增长率仅为6.6%。然而，“民主改革运动、学校融合运动和城市政府雇员工会运动中三个新政治团体的出现打破了这种政治平静”。政治家与这些运动结盟，旧体制被摧毁，“如今预算膨胀时代”就此开始。

大卫和坎特的分析大致循着相似的思路展开。他们报告说，“从20世纪40年代末到60年代初，城市预算和收入来源的增长速度一直非常稳定。从1949财政年度到1962财政年度，财政支出年均增长率为6.5%”。在这种稳定的背景下，纽约市预算委员会“采取各种程序，严格控制开支”。但是在1963年之后的11年里，该市政治制度的变革导致了预算制定者的预期发生重大变化。“该市少数族裔和公共部门雇员的政治化打破了战后体制的共识。”因此，“预算规模以前所未有的速度增长”。

大卫和坎特、舍夫特、皮文以及临时委员会的报告都强调20世纪60年代中后期纽约发生的短期政治变化所产生的影响。国内暴力运动、罢工和示威等因素与觊觎总统职位的自由主义政治家结合在一起，最终酿成影响广泛的财政混乱。鉴于这些政治变革发生的时间相对较短，长期社会和经济趋势的作用必然是次要的。“要解释市政预算和债务的快速增长，”舍夫特评论道，“人们必须解释政府官员面对城市人口结构和经济基础的变化时，为何做出如此反应。”经济变化只是纽约政治家和政治团体互相角力的背景。

长期因素和短期因素

尽管对纽约财政危机的短期政治因素和长期经济因素分析似乎在许多方面都令人信服，但在许多讨论中，人们倾向于将短期因素等同于政治因素，长期因素大致等同于经济因素。如表 10.1 所示，这是两个完全不同的维度。两种重要经济因素会影响一个城市的财政状况。长期因素是那些影响一个城市与其他城市或地区相比所具有的竞争优势的因素。它们是影响城市出口产品能力的国内和国际经济形势的持续变化状态。随着一个城市失去竞争优势，它可能会慢慢地越来越无法维持以前的公共服务水平。商业周期波动很大程度上是影响财政政策的短期经济因素。如果国家经济正陷入衰退，地方收入可能也会低于预期。或者，如果国家经济正在经历疯狂的通货膨胀，地方政府成本的增长速度可能会比无弹性的地方财政收入（如房地产税）增长速度快得多。

表 10.1　影响城市财政政策的因素

因素类型	各因素影响政策的持续时间	
	短　期	长　期
政　治	新团体的快速动员 国内暴力运动 轻率的领导风格	政策对居民和企业迁移的影响 政党/团体利益代表制度
经　济	商业周期波动（萧条、通货膨胀）	社会人口构成的长期变化 工商业迁移

正如经济因素可能是长期的，也可能是短期的，政治因素也是如此。在大多数关于纽约财政危机政治层面的讨论中，人们考虑短期因素更多。但在解释危机的某些方面时，两个长期政治因素可能更为重要：公共政策对地方经济的影响，以及结构性安排对政党制

度和团体代表制度的影响。

这些区分使得我们能对纽约财政危机的源起进行更精确的描述。简而言之，我们将揭示纽约债务违约的直接原因，即城市严重依赖短期贷款，主要是具有政治性质的短期影响的结果。城市运营预算的持续增长是城市不得不转向短期融资的财务原因，其时间跨度要长得多，因此必须归因于长期因素。

城市官员无法控制的明显经济趋势是影响城市财政能力的主要因素，纽约政治体系的结构特征对城市财政能力也有一定的影响。

城市债务的增长：短期因素

我们把着眼点放在短期经济和政治因素，这两个方面比较适宜解释纽约市财政预算短期债务融资的急骤上升。尽管根据法律要求，纽约应该每年编制平衡预算，但事实上，在20世纪六七十年代，该市开始严重依赖其此前在债券市场的强势地位为其运营预算融资。从表10.2可以看出，虽然在20世纪60年代长期债务的增长速度并不比前十年快，在20世纪50年代短期债务每年还仅增长4.3%，但是从1963—1967年却每年增长35.1%，从1968—1972年每年增长27.2%（以不变美元计算），所以，即使以不变美元计算，纽约市债务总额在1963—1975年也增长了4倍以上。换个表述方式，人均债务总额（以不变美元计）从1967年的710美元增加到1975年的1 021美元，债务总额占城市居民个人收入的百分比从1967年的17.6%增加到1975年的24.3%。债务融资实际上对公共服务供应非常重要，在1967年至1976年期间，地方自筹资金支付的运营支出中，平均每年有约6.4%的资金需要通过短期债务融资。随着地方收入一直持续低于地方自筹资金的支出，这种预算管理不善最终导致城市实质上破产。

表 10.2　纽约市长期和短期债务的增加(以不变美元计)

时　期	长期债务		短期债务	
	期末年度金额（百万美元）	年均增长率（%）	期末年度金额（百万美元）	年均增长率（%）
1952—1962	4 747.2	1.2	141.3	4.3
1963—1967	5 070.0	1.3	635.0	35.1
1968—1972	5 091.8	0.1	2 115.0	27.2
1973—1975	4 818.2	-1.9	2 816.4	10.0

资料来源：公民预算委员会，1979 年。

地方财政政策如此巨大的变化需要从短期因素来解释。各方从经济和政治方面做出各种解释。国会预算办公室的研究强调国民经济衰退是一个至关重要的因素。大卫和坎特还指出，在 1969 年至 1972 年期间，纽约失去了 25 万个工作岗位，这不仅反映出制造业的就业率下降，也反映出非制造业就业形势前所未有的严峻。虽然这些经济变化直到 20 世纪 70 年代才完全显现出来，但债务在 1967 年之前就开始迅速上升。此外，经济衰退影响到所有地方政府，而不仅仅是纽约市。然而，当将纽约与 51 个美国城市的样本进行比较时，研究发现纽约的人均短期债务是一般城市的 10 倍，或者说高于平均值 6 个标准差以上。尽管通货膨胀、衰退和就业率下降造成了各种困难，但是它们本身都无法解释纽约特有的财政问题。

沿着皮文、舍夫特、大卫和坎特等人的思路，从政治分析的角度解释这座城市越来越依赖债务融资的现象，似乎相当有说服力。面对少数族裔不断膨胀的要求，以及面临组织有序、动不动就罢工的政府雇员工会的挑战，政府官员对那些伸手要钱的选民的承诺已经超过地方财政的承受能力。纽约对这些选民承诺的力度是其他城市不能比拟的，这是因为纽约的低收入群体组织得特别好，工会组织比其他城市发展得更快，另外，包括罗伯特·瓦格纳和约翰·林赛在内的政府官员在仕途上还有更高追求，希望能保持一个自由主义的公众形象。

当然，也不应该排除在这座城市具有强大影响力的银行业的特殊重要性。尽管一般认为，银行业精英在市政事务中的权力需要一定的财政约束，但纽约银行家对政治上受欢迎但财务不健全的政府政策表现出异常的宽容。20 世纪 60 年代建筑业一片繁荣似乎说明政府未来税收收入预期可观，银行在这一时期的流动性较大，而且从为纽约债务的融资中也获利颇丰，这些似乎都助长了银行的财务短视行为。当第一国民城市银行在 1970 年决定详细审查这个城市的长期财务状况时，它发现“由于当前的这一轮通货膨胀，可能存在低估政府运营成本，而高估政府收入的倾向”。然而，该银行却得出结论认为，总的来说，未来前景可能并不完全是负面的。有迹象表明，政府支出压力的增长速度有所缓解，财政收入可以通过增加政府间援助和增加城市税收和收费而继续增长。该文件揭示了银行对政府财务状况的盲视程度，而继续把他们的投资者的大量资金投入到纽约的抵税证券。这些银行凭借其国内和国际资源，竭力帮助纽约政府官员，而它们在纽约的介入程度在其他任何美国城市来看都是令人望而却步的。

运营支出的增长：长期因素

尽管从政治角度解释纽约对短期债务融资日益依赖的原因，比较富有说服力，但事实证明，这并不足以解释该市预算总额的变化。在整个战后时期，政府预算增长幅度相对稳定；20 世纪六七十年代的平均增长率不超过前10年。影响地方融资运营成本的力量似乎是持续的、长期的因素，而不是20世纪60年代变幻莫测的政治形势。

纽约内部的历时变化

乍看之下，对纽约运营支出原始数据的考察似乎证实了短期政治上的剧烈变化带来的影响。如表10.3所示，运营支出从1961年的22.75亿美元增加到1975年的116.544亿美元，平均每年增长约12.4%。当将20世纪六七十年代政府财政预算的快速增长与50年代6.5%的年增长率相比较时，人们不禁试图从短期因素的角度解释财政政策改变的原因。

表10.3　纽约市运营支出年增长率

职　能	支　出			
	数百万美元		年增长率(%)	
	现值美元 1961	现值美元 1975	现值美元	不变美元[a]
再分配				
住房	14.7	178.3	19.5	14.5
戒瘾服务		83.9		
青年服务	4.7	43.1	17.1	12.1
福利	345.8	3 115.2	17.0	12.0
卫生服务	50.4	277.4	13.0	8.2
医院	179.5	726.1	10.5	5.8
人力资源		144.5		
小计	595.1	4 568.5	15.7	10.8
教育				
中小学	587.5	2 572.1	11.1	6.4
大学	53.2	537.3	18.0	13.0
小计	640.7	3 109.4	11.9	7.2

续 表

职　能	支　出			
	数百万美元		年增长率(%)	
	现值美元 1961	现值美元 1975	现值美元	不变美元[a]
发展与配置				
环境保护	131.5	435.9	8.9	2.8
罪犯改造	19.6	109.6	13.1	8.1
养老金（未分配）	66.9	327.5	12.0	7.3
警察	236.1	928.8	10.3	5.6
交通	108.1	345.0	8.6	4.0
消防	122.0	389.3	8.6	4.0
司法	43.5	135.2	8.4	3.8
图书馆	20.6	59.4	7.9	2.7
公园	45.0	124.7	7.6	3.0
一般政府（General Government），立法及其他	208.2	516.3	6.7	2.2
供水系统	45.4	59.4	1.9	2.5
文化				
小计	964.2	3450.9	9.5	4.0
债务利息支付	75.2	525.6	14.9	10.0
总计	2 275.2	11 654.4	12.4	7.2

a 美国商务部 1977 年 4 月的物价波动估计值，第 43 页。
资料来源：城市财政临时委员会，1978 年，第 56 页。

表 10.3 的其他方面似乎也需要从政治角度解释。在这 15 年里，财政预算每年增长 12.4%，而且增长的区域集中在再分配支出上。发展支出以及警察、消防、卫生和交通等配置项目的年平均增长率仅为 9.5%，而再分配项目的支出增长了 15.7%，教育项目的支出增长了 11.9%。偿还该市债务利息的成本也以每年 14.9% 的速度增长。纽约市的财政预算不仅增长迅速，而且其增长重点区域也从最明显符合该市经济利益的传统服务转移到更直接地针对低收

入群体需求的项目上。

尽管这些数据很有启发性，但这些数据没有控制通货膨胀的因素，也没有控制从州和联邦来源获得的金额。第一个因素通货膨胀是地方官员无法控制的；第二个因素，由于政府间收入的增加，地方预算随之增加，但这并未导致地方官员更加审慎。相反，地方官员非常得意从上级政府获得了新的资源。

当将这两个因素都考虑在内时，该市财政的变化就显得大不相同了。在表 10.3 的最后一列，通过报告不变美元支出增加的百分比，通货膨胀系数保持不变。从这个意义上来说，从 1961—1975 年，纽约市预算的年均增长率不是 12.4%，而只有 7.2%。在表 10.4 中，第二个因素也受到控制。最后两列只包括以地方税收支付的预算部分的增长。这些地方自筹资金的支出，平均年增长率仅为 5.4%。换句话说，在这些年里纽约市预算规模每年增长 12.4%，很大程度上是以下两个因素的结果，而与地方官员无关：（1）通货膨胀，（2）州和联邦政府援助的增加。

在表 10.4 中，人们还可以看到，地方自筹的支出继续或多或少以稳定的方式分配给主要几种城市服务。我们只能获得七个主要地方政府职能的税收支出信息，但至少就这些服务而言，配置方式似乎没有重大变化。

表 10.4　七大服务职能总预算支出与税收支出增长的比较

职　能	预算支出（百万美元）			税收支出（百万美元）		
	1961	1975	年增长率（%）	1961	1975	年增长率（%）
所有支出总额	2 695.4	7 227.5	7.3	2 077.7	4 338.3	5.4
再分配						
福利	394.1	1 931.9	12.0	152.4	476.8	8.5

续 表

职能	预算支出（百万美元）			税收支出（百万美元）		
	1961	1975	年增长率（%）	1961	1975	年增长率（%）
医院	204.6	450.3	5.8	145.5	244.3	3.8
总计	598.7	2 382.2	10.4	297.9	721.1	6.5
教育						
中小学	669.5	1 595.1	6.4	435.2	847.7	4.9
大学	60.6	333.2	12.9	24.7	119.2	11.9
总计	730.1	1 928.3	7.2	459.9	966.9	5.5
发展和配置						
警察	269.1	576.0	5.6	248.4	530.4	5.6
消防	139.0	241.4	4.0	122.7	232.2	4.7
环境保护	149.9	220.3	2.8	105.7	199.6	4.6
总计	558.0	1 037.7	4.5	476.8	962.2	5.1

资料来源：城市财政临时委员会 1978 年，第 57 页。

尽管用于再分配服务（卫生和福利方面）的支出以每年略高于6.5%的速度增长，但用于警察、消防和卫生设施的支出增长速度稍稍落后，每年增长率为5.1%。如果说地方优先事项在少数族裔的要求、自由主义改革和对总统位置的野心等方面存在微小变化，那么这些变化远没有最初原始数据所显示的那么大。

对数据进行更细致的分析使人们更加怀疑20世纪60年代末支出模式发生巨大变化的论点。从表10.5可以看出，在奥德怀尔（O'dwyer）和普莱利特里（Impellitteri）执政期间，地方自身的收入平均每年增长4.9%。在前两届瓦格纳政府期间，当城市政治家主要迎合有纳税意识的中低阶层业主时，增长率为4.7%。在第三届瓦格纳政府时期，当自由主义力量明显增强时，地方运营预算的平均增幅为5.2%，略高于前几届政府。但是在林赛第一届政府期间，据说那时的经济约束因素被抛到九霄云外，而纽约的地方预算再次只增加了 5.2%。在林赛第二届政府期间，这一增长率仅为 4.1%，而比姆政府的头两年就增长了 4.5%。

表 10.5　纽约市五届政府地方自筹收入来源支出的增加

政　府	每届政府最后一年的支出（百万美元）[a]		年均增长率(%)（以不变美元计）
	现值美元	不变美元	
奥德怀尔和赫皮迪特里（1949—1954）	1 221.1 美元	1 516.9 美元	4.9[b]
瓦格纳第一、第二届（1955—1962）	1 930.2	2 191.2	4.7[c]
瓦格纳第三届（1963—1966）	2 533.6	2 686.6	5.2[d]
林赛第一届（1967—1970）	3 644.3	3 289.0	5.2[d]
林赛第二届（1971—1974）	5 404.0	3 868.3	4.1[d]
比姆（1975—1976）	7 043.1	4 227.5	4.5[d]

a 虽然该财政年度在此届政府任期结束后 6 个月结束，但据推测，该年度的支出主要受离任政府政策的影响；b 数据由纽约商会 1960 年计算得出；c 地方自身收入的增加，我们无法获得这一时期的税收支出数据，据认为，由于这一时期的短期债务从一个非常低的基数以相对较低的速度增加，地方收入流量的增加与地方自身收入来源支付支出的增加密切相关，数据由公民预算委员会 1979 年计算得出；d 数据由临时城市财政委员会 1976 年计算得出，表 1 和表 2。

各任政府间预算的增长率差异不应该太大。林赛第二届政府的增长率并不算太低，他的财政审慎政策也不值得褒扬。数据清楚地表明，20 世纪 60 年代纽约政治形势的任何变化对支出模式只有些微影响。纽约财政支出增长率没有加速，把资源浪费在穷人或城市官员身上，相反，似乎支出模式保持着相对恒定的增长率。至少早在 1949 年，存在一种力量导致纽约预算增加了 5%。

然而，表 10. 5 中有一个因素没有考虑到，这个因素可能会为短期政治因素在 20 世纪 60 年代扩大了地方预算这一论点增加可信度。那就是林赛政府时期关于城市雇员养老基金的承诺。这些承诺使得该市必须增加支出，此类支出的金额开始时并不很大，但随着时间的推移，慢慢变成一个庞大的数字。养老金在 1975 年占总预算的 9. 4%，而该市在 1976 年无基金退休金计划负债总额为 85 亿美元。但是，尽管林赛的养老金政策值得质疑，但它们本身并没有引发财政危机。直到 1975 年，养老金的实际支出金额与上一个 10 年差距并不算很大，就算有差距，至少部分是由于这个城市以外的因素造成的。养老金支出从 1961 年的 2. 9 亿美元（不变美元）跃升至 1975 年的 7. 07 亿美元，年增长率为 6. 6%。从 1970—1975 年，从 5. 59 亿美元增加到 7. 07 亿美元，年增长率仅为 4. 8%。

甚至这些数字也夸大了推动养老金增长的因素中城市领导人决策的作用。首先，退休福利的总费用包括社会保障福利，这是纽约市无法控制的领域。这一时期社会保障的增加幅度并不小：1975 年该市的社会保障费用为 2. 5 亿美元，占退休福利总费用的 22%。其次，一些退休福利是由州议员而不是市政府官员批准，这在林赛第一届政府期间尤其如此。

然而，退休金支出增加了。毫无疑问，纽约的财政支出高于美国其他地方。1974 年纽约人均税负为 699 美元，而城市规模位列纽约之后的 14 个最大城市人均税负仅为 257 美元。纽约的人均城市和州税总额为 1 186 美元，而其他城市的平均总额为 632 美元。毫无疑问，纽约的数字高出平均水平很多，这只是因为它提供的一些公共服务在美国其他地区是由县和特区承担。但将纽约与其他人口在 50 万或以上的城市进行比较（见表 10.6），纽约市政府在公共服务上的人均支出与大部分地区政府相比仍然较高。1973 年这一数字是 273 美元，而人口减少的城市是 194 美元，人口增加的城市只有 122 美元。表 10.7 显示，在纽约为每 1 000 名城市居民提供公共服务的城市政府雇员人数远远高于人口增加的城市，而且这些雇员的工资水平远远高于其他大城市。简而言之，纽约居民和公司享受公共服务成本要高得多。如果将纽约与其他大城市相比，这些差异显著而且是长期性的，那么，将纽约和美国社会正在发展中的地区的较小城市和郊区相比，差异肯定更大。

纽约公共服务成本相对较高，这一点无可争议，但纽约和其他城市之间的差异似乎不是最近才出现的。尽管从某些指标来看，纽约公共服务成本增长率高出其他大城市一些，但趋势并不一致，通常情况下，差异实质上并不大。的确，1970 年至 1976 年期间，纽约市自身人均收入的增长速度略高于其他城市（见表 10.6）；另一方面，纽约公共服务人均支出增长速度不如其他地方快。尽管在表 10.7 中，人们注意到，在 1967—1972 年五年间，纽约政府雇员的工资增长速度比其他城市快，但纽约每 1 000 名居民政府雇员人数保持不变，而其他地区一直在增长。

表 10.6 人口超过 50 万的中心城市的支出与税收政策

	公共服务[a]人均支出（不变美元）			居民收入支出百分比（公共服务）		城市收入来源[b]人均收入（不变美元）		
	1969—1970	1972—1973	年平均增长率%	1969—1970	1972—1973	1969—1970	1972—1973	年平均增长率%
纽约市	220 美元	273 美元	7.5%	6.9%	8.4%	391 美元	503 美元	8.8%

续 表

	公共服务[a]人均支出（不变美元）			居民收入支出百分比（公共服务）		城市收入来源[b]人均收入（不变美元）		
	1969—1970	1972—1973	年平均增长率%	1969—1970	1972—1973	1969—1970	1972—1973	年平均增长率%
人口下降城市[c]	147	194	9.7	5.4	6.9	184	216	5.5
人口增长城市[d]	88	122	11.5	3.1	4.0	107	133	7.5

a 大多数地方政府提供的公共服务，并且通常由地方自筹收入来支付；b 包括所有城市服务，不只是公共来源；c 1960—1973 年间人口下降的城市：巴尔的摩、水牛城、辛辛那提、克利夫兰、波士顿、芝加哥、底特律、密尔沃基、新奥尔良、费城、匹兹堡、圣路易斯、旧金山和西雅图；d 1960—1973 年间人口不断增长的城市：达拉斯、哥伦布、丹佛、休斯敦、印第安纳波利斯、洛杉矶、孟菲斯、堪萨斯城、檀香山、杰克逊维尔、凤凰城、圣安东尼奥和圣地亚哥。

资料来源：穆勒 1975 年，第 82—83 页。

表 10.7 人口超过 50 万的中心城市的就业政策

	每 1 000 居民城市政府雇员（共同职能）[a]		城市政府雇员每月平均工资（共同职能）		
	1967	1972	1967	1972	年平均增长率%
纽约	12.2	12.2	709 美元	950 美元	6.0
人口下降城市[b]	11.3	12.5	598	717	3.7
人口增长城市[c]	7.9	8.9	556	635	2.7

a 大多数地方政府提供的服务，通常由地方自筹收入来源支付；b 1960 年至 1973 年间人口下降的城市：巴尔的摩、水牛城、辛辛那提、克利夫兰、波士顿、芝加哥、底特律、密尔沃基、新奥尔良、费城、匹兹堡、圣路易斯、旧金山和西雅图；c 1960—1973 年间人口不断增长的城市：达拉斯、哥伦布、丹佛、休斯敦、印第安纳波利斯、洛杉矶、孟菲斯、堪萨斯城、檀香山、杰克逊维尔、凤凰城、圣安东尼奥和圣地亚哥。

资料来源：穆勒 1975 年，第 39、49 页。

表 10.8 提供了较长时间内地方自身收入支付的公共服务总成本的补充信息。该表再次指出纽约的人均支出水平相对较高。

表 10.8　地方自筹资金人均支出金额十大城市

城　市	1964（不变美元）	1974（不变美元）	年平均变化率（%）
纽约	407 美元	578 美元	3.6
其他 9 个城市的中值	156	208	3.1
华盛顿	392	719	6.3
洛杉矶	203	240	1.7
巴尔的摩	192	259	3.0
费城	171	252	4.0
底特律	156	139	-1.2
克利夫兰	151	208	3.3
达拉斯	139	189	3.1
芝加哥	119	162	3.1
休斯敦	114	61	6.5

资料来源：临时城市财政委员会，1976 年，第 10—11 页。

但纽约开始时基数就很高（部分原因是，它所提供的服务在其他城市是由其他政府管辖区提供），平均年增长率仅比其他九个城市的平均增长率中值高 0.5%。[1] 总之，当纽约与其他城市相比时，20 世纪 60 年代的趋势数据并没有显示出地方出资的支出增长

[1] 细心的读者会注意到，在表 10.8 中，纽约年平均增长率仅为 3.6%，而在表 10.5 中，同期增长率则在 4%至 5%之间徘徊。这种差异是由于以下原因造成的：（1）表 10.5 使用纽约市消费价格指数的变化来计算不变美元的变化，而表 10.8 使用国家消费价格指数，这个指标更合适用于城市间的比较；（2）表 10.5 的数据来自纽约市，而表 10.8 的数据取自人口普查局。这些差异部分因为属于不同的分类系统。

率更高。

长期政治和经济特征

由于在整个战后时期，来自地方自筹资金的运营支出（以不变美元计）一直在持续稳定地增长，因此有必要研究其他长期特征和趋势，以找出该城市最终无法平衡其地方收入和支出的根本原因。就此，首先必须考虑纽约经济竞争力的长期下降。

经济情况：竞争能力

乍一看，自第二次世界大战以来的大部分时间里，纽约经济似乎都很稳定。例如，临时委员会的报告将战后几年视为经济均衡时期，将20世纪60年代视为温和增长的10年，将1969年之后的几年视为衰退时期。尽管该委员会认识到制造业的长期衰落，但它认为，直到1969年，制造业的衰落带来的负面影响在很大程度上能被企业总部数量的增长所抵消。正是因为过去这种发展趋势的不均衡，委员会认为“有理由假设80年代地方经济的衰退趋势可以得到显著减缓，甚至可能得到遏制”。该报告指出，如果地方政府做出适当的政治决策，地方就可以实现理想的人口和经济变化。

该委员会的分析主要从纽约市自身的角度来看待其内部变化。但是当将纽约与整个美国进行比较时，这个趋势不再显得不均衡，而是相当一致地滑向长期衰落。为了理解纽约在美国社会和经济中的特殊地位，在表10.9中我们参照整个美国的特征，以识别出纽约的特征。例如，正如第一行所显示的，纽约人口占全国人口的比例从1940年的5.66%下降到1975年的3.51%，这反映出纽约城市人口有所减少，而美国人口几乎翻了一番。表中的所有其他数字都是纽约特征与全国特征的相似比率。

表 10.9　纽约与整个美国相比的经济和人口变化

纽约/美国比率	1940	1950	1960	1970	1975
人口规模[1]	5.66	5.23	4.34	3.80	3.51
非白人人口[1]	3.55	4.93	5.27	6.62	5.67
家庭收入中位数[2]	不可用	1.17	0.88	1.16	0.94[a]
新房开工[3]	不可用	2.91	2.68	1.43	0.30
就业（总数）[4]	6.32	5.85	4.25	3.56	3.14
就业（部门）					
制造业[5]	7.05	6.29	5.11	4.01	2.74
金融、房地产和保险[6]	20.99	17.54	14.04	12.56	11.00
政府[7]	不可用	10.78	11.53	15.03	17.46
就业（职业）[1]					
专业、技术	9.35	6.77	4.67	5.38	不可用
经理、企业主	7.68	7.47	8.01	3.87	不可用
办公室文员	不可用	8.91	9.66	6.08	不可用
技术工人、管理人员	6.53	4.89	5.91	2.08	不可用

a 计算部分基于对 1972 年纽约市数据的预测。使用消费者价格指数使数据达到 1975 年的预测水平。

资料来源：（1）美国人口调查局，《人口特征》。（2）美国人口调查局，《人口特征》；巴尔、坎贝尔和格雷塔克，1974 年。（3）美国人口调查局，《住房普查，非农场住房特征》，1950 年；美国人口调查局，《住房普查，各州、市、县住房特征》，1970 年；美国住房和城市发展部，《1974 年统计年鉴》；美国商务部，人口调查局，《建筑报告》，卷 C－20。（4）美国人口调查局，《人口特征》；《1977 年纽约州统计年鉴》。（5）美国人口调查局，《人口特征》；《1977 年纽约州统计年鉴》；美国劳工部，劳工统计局。（6）美国人口调查局，《人口特征》；《纽约州劳工部就业评论》；美国劳工部，劳工统计局。（7）美国劳工部，劳工统计局：《纽约州劳工部就业评论》

表中所示，纽约所有指标的下降能充分证明这个城市的确在经历长期衰退。1950 年纽约家庭收入中位数远远高于全国平均水平，而到1975年，这一数字明显低于正常水平。纽约新房开工数量占全国新房开工数量的百分比在1975年几乎下降至零。有人说纽约存量住房非常充足，所以这一数字应该打一些折扣，那么，总就业人数的急剧下降（比人口下降幅度大得多），就很难自圆其说了。制造业就业机会减少的现象尤其严重，因为工厂发现纽约已经失去了吸引力。即使在金融、房地产和保险这些仍被认为纽约占优势的领域，纽约的增长速度也落后于美国其他地方。因此，这个城市在全国的相对地位急剧下降。纽约净增长的经济部门是政府部门就业领域。有人说这是纽约面临的问题之一。

如果按职业分类考察纽约就业形势的变化，我们可以看出，其制造业就业人口显然出现了明显下降。大量管理人员和技术工人离开纽约。与其他地方相比，纽约专业人员和办公室文员数量下降幅度略小。相对于美国其他地区，纽约非白人和西班牙语居民数量增长明显。鉴于这些群体的经济状况相对较差，加上他们更加依赖再分配服务。因此，这一现象当然不符合城市的经济利益。

根据纽约竞争地位的这种长期趋势，我们差不多可以得出结论，其财政危机在许多方面是由外部因素决定的。可以说，除了20世纪70年代初对短期债务融资的异常依赖之外，纽约的公共政策一直保持稳定。纽约经济状况的长期恶化，而不是其对少数族裔或公共部门雇员的特殊反应，才是它目前财政困难的原因。可以说，像其他地方一样，纽约政府官员一直戴着镣铐跳舞，在限制所有地方政府的经济约束条件下制定各种公共政策，但由于这个城市社会经济发展趋势一直下滑，所以就算纽约市采取非常谨慎的公共政策，也未能挣脱外界决定性因素的影响，而只能挣扎着走向实际破产。

政治形势：财政政策

许多中心城市的财政压力越来越大，这表明很大程度上是外部决定因素导致了财政危机，甚至也是城市政治和政策形成的主要原因。但是对纽约市财政政策某些方面的观察结果与这种解释并不完全一致。尽管社会经济因素削弱了纽约的竞争优势，但纽约市自己的财政政策似乎也加剧了其经济状况的恶化。

从许多指标来看，纽约官员似乎没有像其他地方的官员那样高效地追求他们城市的经济利益。如表 10.6、表 10.7 和表 10.8 所示，纽约的税收较高，公共服务支出较高，工资较高，每千名居民政府雇员人数也高于其他增长中的城市。不仅纽约市人均支出比其他城市高得多，而且地方政府为支付这些支出而征收的税收似乎也急遽累进。例如，据估计，在 1973 年，平均收入为 7 500 美元的美国居民缴纳了收入 1.1%的州和地方所得税；收入为 5 万美元时，比例仅为 3.7%。而对纽约居民来说，这个比例从 2.0%增加到 11.1%。唯一一个州和地方所得税累进比例与纽约接近的城市是明尼阿波利斯，明尼阿波利斯纳税比例从 3.9%增加到 6.9%。看来，纽约似乎对富裕居民和生产力高的居民不太友好。

纽约市的两个长期特征可以解释其对高支出和再分配税收政策的自由主义承诺。首先，纽约市曾经是美国最有能力提供高质量再分配公共服务的城市。它是世界上最富有的城市。它是世界上最大的贸易和商业中心。它曾经是——在某些方面仍然是——世界金融中心。它是美国东北和中西部中心地带的大型工业园区与欧洲各国首都之间的交流中心。尽管纽约有许多竞争对手，但没有一个城市能与之媲美。正如最富裕的州拥有最高水平的再分配政策（见第三章），美国最富裕的城市也能负担更高水平的公共支出。因此，纽约市承担了17所医院的运营责任，并资助一个完整的高等教育系统，而这些活动完全超出了条件普通的城市的能力范围。

一旦城市承担起某项公共职能的责任，它就不能轻易放弃它。多年来，纽约一直试图至少将其高等教育、福利体系以及医院体系的部分财务责任转移给州和联邦政府。例如，1966年，城市财政临时委员会就提议州政府承担纽约城市大学的财政责任。但是州政府领导人不愿意接手这个烫山芋，大部分财政负担仍然落在纽约市政府身上。不幸的是，就在对这些服务的需求稳步增长的时候，纽约市正在失去为这些服务输血的经济能力。对于这座城市剩下的企业和居民来说，要支撑这些奢侈的地方公共服务所征收的高额税收变得越来越不堪重负。

但是纽约市的财富本身并没有产生对再分配的自由主义承诺。除了财富之外，纽约还有一个非同寻常的竞争政治和团体活动系统，这与其他地方的政治面貌不同。甚至在财政危机之前，格林斯通和彼得森就已经讨论过这个城市的团体政治问题，他们观点非常精到，以至于在这里我不吝大篇幅地引用原文：

> 没有地方像纽约市那样承认众多团体的利益的次数这么频繁，潜在团体真正发展成有组织的团体的可能性这么大，潜在冲突真正爆发的可能性这么大。政府高层权力的分散，以及民主组织和改革联盟之间选举力量的划分，使纽约市政府机构无法实现集中领导，只能疲于应付城市众多团体的各种压力。两个政治派别都必须寻求利益集团的支持，任何一方都无法有效地将它们从其势力范围中消除……纽约市政府机构易受团体压力影响，反过来又鼓励纽约动荡的政治环境中居民形成更多的团体。

在纽约市，许多团体纷纷成立，势力日益壮大，各方政治力量都可以对地方政府官员施加很大的压力，而罔顾这些压力可能会损害城市的长期经济利益。正是在这种意义上，纽约市在无视城市政策面临的经常性限制条件方面表现得非常出色。然而，即使在纽约市，这些限制也必须得到应有的尊重。

结论

纽约市看似是在20世纪70年代中期突然走向破产，其实自从二战后，导致其破产的推动力量就一直存在。纽约市相对于美国其他地区的竞争优势一直稳步下降，而且其运营支出每年上涨5%（以不变美元计），其税收结构仍然相对繁重，累进程度相对急剧。纽约市的财政危机不是因为某一任市长漠视城市经济利益造成的。相反，这种下降趋势如此缓慢、渐进，甚至第一国民城市银行在1970年还认为："纽约未来的前景可能并不完全是负面的。"如果政府官员不能殚精竭虑以有效地促进城市经济利益，这些错误带来的后果也不是全局性的，而是边际性的。纽约市政府所做出的改良性决策，从长远来看，产生了严重的负面后果。

纽约市长期经济趋势和其根深蒂固的政治模式之间的相互作用，使得纽约的自由主义财政政策只能依靠大规模借款。在20世纪60年代中期，只要银行还愿意为这座城市提供债务担保，它就仍然无止境地进行债务融资。债务融资的便捷让20世纪60年代的纽约政客对这个城市竞争优势的江河日下视而不见，在现实经济情况只能允许采取紧缩财政政策的情况下，他们"像往日一样"从事政治活动，做出各种决策。

然而，20世纪60年代初，纽约在各方面都表现出明显崩坏的迹象，以警告政府官员地方政府成本上升所带来的固有危险。1961

年，罗伯特·伍德指出，在过去的15年里，专家一直预测“纽约市财政收入和支出缺口在2亿到5亿美元之间”。纽约商会在一份题为“即将到来的纽约市财政危机”的报告中，采用与伍德相同的措辞分析了纽约的长期前景。他们俩都认为，“近年来的重大变化之一就是地方政府支出一直在快速增长”。纽约市的增长趋势尤其令人震惊。“如果纽约市财政预算在未来几年继续以1948年以来的速度增长，”他们预测，“那么，预算在1965年将达到30亿美元，到1970年将超过40亿美元。”[1]在做出预测之后，该报告认为：“纽约市不能无限期地以比税基增长快得多的速度增加支出。无论这种趋势持续多久，都将导致金融灾难。”

商会不仅准确地预测了该市政策的经济后果，还评估了产生这些政策的政治因素，并提出了扭转目前形势的计划。困难在于：“纽约市政府似乎没有全盘考虑整个城市的利益。决策责任高度分散……在某一特定领域，几乎不可能确定究竟哪些部门负责该领域市政政策的制定。”为了纠正这些不足之处，商会提议：“任命一个杰出公民咨询委员会，与市政府办公室一起探讨市政府以及市政府一百多个部门、机构的活动，并对每项公共服务的相对重要性形成判断。”

15年后，纽约市政府建立了一套更具经济合理性的制定公共政策的机制，所采取的形式与商会提议非常相似。但两者有一个重大区别，“杰出公民”不仅仅拥有咨询权。市政援助公司和紧急财务

[1] 尽管这些美元数字比商会预期的要快，但他们的预测基本上正确。按1961年美元计算，除去政府间援助增加所引起的变化，纽约市的预算在1965年实际上达到30.81亿美元，到1970年增加到37.33亿美元，略低于预期的40亿美元。

控制委员会在纽约债务违约后成立，极大地削弱了市长、评估委员会和其他民选官员的决策特权。用大卫和坎特的话来说：“预算过程中真正的权力中心已经转移到金融和商业精英身上，他们实际上建立了应急委员会，然后开始主导这些委员会。”在他们介入城市财政事务的管理之后，“整个预算过程的目的已经转变为某种政治协调和经济规划”。重要的是，这些严格的经济措施在政治上很受欢迎；纽约继任市长将被证明在财政上保守，同时保持自由主义倾向。

纽约推行一系列经济上问题重重的财政政策的时间比其他条件较差的城市所能承受的时间要长得多。但即使这座曾经是美国最富有、最强大的城市，也是经过巨大阵痛才清楚地意识到经济利益的重要性，而最后不得不奋起直追，引入能有效实现其目标的政治变革。尽管纽约曾经偏离大多数城市遵循的模式，但这个城市的商业精英、政治家和选民都已经竭力确保这种偏离不再继续。

第十一章
联邦系统中的再分配

没有什么比联邦政府将纽约从实际破产中拯救出来的案例更能突出联邦政府和地方政府之间的区别了。通过推行超出其经济承受能力的政策，纽约市财政赤字在 1975 年达到人均 1 645 美元的峰值。然而，在联邦政府开始介入时，纽约人均债务已经不低于 1 863 美元，而且每年还出现 665 亿美元的赤字。这些问题地方政府不可能单独或联合解决，自然成为华盛顿的责任。在总结前文分析所揭示的联邦制度的关键特征之后，我将简要地概述改革必须采取的方向。

地方政治经济

纽约、克利夫兰、芝加哥和其他地方的财政危机非常清楚地表明了我的核心论点之一：一般情况下，再分配不是也不可能是地方政府政策的组成部分。如果一个城市将其公共服务延伸到贫困市民，它只会增加对穷人的吸引力。在其他条件一致的情况下，过度推行再分配政策会导致城市破产。因此，大多数地方抵制了再分配的诱惑，因此，在整个美国，只有大约 12% 的地方财政资源用于再分配目的。相形之下，超过一半的国内联邦预算用于再分配项目。

地方在经济上的局限不仅影响其公共政策，也影响其政治模式。与联邦相比，地方问题不那么紧迫，地方冲突不那么激烈，地方政党要么是全国性政党的附属，要么完全被视若无物。地方的团体生活不发达，选民参与率很低。对平等主义改革的自由主义要求因地方的缺席而引人注目，在少数群体对穷人需求表示支持的特殊情况下，他们的提议在地方上往往无法获得合理的讨论所必需的合法性。尽管城市精英孜孜不倦地推动着经济发展，但地方政治仍然纷争不断，这些纷争主要围绕利益交换、少数族裔人员任命以及公共服务供应等方面的问题。尽管这些问题对特定个人和团体可能很重要，但人们必须理解，利益交换问题和种族问题远远未达到战争与和平、失业与通货膨胀、不平等和再分配等问题的地位，后者才是国家政治讨论的焦点。

尽管地方政治呈现出上述中心趋势，但我发现趋势的模式并不是一成不变的。在某些情况下，平等主义的政治压力会产生政策后果。总的来说，当经济资源的约束力量最小时，这种政治压力产生的效果最大。

国家政治是这一趋势的最好例证。由于联邦政府对其政策选择的限制较少，在竞争性政党政治背景下，来自各群体的压力催生出一系列福利制度政策，包括最低工资法、补偿教育、福利援助、低收入住房、食品券和失业补偿等等。当然，即使在国家层面，再分配政策也不会对政府官员构成持续压力。政策创新和改革的周期与长时间的整合甚至废除交替进行。然而福利制度改革一旦实施，就不容易撤回。一旦建立一个政府项目，就需要招聘相关管理人员，形成一个与项目维护有直接利害关系的活跃的受益人群体，国会也以立法形式将这个特定政策方向确定下来，这样，通常情况下不利于再分配政策的政治惰性现在反过来促成这个项目的长期化。艾森豪威尔（Eisenhower）对新政选择萧规曹随，甚至尼克松政府也发现林登·约翰逊发起的“伟大社会计划”具有惊人的持久性。

这些政治模式在国家政治中表现尤为突出，在地方政治也留下些许痕迹。例如，第三章揭示，财政基础较好的州和地方向低收入群体提供更多的公共服务。在较富裕的地区，地方政府征收的税收可以不高于邻近地区，而且仍然有足够的收入来满足弱势市民的迫切需求。这些社区的自由主义者、改革者和低收入群体似乎能够证明，至少地方部分“多余”收入应该用于再分配目的。一旦这些政策颁布，它们往往成为地方政策体系的制度化部分。

纽约市也许是这种模式最引人注目的案例。这个曾经经济实力雄厚的城市慢慢累积了众多通常不是由地方政府出资的项目。随着其经济能力日益捉襟见肘，纽约市对其辖区的居民和企业征收越来越高的税，以维持其数量庞大的公共服务。这样，这些公共政策开始导致纽约市经济衰退；高税收、高支出政策加剧了企业和居民的外逃。尽管有诸多不利的影响，这些政策是如此根深蒂固，以至于在纠正政策出台之前，这个城市已濒临破产的境地。这种模式在纽约市表现得非常明显，在美国东北和中西部的许多中心城市也重复出现。与国家繁荣同时发生的人口迁移趋势对许多一度兴盛的大城市产生离心效应，加剧了它们各自所面临的问题，也加速了它们的相对衰落。

联邦对地方政治经济的影响

值得注意的是，尽管中心城市面临的经济限制越来越多，联邦政府还是有针对性地制定了一套公共政策，增加地方再分配压力。作为这些政策的核心部分，联邦政府发起了一项社区行动计划，呼吁低收入和少数族裔团体“最大可能地参与”政策制定。地方政府官员掌握的资源本来就已经很有限，突然还得应付那些联邦政府资助的，坚持要求增加再分配服务供应计划的群体。如果地方官员表示抗拒，即使他们宣称自己对自由主义社会改革的决心，低收入群体也会质疑他们的真实性。市民的情绪一触即发，用道格拉斯·耶茨（Douglas Yates）的话说，就是“打架斗殴般的个体放权自治制引发的诸多冲突”，导致“城市日益失控”。

在一个关键方面，“向贫困宣战”社区行动计划取得了巨大成功。当非裔美国人和其他少数族裔公开质疑他们被系统性地排斥在政治生活之外时，新的政府计划提供了一个途径来满足他们狭隘的政治要求。联邦政府通过其青少年犯罪、社区行动、人力培训、模范城市和补偿教育计划，重视公民的参与和平等权利行动，使少数族裔的需求合法化，并对其开放就业机会。这些措施极大地缓解了美国的种族紧张局势。在这方面，这些计划就像前几十年的政治机器式政治一样，显示出美国政治制度在处理少数族裔政治需求上的非同寻常的能力。

然而，对少数族裔的政治承认不能等同于经济再分配。正如威廉·威尔逊（William Wilson）所指出的那样，尽管民权立法和平权行动计划为受过大学教育的中产阶级黑人打开了新的机会，但贫穷仍然是美国黑人面临的一个重大问题，“伟大社会计划”的初衷是减少经济贫困而不是造成种族排斥，而他们选择解决这一问题的机制无疑是南辕北辙。许多中心城市正值经济困难、财政紧缩之时，所以只得沉潜下来，专心应付在“向贫困宣战”计划中受到的重击。

一场喧嚣过去之后，所有地方政府并没有显著改变他们对再分配的投入。配置到再分配项目的地方资源增加不到1%（见第四章）。即使在纽约市，少数族裔的政治抗议本应产生巨大的政策影响，但以不变美元计算，地方财政预算的增长速度并没有超过前20年。

许多“伟大社会计划”的基本理论都认为官僚主义和团体过程是地方落实再分配政策的主要障碍。人们认为，地方政府机构以随意的方式向中产阶级居民提供各种杂乱的公共服务。尽管中心城市的种族构成已经发生了很大变化，但这些地方公共服务的重点多年来根本没有转变。为了将地方公共服务转向贫困人口，联邦政府需要调动低收入和少数族裔社区的政治资源。与此同时，人们认为联邦政府可以通过向有改革意识的申请者发放拨款，以吸引现有机构参与创新项目。这样，联邦政府在再分配方向上可以以有限资源撬动更大的地方资源。

这一理论假设城市在一定经济约束条件下运行，联邦政府运行也同样受到此类经济约束条件的限制。该理论假定阻碍地方再分配的原因是地方精英的阻挠、官僚的无能、低收入地区团体的不成熟以及地方政治的非竞争性。“伟大社会计划”领导人没有看到这些原因是潜在结构性问题的症状，而试图迫使地方官员采取一系列他们无力承担的政策。最终，联邦政府只能让新政联盟内部关系变得紧张，而新政联盟本来可以使得国家的“伟大社会计划”改革成为可能。

可以想象，这些联邦政策也导致了老中心城市的财政危机。在中心城市失去竞争优势的时候，联邦政府却向它们施加压力，要求它们增加针对低收入居民的项目。他们也许可以顶住增加某些项目的压力，但很难削减已经到位的项目。直到20世纪70年代，联邦政府支持的社区行动组织才几乎从地方政治中消失，老中心城市才开始紧缩开支。

因此，城市能力的局限限制但并没有消除地方政治。在城市资源较充足的地方，再分配政治可能性更大。即使在对地方的经济约束条件增加的情况下，官僚政治和团体政治都会阻碍必要的政策调整。然而，正如纽约市的案例所表明的那样，一旦城市达到经济和财政上的限制，其政治系统就会自行适应这些限制。

怎么办?

关于如何对待再分配项目，有三种观点：（1）一概不管，（2）大包大揽，（3）选择性执行。每一种观点都深植于有关涵盖一整套公共政策的工业社会的观点中。尽管在本书后期，详细讨论每一种观点背后更大的政治观点并不合适，但某些联系值得深思，哪怕只是为了阐述我在前言中提出的一点：在与政策相关的辩论中，自由、进步的观点无疑已经落入边缘位置。

（1）一概不管

许多研究者，尤其是那些受过经济学训练的学者认为，城市没有能力再分配商品和服务并不值得担忧。目前再分配项目的削减趋势不仅被认为不可避免，而且被认为理所应当。对这些学者来说，工业社会为低效公共部门的社会生产力所受到的此类负面影响所困扰。如果地方政府对市场力量的压力越来越敏感，如果中心城市不再拥有准垄断地位，那么地方公共政策就重新开始密切贴合公众对它们的经济需求。随着人口和企业的迁移，随着地方政府调整政策以吸引优质劳动力迁入，公共部门效率开始能与私营部门匹敌。这样就会长期促进整个社会的繁荣，提高社会生产力。我提出的问题只需要“善意的忽视”。

对这些新保守主义学者来说，效率和生产率与公平和再分配之间有一个权衡利弊的问题。之所以需要权衡，是因为个人的时间有其价值。只有当人们收入的边际价值超过他们可能参与、但已放弃的非生产性活动的边际价值时，人们才愿意从事生产性活动。随着生产时间的边际价值下降，个人会用边际休闲活动代替现在已贬值的生产时间的价值。为低效公共服务或非纳税人提供的服务而支付的税收降低了生产活动的边际价值。同时，专门针对非纳税人的公共服务是在补贴他们的休闲时间。对许多人来说，高税收生产活动的平均价值和受补贴休闲活动的平均价值之间的差异可能很小，以至于根本不会产生什么生产活动。如果个人高度重视他们的边际休闲时间，那么再分配税收和支出政策会招致社会生产力的高成本。

从新保守主义的观点来看，我的分析夸大了联邦政府和地方政府之间的差异。尽管这些学者会同意地方再分配功能失调，但他们可能觉得我对经济约束条件重视不足，这些约束条件限制了联邦政府制定扶贫计划的能力。像地方政府一样，联邦政府也必须在政治上受欢迎的政策和具有经济重要性的政策之间做出痛苦的抉择。

尽管美国生产力增速下降这一事实使得该论点在 20 世纪 80 年代特别有说服力，我们仍然难以确定该如何平衡生产力和平等之间的关系。除非能够更准确地说明增加再分配所带来的生产力损失大小，否则西方国家不太可能同时放弃对自由和平等的承诺。尽管美国和其他国家将继续允许公民自由自主地从事私人生产活动，但他们也将继续利用社会的一些资源来满足弱势群体的需求。否则的话，将违背使政权合法化的平等主义理想。就算不太可能消除社会不平等现象，政治领导人也会尽力减轻其最明显的影响。然而，通过不适当的政府结构实施再分配、平等政策只会加剧公共部门的低效率。如果建议无为而治，从而希望再分配从公共议程中消失，那么，这既不现实，也不关心民生。

（2）大包大揽

另一个学派认为除了对西方社会重新进行彻底改造之外，别无他法。马克思认为社会分配方式应该“从按劳分配到按需分配”，但这些学者言之凿凿，认为只有推动一切重建才能解决现有政治经济中的矛盾。这一传统中的许多学者认为，地方再分配几乎不可能实现。但他们并没有把这个问题视为地方政治结构和安排之一，而是辩称，发达资本主义以经济发展为第一要务，延续并加剧了现有的不平等。

在他们看来，我也夸大了联邦政府和地方政府之间的差异。纽约市的财政危机同样也是西方国家的财政危机。在纽约市和其他工业地带中心城市所观察到的此类现象，只是经济对资本积累的需求和国家对社会合法性的需求之间的根本矛盾的突出反映。因为资本投资的回报率不断下降，所以增加资本形成的公共激励持续扩大。与此同时，剩余劳动力供应的增加（表现为失业、就业不足和完全离开劳动力市场）导致扩大社会服务和维持社会控制（通过警察和军队）的公共需求的增加。政府疲于应付这些顾此失彼的要务，发现越来越难以解决其财政难题。纽约几近破产只是各级政府命运的前兆。

地方政治为这一论题提供许多丰富有用的案例，新马克思主义者以城市作为他们最重要的实验室之一。他们在研究中揭露了社区的“权力结构”，揭示了“权力的另一面”背后真正的力量，发现了抗议活动领导人所陷入的窘境，并发现存在一种双重经济导致公司资本主义掌握了中心城市的命运。每一次对低收入群体需求的否决，每一个经济发展计划，以及城市服务供应中存在的所有不平衡现象，都被解释为发达的公司资本主义局限性的重要证据。

新马克思主义者和新保守主义者一样，建立了一个笼统的论据，这一论据有效力，同时又无法证明或伪造。正如新保守主义者无法找到生产力和平等主义之间的平衡点一样，新马克思主义者也无法具体说明资本积累和社会合法性为何互不相容。两者都不喜欢中庸之道；两者的观点都将某些趋势和困难上升为不可变更的定律，而政治权力在这些定律面前无能为力。联邦政府和地方政府之间的差别消失，因为它们之间所有的细微差别、改变和变化都变成宏大叙事中无足轻重的细节，这个宏大叙事也包含西方文明的整个方向。

新马克思主义的分析，表面上大胆且具有革命性，实际上和新保守主义的分析一样，即：除非改变一切，否则任何有意义的改变都不可能；除非在罕见的历史时刻，普通民众濒临暴动的边缘，否则任何改革的冲动都是徒劳的。在最近的著作中，皮文和克洛沃德（Cloward）除了煽动民众以引起社会分裂外，反对任何形式的政治改革组织。在其他对新马克思主义立场更具系统性的表述中，他们如此痴迷于西方国家的制度维持功能，认为这种功能几乎能解释资本主义制度激进变革的能力。[1] 但是，如果革命仍然是乌托邦梦想，立即改革并不可能，那么新马克思主义和新保守主义的分析就会趋同。

（3）选择性执行

虽然我认为经济分析工具非常重要，并且承认经济环境是地方政府决策的限制因素，但我仍然认为政治行动也起到一定作用。限

[1] 这一研究思路在很大程度上归功于安东尼奥·葛兰西的著作。

制地方再分配可能性和阻碍政府间计划有效性的结构性安排并不是国家政治经济宿命的伴随物。一旦能充分理解构成我们政治生活的政府安排，有效的政治改革就有了可能性。我们不仅可以找到替代性治理结构，而且这些治理结构实际存在的社会与我们的没有根本差异。限制美国地方政府政策和政治的联邦制度不是资本主义制度不可避免的一部分，也不是公共部门适当提高效率的必要条件。相反，它是西方工业世界的一种反常现象。引入结构改革将从根本上改变美国特有的妨碍再分配计划有效性的结构安排。就算此类结构安排本身不能确保公民平等，但它们至少会提供一个结构性先决条件，使更大的公平成为可能。

第一，联邦政府应动用其全部信念和信用以支持所有州和地方政府的债务。这项政策创新将消除地方政府破产的威胁，破产的威胁是对地方政府财政政策最终的也是决定性的限制。尽管许多因素促使地方关注其经济局限性，但城市不能忽视的一个制约因素是它们在信用市场中的地位。当城市债券评级先从 AA 级滑落到 BBB 级，然后滑向无处借贷的地步，通常这种情况下，一场地方政治危机应运而生。无论这个城市过去政治倾向如何，现在公众只求能恢复各自家庭的经济状况。在这种背景下，再分配计划预算特别容易遭到削减，因为这些计划对社区的经济福祉几乎没有贡献。如果城市信用问题在城市政治生活中消失，那么对地方再分配最重要的限制因素也随之解除。

为了制定这一政策，联邦政府当然也必须亲自出马，控制地方政府债务。在美国，地方政府的资本投资受私人债券市场监管；如果地方官员（和地方选民）希望地方政府进行投资，只要投资目的和地方政府的稳定性符合金融界的标准，就可以获得信贷。根据这里建议的安排，必须由一个联邦政府机构来审议此类提议。该机构将负责决定拟议的政策在技术上是否合理，是否有利于社区，是否符合国家总体政策。在做出决策时，该机构希望能既考虑国家的总体经济增长战略，又考虑国家不同地区之间的平衡。例如，它可以提供一个一致的框架来解决复杂的问题，如“再工业化”和“投资和非投资”决策中固有的困境。

尽管许多人可能会对华盛顿设立权力如此大的机构持怀疑态度，但在英国，“地方政府在行使其借贷权力之前必须征得相关中央部门的同意”。例如，每当英格兰或威尔士的地方教育主管部门（LEA）希望建一所新学校时，就必须将拟议的资本投资纳入其建设计划，将该计划每年提交到英国教育和科学部。教育和科学部通过三种方式控制地方教育主管部门的决策：（1）同意或拒绝批准具体的建校建议；（2）规定最低学校规模标准；以及（3）限制学校建设成本。只有在这三个方面获得许可后，地方教育主管部门才能为其建设项目获得资本融资。虽然有些人可能会提出反对意见，认为这些规定在应用中不可避免地过于繁琐和僵化，但格里菲斯（Griffith）对它们在实践中的运作方式经过仔细分析，得出了乐观的结论：

> 这些法规在运作过程中没有受到过度限制，……实验是完全可能的……因此，总的来说，这些条例提供了适当的、必要的也不愿妥协的执行水平，但在行政实践中，以免扼杀新思想的发展，却没有得到严格应用。

第二，联邦政府应该制定分税制度，试图使每个州和地方政府的人均财政资源均等化。如果地方社区经济衰退，它对美国财政部的要求将会增加。如果地方社区经济改善，地方财政随之增加，其从分税制得到的资源份额将降低。这一政策将大大降低地方政府企图通过对企业减税或削减向低收入居民提供的公共服务以促进经济增长的财政动机。地方经济可能仍会继续改善，但地方政府本身获得的财政收益会减少。[1] 地方收入来源的增加都会被联邦收入来源的份额的下降所抵消。

这一政策创新的技术难度如此之大，不太可能完全实现。一方面，向每一下级政府拨款的金额必须考虑到它所履行的职能范围。目前，各州之间以及州内各地区之间，政府职能的分配差异很大。在美国的一些地方，州政府承担为公共服务出资的重大责任；在美国的其他地区，超过三分之二的公共服务由地方政府出资。还有一些地方，特别是纽约市，地方政府负责其提供的全部公共服务的资金。在其他地方，特别是芝加哥，公共服务供应由市政府、县政府、卫生区、教育委员会、公园区、地区交通管理局和其他许多特别区共同承担。分税制必须使地方政府履行职责的结构安排标准化，或者找到一个考虑到当前各种变数的资源分配程序。

在美国，地方政府的成本也各有不同。东北地区的供暖成本更

[1] 只要地方被允许按差别税率征税，不同经济基础的地方仍然会产生一定的财政红利。如果一个社区希望提供高于联邦补贴允许的标准的公共服务，那么它的经济基础越扎实，自然就越有能力让社区内公共服务标准超过联邦最低标准。换句话说，如果联邦政府的最低标准定得很低，并且大多数社区提供的公共服务高于最低标准，那么平等主义目标很容易被破坏。正是由于这个原因，国家基金会的教育项目未能拉平地方财政资源。

高；中心城市的劳动力成本高于农村地区；山区各州的运输成本更高；在人口更密集的地区，包括购买土地在内的资本成本更高；在某些地区，贫困人口聚集大大增加了这些社区的福利和社会服务成本。如果一个资源分配程序试图均等地方人均资源，但却没有找到某种方法来解决地方政府面临的可变成本，那么该地方政府的财政福祉只能仍然依赖于当地经济。

此外，很难找到一个衡量地方资源能力的可接受的标准。通过特定财产税以增加收入是一种可能性。但是地方政府会有动机降低他们财产的估值，并从纳税清册中删除他们相当大部分的财产（比如，通过对慈善企业或机构的税收优惠）。此外，一个社区拥有的经济资源可能并不明显地体现在土地价值上，但却能产生可观的所得税或销售税。旅游地区大部分税收来自游客就是一个例子。

像这样的困难需要仔细研究。然而，这些可能排除理想解决方案的技术问题不应掩盖这样一个事实，即目前美国的联邦政策在平衡地方政府可用资源方面无所作为。相比之下，许多欧洲政府几十年来一直在努力解决这些技术问题，它们似乎已经制定了许多政府间援助计划，这些计划在很大程度上使地方摆脱了主导美国地方决策的经济和财政限制。在英国，平均地方财政资源的主要机制是一般性补贴和税款短收补贴。所有地方政府均可享受一般性补贴，一般性补贴根据人口规模、人口密度、学龄儿童人数和地方财政需求的其他指标在地方政府之间分配资源。税款短收补贴用于补偿那些在给定税率下，地方税收来源的人均收入低于全国水平的地方政府。由于伦敦和其他南部沿海地区占有大部分国家资源，所以英国五分之四的地方政府享有税款短收补贴，一些地方政府40%的收入来自这一来源。综合来看，政府补贴对地方支出的均衡作用使得英格兰和威尔士地方政府之间的支出变异系数小于0.1，而美国50个州中，支出变异系数为0.32。[1] 此外，英国地方政府支出的变化与地方社区财富变化弱相关并且不一致。[2]

第三，应该以最低公共服务供应标准取代现有补贴援助项目。许多现有的联邦计划导致持续的政府间争端、无休止的行政困难和相互矛盾的资源分配原则，这些问题都可以通过全面性分税制度解决。地方政府将能够根据地方需求和偏好在公共服务部门之间分配资源。为了防止联邦资金使用不当，联邦政府应该为了使地方政府有资格参与分税制，制定公共服务供应的最低标准。此外，福利援助计划可以和社会保障计划一样，由联邦政府适度直接管理。由于

---

[1] 在英国，1965—1966年各县区每1万居民的福利、儿童服务、卫生、教育和图书馆总支出的变异系数为0.11，博登1971年，第14页。1961—1963年，所有地方政府每千名居民的小学教育支出变异系数为0.14；中等教育是0.11，戴维斯1968年，第277、283页。虽然一些平价公共服务的变异系数更大，但教育支出（地方政府公共服务最大的一项支出）对于总支出来说，变异系数较小。换句话说，英国地方政府的可用资源数量相当固定（与美国各州和地方政府相比），但它们在公共服务中的资源分配有所不同。第三章介绍了美国的情况。

[2] 阿尔特1971年发现社区财富与教育、住房和消防服务等支出之间存在负相关关系；社区财富与警察、儿童服务、图书馆、高速公路、地方卫生设施和福利等支出之间存在正相关关系。偏相关系数从未大于0.21；换句话说，对于任何公共服务而言，社区财富占支出差异都未超过4%。

在对英国支出决定因素方面的文献做出全面综述后，牛顿得出结论："无论如何测量，社区财富与社区支出或许多公共服务供应之间没有统计意义上的显著关系。"他说，尽管较富裕的社区倾向于在规划和公园方面支出更多，但他们"往往在老年人、母亲和幼儿以及特殊教育方面支出更少，人均总支出也更低"。牛顿1976年，第70—71页。

目前只有小部分福利援助由地方提供，因此在这一政策领域，可以在不牺牲地方自治的情况下与联邦政府政策保持一致。总体而言，重组联邦政府安排赋予地方政府更大的灵活性，以进行广泛试验，并对地方利益和关切的问题做出差别性反应。

许多人会反对这些提议，认为它们技术上不切实际，在宪法上有问题，在政治上不可行。当今国家政治主题是关注经济发展、节能和政府放松管制。然而，由于自由主义冲动并没有完全消失，它可以因为现在无法预料的原因，几乎在一夜之间找到新载体。即使在今天的保守氛围中，我们也发现联邦政府慢慢在承担更多的健康、福利和教育政策方面的责任。要在政治上可行，第一步就是确定值得追求的目标。今天，自由主义改革正在倒退，主要是因为它已经丧失了思想活力和创造力。在放弃一项政治上无吸引力的提案之前，必须首先处理实质性的优点。

但是，即使全面执行这些政策，这些政策创新也不会带来平等主义的乌托邦，在这种乌托邦中，自由主义倾向的政府官员会认真满足低收入群体的需求。[1] 在生产力和再分配之间的选择，或者用老话说，在自由和平等之间的选择，将继续要求在没有终极答案的相互竞争的价值观之间寻求适当的平衡。解决了一个问题，就有

---

[1] 我的建议即使得到充分落实，仍然使得各地区多少还是依赖于自己的经济基础。此外，财政动机只是地方官员满足低收入少数群体需求的意愿不足的几个因素之一。即使在英国，地方政府对再分配项目也不太感兴趣。格里菲斯 1966 年，第 256—257 页，格里菲斯说："只有在极少数情况下，教育和科学部需要说服地方教育部门建造更多的学校或者说服交通部鼓励城市设计师……提出更宏大更优秀的公路设计方案……在住房方面，差别是根本性的……在这方面，清除贫民窟的紧迫感和持续动力主要来自这个部门。"

新的困难出现，引起我们在学术和实践方面的关注。尽管如此，提议的结构改革将允许在地方框架内讨论平等和生产力之间的权衡，这个框架至少会影响我们在国家层面上的讨论。我们要穷尽一切更加平等地分配国家资源的可能性，这种探索必须在地方层面和国家层面同时进行。一旦排除了地方再分配的结构性障碍，众多新的地方政策将成为可能。更重要的是，地方政治生活本身可能获得新的意义。

City

Limits

附　录

地方支出的决定因素：文献综述

尽管在地方政府研究上，方法论问题极大地扰乱了我们的视线，但我们仍然可分辨出发展、再分配和配置政策之间的区别。布雷泽的开创性研究取得了世人瞩目的研究成果，他对方法论问题的处理一般情况下非常有可取之处。在表 A1 中，财政能力与教育支出呈强相关；财政能力与发展支出呈弱相关，相关关系通常在统计学意义上不显著，而发展政策支出似乎更多地因需求的差异而有所不同。在大城市样本中，配置政策与经济需求的相关性大于与财政能力的相关性，但如果将所有城市都考虑在内，就如假设的那样，两者都中等相关。[1]

巴尔和韦克在各自的研究中也审查了通常由城市政府履行的职能的支出。巴尔收集了 1950 年和 1960 年大都市地区 198 个中心城市各种配置和生产政策的支出数据。如表 A2 所示，1960 年配置

[1] 俄亥俄州和马萨诸塞州的研究结果也遵循类似思路；加州的研究结果深受 20 世纪 40 年代末加州的城市快速发展的影响，可能无法推广到其他时间和地方。

政策支出与财政能力和供求关系指标相关。1950 年配置政策支出与财政能力和供求关系指标也有类似但较弱的相关关系。正如假设的那样，发展政策与财政能力指标没有显著关系，但与人口密度有相当强的负相关关系。[1] 韦克对 206 个中心城市 1960 年支出的研究仅提供了未标准化的回归系数，因此表 A3 中的比较只能按列进行，不能跨行进行。

表 A1 城市支出的决定因素——布雷泽研究

政策类型	支出的决定因素	
	财政能力：收入	供求关系：人口密度
教育		
大城市	0.36	…
所有城市	nc	nc
配置		
警察		
大城市	…	0.51
所有城市	0.16	0.33
消防		
大城市	…	0.24
所有城市	0.13	0.16
卫生		
大城市	…	0.26
所有城市	0.14	0.15

[1] 由于巴尔在分析中将州政府援助作为自变量之一，其中因变量包括来自州和地方收入来源的支出，因此有理由相信人口密度和公路支出之间的 β 系数低估了实际的相关关系。

续 表

政策类型	支出的决定因素	
	财政能力：收入	供求关系：人口密度
发展		
高速公路		
大城市	…	−0.46
所有城市	0.18	−0.30

注：表给出了由13个变量回归分析产生的 β 系数；未报告统计上无关紧要的相关性；nc=未计算。

资料来源：布雷泽1959，表C-1。

表A2　城市支出的决定因素——巴尔研究

政策类型	支出的决定因素	
	财政能力：家庭价值	供求关系：人口密度
配置		
警察		
1960年数据	0.19	0.45
1950年数据	0.07	0.19
消防		
1960年数据	0.19	0.26
1950年数据	0.04	0.09
卫生		
1960年数据	0.16	0.23
1950年数据	0.25	0.11
发展		
高速公路		
1960年数据	−0.02	−0.19
1950年数据	0.04	−0.17

注：表给出了10个变量回归分析产生的 β 系数。

资料来源：巴尔1969，表38。

表 A3 城市支出的决定因素——韦克研究

政策类型	支出的决定因素		
	财政能力：收入	供求关系	
		人口密度	1 月份温度[a]
配置			
警察	0.24	3.56	3.96
消防	0.21	0.38	2.33
卫生	0.03	1.85	−1.45
发展			
高速公路	0.02	−2.14	−6.0

注：表给出了由 21 个变量分析产生的非标准化回归系数；a 天气越冷，街道维护成本就越高。

资料来源：韦克 1970，第 384 页。

回归中引入 21 个变量大大增加多重共线性问题，韦克的结果与巴尔 1960 年的结果非常接近。配置政策对财政能力反应灵敏，而发展政策对财政能力反应不灵敏。这两项政策都以预期的方式对相应的供求关系反应灵敏。韦克本人注意到不同类型公共政策的不同关系模式，但他无法解释这种差异：

> 如果我们比较回归分析结果……很明显……警察和消防部门的结果非常相似，卫生和高速公路部门的结果也相似，但两对结果之间几乎没有相似之处……似乎有道理的是，收入［在卫生和公路回归分析中］不显著，因为它与一些被忽略的变量相关……作为财政能力的衡量标准，收入对所有公共服务的影响应该大致相同。

一旦人们考虑到财政能力可能对公共政策的影响有很大差异性，这种差异性取决于公共政策是配置型还是发展型，那么，韦克的难题就可以解决了。即使财政资源有限，政府也可以将资源用于发展政策。 另一方面，配置政策，特别是再分配政策的水平取决于不同的财政资源，这些资源以统一的税率产生不同水平的收入。

布雷泽、巴尔和韦克的研究分析的是市级政府的支出。 当汇总县级地方政府支出数据时，也会得到类似的结果。 在对各县的全国性研究中，施曼特（Schmandt）和斯蒂芬斯（Stephens）只报告了简单相关系数，他们的研究结果严重受到县级政府在再分配和发展政策方面获得的州政府援助数量差异的影响。 但是，如表 A4 所示，一旦将这些因素考虑在内，这些结果与其他研究的结果一致。 用于再分配目的的支出与地方环境变量之间的相关关系因州政府为此类政策提供的大量援助而减少。 然而，支出和财政能力之间的相关性都大于支出和供求关系变量之间的相关性。 州政府援助还削弱了发展政策领域支出与地方环境变量之间的相关性。 然而，这种模式与再分配政策的模式正好相反。 在这种情况下，需求变量与支出的相关性比需求变量与财政能力指标的相关性更强。 对于配置政策来说，所有关系相关性都要强得多，因为州政府在这一政策领域的作用大大降低。 但是，重要的是，财政能力和供求关系因素似乎有大致相似的影响。 亚当斯（Adams）对各县数据的汇总进行了更为复杂的分析。

表 A4　各县支出的决定因素——施曼特和斯蒂芬斯研究

政策类型	支出的决定性因素			
	州政府援助	地方财政能力：收入	供求关系	
			城市规模	人口密度
再分配				
卫生事业和医院	0.17	0.32	0.16	0.21
福利	0.53	0.18	−0.02	0.02

续 表

政策类型	支出的决定性因素			
	州政府援助	地方财政能力：收入	供求关系	
			城市规模	人口密度
教育	0.462	0.33	−0.19	−0.18
配置				
警察	0.26	0.55	0.46	0.51
消防	0.05	0.53	0.65	0.62
下水道	0.10	39	0.24	0.26
卫生	未计算	0.40	0.51	0.52
发展				
高速公路	0.50	0.17	−0.27	−0.26

注：表格给出了简单相关系数。
资料来源：施曼特和斯蒂芬斯 1963，表 4。

为了实现分析单位之间的可比性，并消除与州政府对再分配和发展政策的援助差异有关的问题，他只对配置变量进行回归分析。但亚当斯的分析证实了施曼特和斯蒂芬斯的发现结果：供求关系和财政能力变量都是支出的重要决定因素。

由于州政府和联邦政府在资助再分配政策方面的重要作用，大多数研究没有提供为此目的的支出的地方决定因素的可靠信息。因此，我们只报告了施曼特和斯蒂芬斯研究中有问题的数据和布雷泽研究的教育支出数据。但是夏尔康斯基有一项关于县级政府对贫困人口的一般福利援助支出的研究，该研究仔细地分离了地方政府用于再分配目的的支出变差。这项研究特别有趣，因为夏尔康斯基明确关注财政能力或再分配需求在多大程度上决定了该项目的支出水平。夏尔康斯基发现，几乎在每个州，对于地方确定的一般性援助计划来说，支出受到财政能力的显著影响，而且很少受到需求水平的影响。正如夏尔康斯基得出的结论所言：“在公共援助计划中，一般性援助最不受联邦和州政府的监督；它最能反映大多数州的各县之间的不平等，以及随着各县的经济资源变化的明显趋势。”